国家物流与供应链系列报告

中国医药物流发展报告
(2021)

China Pharmaceutical Logistics Development Report (2021)

中国物流与采购联合会医药物流分会

China Federation of Logistics & Purchasing Pharmaceutical Logistics Branch

北京盛世华人供应链管理有限公司

Beijing Sino Supply Chain Management Co. , Ltd.

中国财富出版社有限公司

图书在版编目（CIP）数据

中国医药物流发展报告．2021／中国物流与采购联合会医药物流分会，北京盛世华人供应链管理有限公司编．—北京：中国财富出版社有限公司，2021.8

（国家物流与供应链系列报告）

ISBN 978-7-5047-7498-9

Ⅰ.①中… Ⅱ.①中… ②北… Ⅲ.①药品—物流管理—研究报告—中国—2021 Ⅳ.①F724.73

中国版本图书馆CIP数据核字（2021）第155353号

策划编辑	郑欣怡	**责任编辑**	白 昕 张宁静		
责任印制	梁 凡 郭紫楠	**责任校对**	杨小静	**责任发行**	敬 东

出版发行	中国财富出版社有限公司		
社 址	北京市丰台区南四环西路188号5区20楼	**邮政编码**	100070
电 话	010-52227588转2098（发行部）		010-52227588转321（总编室）
	010-52227566（24小时读者服务）		010-52227588转305（质检部）
网 址	http：//www.cfpress.com.cn	**排 版**	宝蕾元
经 销	新华书店	**印 刷**	北京九州迅驰传媒文化有限公司
书 号	ISBN 978-7-5047-7498-9/F·3330		
开 本	787mm×1092mm 1/16	**版 次**	2021年8月第1版
印 张	16.25 彩 页 6	**印 次**	2021年8月第1次印刷
字 数	305千字	**定 价**	299.00元

杨晓勇　中外运现代物流有限公司总经理
张　颀　荣庆物流供应链有限公司总裁助理
张　颖　北京科兴生物制品有限公司高级生产总监
张先华　安徽江淮汽车集团股份有限公司副总经济师
张轶楠　中国生物技术股份有限公司财务总监、营销中心副总经理
陈光焰　广州医药股份有限公司总裁
陈建刚　深圳康泰生物制品股份有限公司质量管理负责人
罗启耀　山东齐鲁制药集团有限公司集团物资管理中心负责人
金任群　中通快递股份有限公司副总裁
赵庆辉　陕西医药控股集团派昂医药有限责任公司副总经理
柯　睿　京东物流医药物流负责人
侯立业　上药科园信海医药有限公司物流及安全管理部总经理
俞炎军　杭州云呼医疗科技有限公司高级副总裁
姜立涛　松下冷机系统（大连）有限公司副总经理
徐　见　镇江飞驰汽车集团有限责任公司冷链事业部总经理
翁　迅　北京邮电大学物流工程系主任
高　戈　开利运输冷冻（中国）总经理
黄少杰　瑞康医药集团股份有限公司物流总经理
彭鹏乐　江西五洲医药营销有限公司董事长
楚晨曦　科园信海（北京）医疗用品贸易有限公司总经理

执笔专家简介（按章节顺序排列）

邓周宇 | Deng Zhouyu

中银国际证券研究部执行董事、医药行业首席分析师、大消费组组长。毕业于上海财经大学，获得经济学硕士学位。有 11 年医药行业研究经验，对医药政策、医药流通、医疗服务、创新药、医疗器械等子行业有深入研究。曾就职于国信证券、国海证券。曾获得金融界最佳分析师(2013 年)、新财富最佳分析师(2014 年)、金牛奖最佳分析师(2014 年)、水晶球最佳分析师(2014 年、2017 年)、金翼奖最佳分析师(2017 年、2018 年)称号。主要执笔本报告第一章第一节。

耿鸿武 | Geng Hongwu

清华大学老科协医疗健康研究中心执行副主任，九州通医药集团营销总顾问（原业务总裁），中国药招联盟发起人，清华大学、北京大学等 EMBA 特约讲师，北京大学医学部继续教育处医药渠道管理课程主讲老师，2017 年广州国际康复论坛国际学术委员会特聘专家，中药协会药物经济委员会委员。专著有《渠道管理就这么简单》《新电商：做剩下的 3%》。主编《输血服务蓝皮书：中国输血行业发展报告》共五册、《医疗器械蓝皮书：中国医疗器械行业发展报告》共四册、《医疗器械蓝皮书：中国医疗器械行业数据报告(2019)》。从 2001 年开始跟踪并参与了中国各地医药和器械招标，创立的医药（械）企业挂网招标内控系统、挂网招标预警系统等销售工具在业界广泛应用。主要执笔本报告第一章第二节。

高岩 | Gao Yan

北京时代方略企业管理咨询有限公司市场研究总监，毕业于北京师范大学。长期从事医药企业战略、市场营销和商业模式研究，参与和主持过多个大型制药企业、医药商业企业战略规划和市场推广项目，参与过国家医药改革政策研究，并为《医药经济报》《中国医药报》等媒体供稿。主要执笔本报告第二章第一节。

艾中 | Ai Zhong

深圳华夏基石产业服务集团有限公司合伙人。毕业于华中科技大学，获得生物医药专业硕士学位。目前已在国内外学术期刊发表论文 7 篇，申请发明专利近 30 项，其中授权 20 项。撰写多篇医疗健康行业研究报告，并公开发表 5 篇，获得行业广泛关注。主要从事医疗健康行业研究、产业规划、战略规划与投资并购。主要执笔本报告第二章第二节。

执笔专家简介（按章节顺序排列）

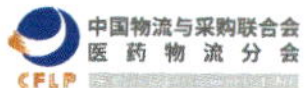

刘小东 | Liu Xiaodong

医疗行为指数研究与评价中心特约研究员，华中科技大学生物学硕士，执业药师，同时具有医药工业企业和商业企业上市工作经历，主要从事医药行业产业和政策研究工作。主要执笔本报告第二章第三节。

易君臣 | Yi Junchen

1982 年出生，籍贯湖北，2005 年毕业于武汉工程大学工商管理专业和中南财经政法大学法学专业。在物流领域工作 15 年，2011 年入职九州通，2016 年调入九州通冷链物流，现任九州通医药集团冷链业务事业部总经理，全面负责集团内外部冷链第三方物流业务、冷链技术研发、冷链物流体系运营管理等工作。主要执笔本报告第四章第四节。

翁迅 | Weng Xun

北京邮电大学物流工程系主任，主持和参与国家 863 计划、国家“十二五”科技支撑项目、联合国开发计划署专项等相关课题；主持了南京医药中央物流中心、上药科园湖北物流中心等数十个医药物流中心的物流系统规划设计和实施过程管理；负责了三一重工 18 号厂房智能制造项目等十余个智能物流系统规划和实施过程技术支持；承担了福州、北海等若干卷烟物流中心物流系统规划设计项目。主要执笔本报告第五章第一节和第三节。

杨洋 | Yang Yang

中国矿业大学（北京）管理学院管理科学与工程系副教授，博士生导师，致力于信息管理和信息系统、供应链和物流信息化等学科的研究，在物流信息化管理、冷链物流管理、物流路线规划及调度、库存优化管理、供应链弹性、数字孪生与供应链等研究方向做了一定工作。发表学术论文 30 多篇，承担北京市社科基金重点项目 1 项。主要执笔本报告第五章第四节。

编　辑　部

联系方式： 中国物流与采购联合会医药物流分会
中国医药物流网：www. cpl. org. cn
电话：010－83775831
邮箱：jyl@ cpl. org. cn
地址：北京市丰台区丽泽路16号院2号楼

前　言

2021 年是中国共产党建党 100 周年，也是“十四五”规划开局之年。回首 2020 年，新冠肺炎疫情在全国范围内蔓延，在以习近平同志为核心的党中央的领导下，全国人民取得抗击新冠肺炎疫情斗争重大胜利。在世界经济陷入衰退、外部环境更加复杂严峻的形势下，中国经济逆势增长，如此不凡的成绩来之不易、成之维艰。无私的医药物流人在疫情防控中不畏艰险、逆行而上，为抗疫胜利、保障民生、经济复苏作出了巨大贡献。

医药物流行业肩负着国家和人民赋予的新的历史使命，在新冠疫苗生产、流通、接种全过程中，全程温控是疫苗质量安全的重要保障，医药物流行业是打赢新冠疫苗运输战役必不可少的中坚力量。新冠疫苗接种覆盖率需达到 80% 才能形成群体免疫，在国家统一战略部署下，当前我国新冠疫苗接种工作有序推进，医药物流行业任重道远。

面对新冠肺炎疫情对全球医药供应链产生的巨大冲击，医药物流行业挑战与机遇并存，医药供应链在新形势、新环境、新格局下仍需在诸多方面进行改善和提升。2020 年是“十三五”规划收官之年，“十三五”期间我国深化医疗改革取得突破性进展，医疗卫生服务体系不断完善，卫生健康事业改革发展取得显著进展，城乡居民健康水平持续提高，健康中国建设开局良好。在一系列医疗改革政策的强势推动下，医药供应链进入并将在未来一段时间内处于行业整合期，无论是“两票制”倒逼药品流通环节压缩，还是集中带量采购都使得药品价格出现大幅度下降，都在促使医药供应链发生深远变化。

中国物流与采购联合会医药物流分会在有关部门支持下，在各轮值会长单位、副会长单位、专家委员会及广大会员单位积极参与下，全年持续开展企业调研、行业研究、标准制修订等工作，现将精华部分编撰成册，供关心、支持我国医药物流行业的相关机构和单位的读者参考。

《中国医药物流发展报告（2021）》主要反映了2020—2021年我国医药物流行业的发展情况、存在问题及未来趋势。报告共分为六章，第一章是我国2020年医疗改革相关政策统计及重点解读，回顾了“十三五”时期医疗改革发展成就及未来展望，深入分析2020年国内外经济环境对医药供应链的影响等；第二章是我国医药供应链现状及发展趋势，以供应链各个节点为主线，对工业、商业、终端现状进行深入分析，总结我国医药供应链发展变化；第三章是全面深入盘点我国医药物流面临的挑战及医药物流发展趋势，包括医药物流市场规模及费用规模、医药冷链物流、药品第三方物流、医药物流标准化现状等内容；第四章是分析新冠疫苗冷链物流保障、冷链物流技术发展情况，对国内新冠疫苗冷链运输一次性装载能力进行分析；第五章是行业前沿热点领域深度剖析，主要包括医药产业园区、“互联网＋”医疗背景下的处方外流模式、跨境医药电商新模式、国际医药冷链物流发展等；第六章是科技赋能医药物流企业创新发展，以企业经典实践案例为例，深入解析技术应用模式。最后本报告的附录部分包括“十三五”期间医药物流七大区域重点政策，2017—2019年医药批发、医药零售百强企业主营业务经营情况等内容。

作为市面上独有的医药物流年度发展报告，本报告将会伴随医药物流行业的发展持续出版。本报告难免存在不足和疏漏之处，真诚希望各位读者提出宝贵的意见和建议。

中国物流与采购联合会副会长兼秘书长　崔忠付

2021年6月25日

目 录

第一章
政策为本，研判趋势

第一节　国内外经济环境对医药供应链的影响

医药行业对政策的依赖性较高，新药上市、渠道销售等都与政策紧密相连，2020年医药行业的政策主题仍旧以合规、降价、控费、集采等为主旋律。2020年是我国“十三五”规划收官、制定“十四五”规划宏伟蓝图的重要时期。在《“健康中国2030”规划纲要》的国家战略目标指导下，面对经济逆全球化现象，开启了以国内大循环为主体、国内国际双循环互相促进发展的新格局。医药产业具有消费及科技属性，符合内循环产业逻辑。随着新冠肺炎疫情的暴发和蔓延，短期来看社会对医药防护、医药供应链等产业产生了巨大需求，长期来看整个生物医药产业也将发生变革。医药供应链产业作为联系医药行业上下游产业的中间环节，具有物流业务的属性，同时又因为医药、医疗而赋予了更深远的意义。面对依旧充满挑战的2021年，宏观政治、经济环境以及行业政策等众多因素都深刻影响着医药供应链产业的发展与变革。

2020年是关键的一年。中共十九届五中全会审议通过了《中共中央关于制定国民经济和社会发展第十四个五年规划和二〇三五年远景目标的建议》，这是夺取全面建设社会主义现代化国家新胜利的纲领性文件，其中四次提到物流、八次提到供应链，供应链创新与应用成为新动能，智慧物流新技术、新模式、新业态释放创新活力。

一、经济环境变化对医药供应链的影响

1. “双循环”对医药供应链的影响

我国的“双循环”经济发展新模式是有效应对全球经济不确定性、重构新型产业链体系的理性选择。当前全球经济放缓、逆全球化端倪显现、贸易保护主义抬头，叠加新冠肺炎疫情，全球化分工带来的产业链脆弱性凸显。2020年以来，受新冠肺炎疫情影响，不少国家、产业陷入了供应链停摆、生产中断等困境。新冠肺炎疫情带来的

全球环境更大的不确定性，加速了旧的国际国内循环模式的终结，也将催生新的经济发展模式产生。“双循环”既能积极保障我国经济安全，主动谋划新增长空间，又能主动推动我国从旧的国际国内循环模式转向新的国内国际循环模式。

首先，“双循环”是以国内大循环为主体，在外部环境高度不确定的情况下，利用产业基础实力雄厚、产业链条完整、战略回旋空间大、超大市场规模的特点，畅通生产、分配、流通、消费等经济运行的各个环节推动实现内部自我循环，包括供需循环、产业循环、区域循环、城乡循环与要素循环等。供需循环上，通过发挥社会主义制度优势，积极扩大有效需求，为国内产品销售创造更大的市场空间。产业循环上，稳定优化产业链、供应链、价值链，构建三次产业结构相协调、实体经济与虚拟经济相结合、实物经济与数字经济融合共生的现代产业体系。区域循环上，促进区域协调发展，推动形成更有效的区域协调战略，打造区域产业集群，加强区域之间联通性，畅通区域间循环。要素循环上，进一步打通痛点与堵点，畅通物流、人流、信息流、资金流等要素的循环。

其次，要形成国际大循环新格局，必须摆脱过度依赖传统的国际大循环模式，构建全新的国际大循环模式。一方面，中国作为世界市场加大对全球的开放程度，继续和世界分享中国市场机遇；另一方面，中国作为世界工厂不仅要继续为世界提供“中国制造”，更要提供“中国创造”，提供更高附加值的产品和服务，形成国内国际大循环相互促进的新格局。当今世界变局，使得中国在保持开放心态的同时，高度重视产业链可能受到的威胁和挑战，以国内循环为主保障中国产业链的稳健性和安全性。“双循环”是实现中国经济高质量发展的内在要求。

据统计，2020 年“两会”期间，涉及医疗卫生和医药健康的提案数量大幅增长，国家卫生健康委承办建议提案共 2539 件，较 2019 年增加 978 件，增幅达 62.7%，从中可以看出我国医疗体系中存在的问题较多。而在抗击新冠肺炎疫情的过程中，我国医药产业链发展不健全、医务人员缺乏、医疗卫生系统构建不完善等众多短板更是凸显出来。从医药产业供应链角度来看，新冠肺炎疫情给医药工业企业带来了巨大的市场空间，但很多国内企业因为原料、辅料、包材等生产原材料的延时供应等诸多问题错失宝贵的发展时机。我国企业依然面临着原材料供应短缺、试剂生产所需原材料严重依赖进口的“卡脖子”问题。

“以国内大循环为主体、国内国际双循环相互促进的新发展格局”带来全新的挑战和机遇。在内需扩大为医药供应链产业带来更大的需求、外需经济发展带来新的增量市场的同时，不同的政策、文化、市场格局等也为医药供应链带来巨大的挑战。

2. 新冠肺炎疫情对医药供应链的影响

新冠肺炎疫情加大了全球范围内对于药品和供应链的需求量，给全球生物医药供应链提出一个巨大的挑战，中国企业建立海外本土供应链的重要性日益凸显。新冠肺炎疫情造成的药品原材料短缺和产能不足、全球短期内对新冠疫苗需求激增等问题，对生物医药工业企业提出更高的要求，也对生物药品的供应产生冲击，而且这种影响预计将持续数年。

仅仅对短期内需求大量激增的新型冠状病毒疫苗（以下简称“新冠疫苗”）而言，就需要原料供应商扩大生产投资，从而也打破了原有的药品供应链平衡，未来将会有更多产能转向新技术药物的生产制造。

尽管全球供应链的合作模式仍将继续，但建立海外本土供应链的重要性日益凸显，这也将对生物医药流通环节的企业提出更高的要求。

新冠肺炎疫情的出现加速了药品供应链产业的变革，而今疫情仍在全球范围内蔓延，疫情防控常态化背景下，全球新冠疫苗供应或将达上百亿剂，温度敏感药品的运输服务需求将进一步增加。在此背景下，医药供应链企业转型升级、规模扩大，通过新技术赋能等实现顺畅供应以服务上下游产业将是大势所趋。另外，随着在“双循环”模式下推广“一带一路”倡议，中国医药在沿线65个国家和地区逐渐传播的同时，与中小型欧洲药品生产厂家的合作，大大方便了这些国家的药品进出口，使得这些国家和地区的药品能够快速惠利于中国及他国患者；反之亦然。这是医药供应链产业发展的良好机会，在制药工业全球化的趋势下，原材料、制剂、药品、耗材、医疗器械等众多要素更大范围、更大规模的流通将持续存在，这为医药物流企业特别是集团型的大型医药物流企业提供了更多的发展机会。

医药供应链工业企业方面，在全球产业链端，因供应链的安全性和稳定性，国内原料药和研究、生产外包行业（CRO、CMO）在新冠肺炎疫情期间承接了部分国际产能和订单。另外，在抗疫相关细分产业端，目前国内外均加速研发新冠疫苗，全球约一半研发管线项目在中国。同时，国家已明确加大医疗卫生投入力度，预计将强有力推动检验器械以及相关科室病房建设，加快推动医疗基础建设向国际发达国家水平靠拢。

3. “新基建”对医药供应链的影响

2020 年是我国“新基建”元年。一方面，新冠肺炎疫情的“催化”，让中国乃至世界更加深刻地认识到数字化技术对复工复产、提质增效的意义；另一方面，“加强新型基础设施建设”在 2020 年被首次写入政府工作报告，成为扩大有效投资、激发数字经济发展的重要举措。

受新冠肺炎疫情影响，医药、医疗叠加“新基建”也成为重大看点之一。新冠肺炎疫情期间我国医务人员缺乏、医疗卫生系统暴露出来明显短板，抗疫过程中，大量医疗物资、民众生活必需品运输需求的激增，对物流体系提出了非常高的要求。应急物流、医药物流等重要作用越发凸显。将 5G、大数据、人工智能等运用到物流运营服务领域，包括智能调度、视频监控、物流配送等，让医护人员回归临床为医疗体系与“新基建”提供重要战略支撑点，基于智慧供应链的医护物资、高值耗材管理，或成为医药供应链产业的主要业态。

“新基建”赋能众多业内企业重塑供应链和提升物流效率，实现药品流向实时更新，构建药品信息化追溯体系，保障公众用药安全。通过信息化来加强上下游协同，从而提升效率、降低成本，做到全程可视，保障安全。在现代物流业高质量发展新阶段，“新基建”驱动医药供应链转型升级，医药物流行业将迎来发展新趋势。

智慧化成为医药物流行业升级的重要方向，医药物流平台化、智能化、透明化程度会进一步提升，数字化基础设施建设会进一步加强，医药物流服务水平将大幅提升。而今，通过“互联网 +”赋能全国性的医药物流服务体系逐渐形成。基于互联互通、资源与要素共享的医药物流服务体系将不断推进，各方资源进一步融合、协同发展，医药供应链信息互通程度大大加强。

我国医药物流产业的特点鲜明。经济发展“双循环”叠加“新基建”机遇与调整并存。智能技术驱动医药物流管理走向精细化、标准化和数字化；行业转型不断深入，药品流通供应链向上下游不断延伸，推动了供应链进一步加速整合；“互联网 +”药品流通新业态大力发展，线上和线下结合的互联网医药流通平台形成，多元协同的医药供应链体系逐渐建立。新需求推动全国性物流网络联通、区域性网络下沉，完善“最后一公里”服务保障体系，带动医药物流服务创新转型向专业化、定制化方向迈进。

4. “互联网 +”医疗快速发展

互联网医疗的优势在新冠肺炎疫情背景下得以凸显，“互联网 +”加速发展。线上问诊购药能够避免面对面接触和集聚高危人群，同时能够有效分流线下医院的就诊压力，帮助解决诸多防疫痛点问题，因此在疫情中得到快速发展。

在一系列医改新政的联动效应作用下，以科技赋能，催生行业内“新零售”业态加速迭代。慢性病特病药房、诊疗和治疗一体化药诊店、智慧药店、医药电商平台等新业态、新模式顺势而生。药品同城即时配送体系愈加完善，履约时效、服务质量逐渐提升。

零售药店发挥了重要的抗疫维稳作用。作为面向公众的重要零售终端，零售药店是公众购买口罩等防护物品和预防药品的主要途径，特别是在疫情严重、物流受到严重影响、医院门诊无力应对众多患者的情况下，零售药店为公众提供了防疫物资和日常慢性病用药等服务，同时很多龙头药店还承接了各地政府的防疫物资的销售任务和社区防疫登记任务，在整个公共卫生体系中的作用得到凸显，彰显了药店在基层医疗和防护的关键作用。各大龙头药店开始探索线上经营模式，建立零售电商部门、创建互联网医院或深化 O2O 送药上门服务，以此来增加门店的服务半径，提高与患者的服务黏性，丰富和满足了不同渠道的消费者需求，获得增量空间。

二、医药供应链发展展望

新医改以来，医药政策开启变革之路，给流通企业带来重要影响。七部委联合印发并推进的药品价格改革，取消药品政府定价，通过带量采购大幅度降低药价，最终探索建立医保支付标准；医保支付制度改革，通过总额预付、按病种付费、DRGs 付费等改革，扭转医疗机构运营观念。“两票制”施行后，大批流通企业转型升级，减少了药品流通环节，也促使药品流通集中度的进一步提高。在医联体、医共体的探索中，加强医联体内药品供应保障，在医联体内推进长期处方、延伸处方，逐步统一药品耗材管理平台，实现用药目录衔接、采购数据共享、处方自由流动、一体化配送支付。

2020 年是百年未有之大变局的重要时间节点。2020 年是 21 世纪第三个十年的开局之年，也是世界格局、国际秩序和国际治理架构深化演变、发生剧变的一年。面对国际格局和世界秩序的变化、权力中心和财富的转移，我国提出了“双循环”经济发展新模式，医药物流在如此宏观环境下面临了巨大的机遇与挑战。总体来看，过去的医改政策对医药物流产生了深远的影响。而今后受到“双循环”“新基建”的双轮驱动，我国医药物流行业将快速增长，机遇广阔，未来可期。目前，在国内大循环为主体、国内国际双循环相互促进的新发展格局中，提升产业链和供应链的完整性、智慧性、互联性至关重要。

医药商业行业必然会经历并购整合、升级转型的阵痛，为了满足上下游及终端患者的服务需求，医药商业企业还需通过信息技术、医疗用品、专业药品等围绕各自核心业务展开的增值服务，进一步提升盈利能力。

“十四五”期间我国将积极发展商业医疗保险；完善公共卫生事件监测预警处置机制，健全科技支撑、物资保障体系等，提高应对公共卫生事件的能力；深化医药卫生体制改革，加快建设分级诊疗体系，推进国家组织药品和耗材集中采购使用改革；完善综合运输大通道、综合交通枢纽和物流网络；加快数字化发展。

未来，随着医保纳入线上医疗服务，医药电商行业市场规模将进一步扩大；服务模式升级、大企业兼并整合将会持续；数字化发展能力将加强并共建数字化医药供应链。我国将持续推动互联网、医、药、险的四位一体协同发展。

第二节　2020 年医药政策梳理及分析

2020 年是我国“十三五”规划的收官之年。按照中共中央和国务院医药卫生体制改革的部署，国家各有关部门和各省、直辖市、自治区出台了一系列相关政策文件。本报告对“十三五”期间，尤其是 2020 年的医药行业政策文件出台情况进行了分析，对 2021 年影响行业发展的政策主题和重点进行了梳理和解析，并对未来的政策发展趋势进行了预判和展望。

一、2020 年医药行业政策文件分析

据不完全统计，“十三五”期间，国家和地方政府层面发布的政策文件数量共 7662 件，直接提及药品的为 4072 件，医疗器械的为 1561 件。其中：2020 年出台政策文件 1857 件，如表 1－1 所示，包括国家级政策文件 334 件、国家级行业协会政策文件 8 件、地方级政策文件 1515 件。

表 1－1　　2020 年医药行业政策文件出台数量

国家级政策文件发布情况							
部门	文件数（件）	部门	文件数（件）	部门	文件数（件）	部门	文件数（件）
国家药监局	235	国家卫健委	51	国家人社/医疗保障局	30	国务院（中共中央）	5
国家发展改革委	1	联合发布	10	国家中医药管理局	2		
总计	334						
国家级行业协会政策文件发布情况							
行业协会	8						
总计	8						
地方级政策文件发布情况							
地区	文件数（件）	地区	文件数（件）	地区	文件数（件）	地区	文件数（件）
安徽	65	河北	65	辽宁	41	四川	61
北京	46	河南	47	内蒙古	51	天津	28
福建	38	黑龙江	56	宁夏	60	西藏	10
甘肃	60	湖北	45	青海	35	新疆	35
广东	89	湖南	56	山东	49	云南	60
广西	79	吉林	34	山西	40	浙江	44
贵州	51	江苏	55	陕西	45	重庆	34
海南	43	江西	64	上海	29		
总计	1515						

1. 2020 年政策文件出台总数量为历年最多

2019 年 8 月 26 日《中华人民共和国药品管理法》（以下简称《药品管理法》）由第十三届全国人大常委会第十二次会议修订通过，自 2019 年 12 月 1 日起施行，各项配套规章、规范性文件和技术指南的制修订工作一并启动，2020 年成为这五年相关政策文件出台最多的一年，如图1－1 所示。

其中，值得关注的是，2020 年医疗器械政策文件数量和占比同样为历年最高。可见，医疗器械的改革和监管越来越严格。

2. 2020 年医保系统出台的政策文件数量居首位

在 2016—2019 年的相关政策文件中，药监系统出台的文件数量一直最多，其次是

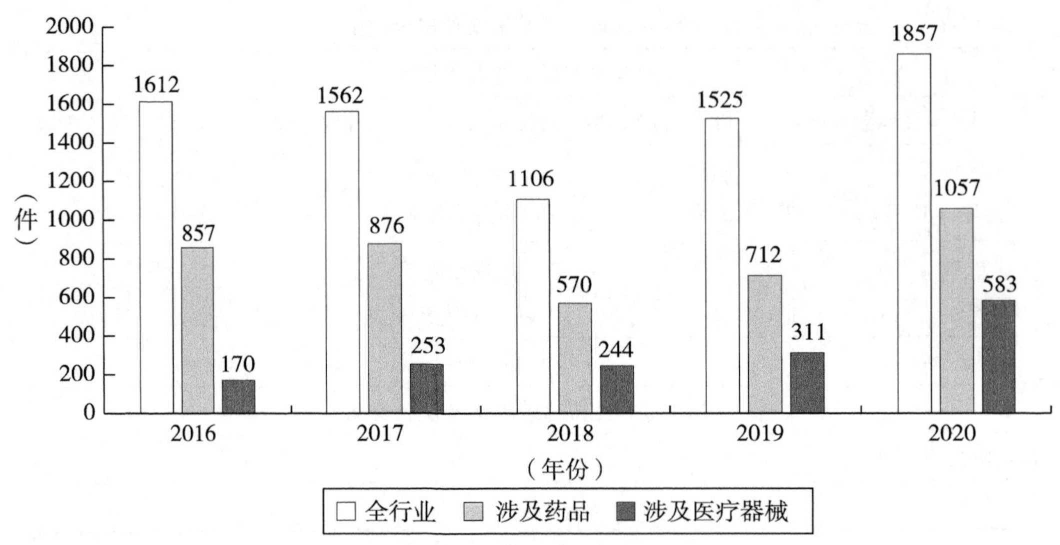

图 1－1　2016—2020 年医药行业政策文件出台数量统计

资料来源：中国药招联盟。

卫健系统、医保系统。2020 年不同于前些年，医保系统出台的文件数量超过药监系统，排在了第一位，如图 1－2 所示，可见 2020 年政策环境发生了重大改变。

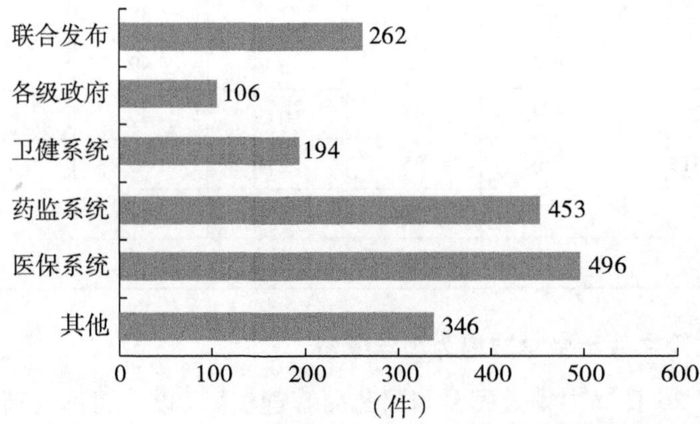

图 1－2　2020 年按发文部门统计政策文件出台数量

3. 2020 年使用环节文件最多，研发注册环节文件居第二位

医药行业的政策文件涉及研发注册、生产、流通、使用等多个环节。2020 年使用环节出台政策数量最多，其次是研发注册环节、生产环节、流通环节，如图 1－3 所示。

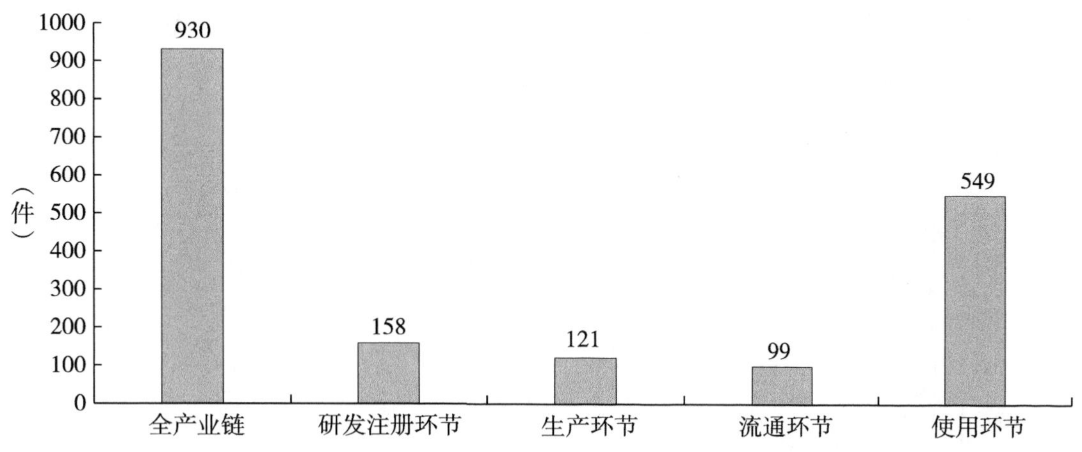

图 1 – 3　2020 年按供应链环节统计政策文件出台数量

4. 2020 年宏观性政策文件较少，细化管理类的政策文件较多

分析 2020 年出台的政策文件，宏观性政策比例较低，通知、细则文件相对较多。可以看出，国家医药卫生体制改革的思路基本确定，现阶段的医药卫生体制改革从宏观性管控向执行、细化管理、落实方向发展，如图 1 – 4 所示。

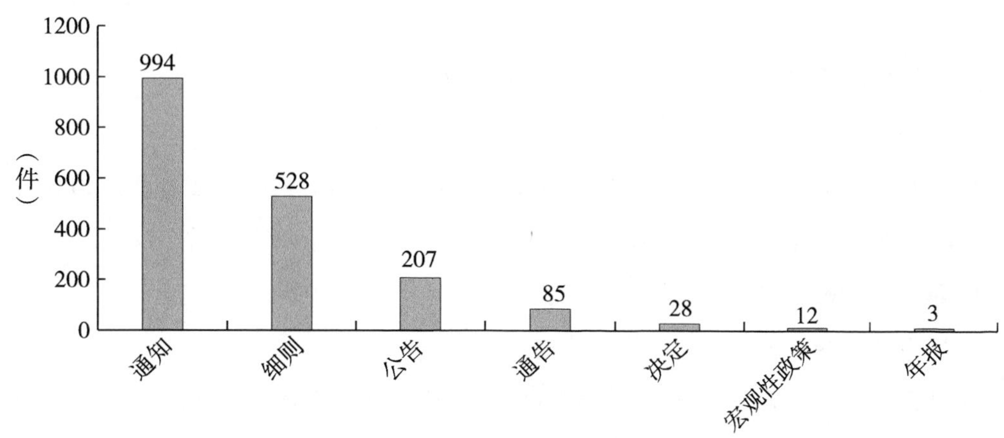

图 1 – 4　2020 年按文件性质统计政策文件出台数量

5. 2020 年政策重心不断变化，成为行业关注重点

通过对 2016—2020 年发布的全部相关文件进行关键词标定，并按照关键词数量进行统计，排在前十位的为集中采购、医保政策、飞行检查、注册管理、流通管理、医疗服务、药品安全、临床试验、技术指导、价格管理，占据了文件总数的 57%，可以清晰地看出“十三五”期间行业政策的重点。

2020 年按照数量统计排序前十的关键词如图 1－5 所示。从政策的关键词角度进行分析，每年的前十位关键词变化不大，但是次序会略有不同，说明每年各类文件数量会按照国家医改重点的不同而变化。

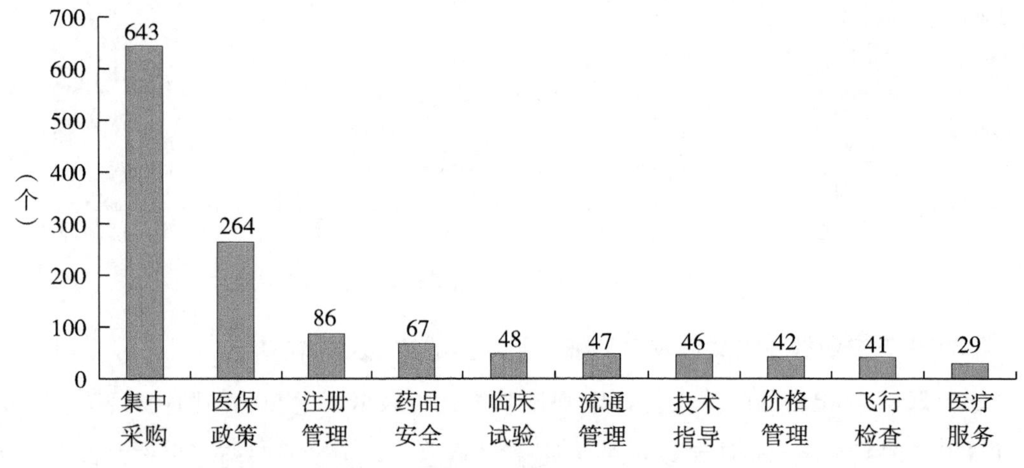

图 1－5　2020 年排序前十位的关键词

资料来源：中国药招联盟。

二、2020 年影响行业发展的重点政策及趋势

集中采购、医保制度、药品监管成为 2020 年政策实施的三个重要方面。2021 年此政策方向将进一步延续，值得关注。

1. 集中采购政策快速推行及发展趋势

（1）带量采购常态化，制度化政策的演进。

我国药品集中采购的全面推行自 2000 年正式启动，大体经历了 5 个阶段，如表 1－2所示。作为新医改的重要内容之一，在降低价格、解决“看病难、看病贵”等方面发挥了积极的作用。

表 1－2　　我国药品集中采购的五个阶段

第五阶段	2019 年至今	政策调整（国家第四次规制）
第四阶段	2015—2018 年	政策调整（国家第三次规制）
第三阶段	2009—2014 年	政策调整（国家第二次规制）

续 表

第二阶段	2005—2008 年	政策变革和探索（省级规划）
第一阶段	2000—2004 年	政策建立和完善（国家第一次规制）

2018 年 11 月，中央全面深化改革委员会第五次会议审议通过《国家组织药品集中采购试点方案》，拉开我国药品集中采购新阶段的序幕。2019 年 1 月，《国务院办公厅关于印发国家组织药品集中采购和使用试点方案的通知》（国办发〔2019〕2 号）提出“国家组织、联盟采购、平台操作”总体集中采购思路，国家医疗保障局按照该思路，积极开展了“4 +7”带量采购试点和“扩围”25 个品种的两轮集中带量采购。《国务院深化医药卫生体制改革领导小组关于进一步推广福建省和三明市深化医药卫生体制改革经验的通知》（国医改发〔2019〕2 号）和《国务院深化医药卫生体制改革领导小组印发关于以药品集中采购和使用为突破口进一步深化医药卫生体制改革若干政策措施的通知》（国医改发〔2019〕3 号）两份文件明确了 2020 年国家医药卫生体制改革的现阶段目标和方向，集中采购成为重要的改革措施。

2020 年，国家医疗保障局开展了第二批 35 个品种、第三批 56 个品种、首批医用耗材冠状支架的集中带量采购。三批四轮集中采购共涉及 112 个品种，平均降价幅度 54%；最大降价幅度达到 98.7%，创造了过去 20 年我国药品集中采购中选价格降幅最大的纪录。2020 年 7 月 23 日，《国务院办公厅关于印发深化医药卫生体制改革 2020 年下半年重点工作任务的通知》（国办发〔2020〕25 号）将改革思路划分为二十六个方面的重点工作，并将责任落实到各个部门，其中加速推进集中采购、进一步扩大集中采购品种和范围成为重点。

2021 年 1 月 15 日，国务院总理李克强主持召开国务院常务会议，部署进一步推进药品集中带量采购改革，会议要求推动药品集中采购常态化、制度化。1 月 28 日，国务院办公厅发布《国务院办公厅关于推动药品集中带量采购工作常态化制度化开展的意见》（国办发〔2021〕2 号）（以下简称“2 号文”），文件明确了现阶段药品集中采购的指导思想和原则，从国家层面对前期国家医疗保障局和各地带量采购试点的经验进行了肯定和总结，对下一步国家联采和地方带量集中采购的覆盖范围、采购规则、保障措施、配套政策、组织保障等提出了新的规范性要求。这标志着我国药品集中采购从试点阶段进入制度化、常态化、规范化的实施阶段。

2021 年 2 月 3 日，第四批国家药品带量采购如期进行，基本延续了前三批的规则和方法，内资企业品种价格竞争依然激烈，外资企业依然保持谨慎态度。药品价格平均降幅 52%，最大降幅 96%，降价的幅度与前三批相当。据悉，今后每年将会进行两批国家药品带量采购。

2020 年各省市按照药品带量采购试点的精神，积极开展了省级、省际联盟非一致性评价产品的带量采购探索，据不完全统计，共涉及 500 余个品种，具有以下三个特点：一是各地药品集中采购涉及的品种数量相对较少、较为分散；二是各地药品集中采购品种重叠性较低；三是药品集中采购尚未在全部省份铺开。

可以预判的是，2021 年是药品集中带量采购的开展年，一系列的文件构成了“常态化、制度化、规范化”的要求。重要参考文件如表 1－3 所示。

表 1－3　　2020 我国集中带量采购政策体系文件

序号	文件名称
1	《国务院办公厅关于推动药品集中带量采购工作常态化制度化开展的意见》（国办发〔2021〕2 号）
2	《国务院办公厅关于印发国家组织药品集中采购和使用试点方案的通知》（国办发〔2019〕2 号）
3	《国家医保局 工业和信息化部 财政部 人力资源社会保障部 商务部 国家卫生健康委 市场监管总局 国家药监局 中央军委后勤保障部关于国家组织药品集中采购和使用试点扩大区域范围的实施意见》（医保发〔2019〕56 号）
4	《国家药监局关于加强药品集中采购和使用试点期间药品监管工作的通知》（国药监药管〔2018〕57 号）
5	《国家卫生健康委办公厅关于做好国家组织药品集中采购中选药品临床配备使用工作的通知》（国卫办医函〔2019〕77 号）
6	《国家医疗保障局关于国家组织药品集中采购和使用试点医保配套措施的意见》（医保发〔2019〕18 号）
7	《国务院深化医药卫生体制改革领导小组关于进一步推广福建省和三明市深化医药卫生体制改革经验的通知》（国医改发〔2019〕2 号）
8	《国务院深化医药卫生体制改革领导小组印发关于以药品集中采购和使用为突破口进一步深化医药卫生体制改革若干政策措施的通知》（国医改发〔2019〕3 号）
9	《国家医保局 国家卫生健康委 国家药监局 工业和信息化部 中央军委后勤保障部关于开展第二批国家组织药品集中采购和使用工作的通知》（医保发〔2020〕2 号）

续　表

序号	文件名称
10	《国家医疗保障局关于建立医药价格和招采信用评价制度的指导意见》（医保发〔2020〕34 号）
11	《国家医保局医药价格和招标采购指导中心关于印发〈医药价格和招采信用评价的操作规范（2020 版）〉的通知》（医保价采中心函〔2020〕24 号）
12	《国家医保局医药价格和招标采购指导中心关于印发〈医药价格和招采信用评级的裁量基准（2020 版）〉的通知》（医保价采中心函〔2020〕25 号）
13	《国家医疗保障局办公室关于加快落实医药价格和招采信用评价制度的通知》（医保办发〔2020〕59 号）
14	《国务院办公厅关于印发治理高值医用耗材改革方案的通知》（国办发〔2019〕37 号）

（2）现阶段集中采购的特点。

通过对上述文件研读，可从以下关键词角度更好地认清现阶段药品集中采购的新特征。

关键词一：带量采购。三轮四批药品集中采购效果显著，很重要的一个原因就是“带量采购、量价挂钩、招采合一”，我国下一步药品集中采购的重点即带量采购。

带量采购的提法并不是 2 号文首次提出。早在 2015 年，《国务院办公厅关于完善公立医院药品集中采购工作的指导意见》（国办发〔2015〕7 号）中就提出“落实带量采购”，然而五年来实施效果不明显，带量采购流于形式，没有产生预期的效果。近两年来，医保部门采用“国家组织、联盟采购、平台操作”的新思路，从量的确定、方式的选用、进院使用结算、激励和监督管理等重点环节入手，解决了之前集中采购被长期诟病的问题，才使得“带量采购”真正落地，在降低中选价格方面发挥了真正的作用。

关键词二：应采尽采。2 号文提出重点将基本医保药品目录内用量大、采购金额高的药品纳入采购范围，逐步覆盖国内上市的临床必需、质量可靠的各类药品，做到应采尽采。结合国家医保局前期发布的各项文件，可以把“应采尽采”理解为，两年之内占用医保基金 80% 的全部药品和耗材都将纳入集中带量采购范围。这是一个立足“医保战略性购买”的制度性安排，较之前全部公立医院品种纳入集中采购更精准、更易于操作。可以判断，未来 1 ~2 年随着更多品种进入带量采购的范围，产品格局将发生巨大改变。

关键词三：联盟采购。2号文把联盟采购作为政策要求。从目前全国集中带量采购的试点看，联盟采购的方式有国家采购联盟，如国家三批药品联采、冠状支架联采等；省际采购联盟，如京津冀采购联盟、陕西省际联盟等；省际地市采购联盟，如三明联盟；省内地市采购联盟，如山东地市联盟、山西地市联盟等。在2号文政策的鼓励和引导下，未来或许会出现更多数量的联盟采购，探索出更多类型的联盟新形式。

关键词四：统一规则。近两年，各省（自治区、直辖市）、地市的药品带量采购从不同的维度开始试点，方式方法各不相同，主要体现在评价方法、量的确定、中选规则、限价、议价、分层、分组、配送、医保支付、结算等方面，医药企业应接不暇。

2号文针对上述问题，作出统一要求，对通过一致性评价的仿制药、原研药和参比制剂不设置质量分组，直接以通用名为竞争单元开展集中带量采购；对一致性评价尚未覆盖的药品品种，要明确采购质量要求，探索建立基于大数据的临床使用综合评价体系，同通用名药品分组原则上不超过2个；将临床功效类似的同通用名药品同一给药途径的不同剂型、规格、包装及其采购量合并；探索对适应证或功能主治相似的不同通用名药品合并开展集中带量采购等。同时还提出，加强药品集中采购平台规范化建设，统一基本操作规则、工作流程和药品挂网撤网标准，统一医保药品分类和代码，统一药品采购信息标准。

关键词五：三级操作。笔者曾将我国“十四五”集中采购制度框架总结为“1123”；即“一套系统、一套编码、两级平台、三级操作”。“一套系统”是指未来国家与各省平台相互对接、数据共享，建设全国统一开放采购市场。“一套编码”是指医保疾病诊断和手术操作、医疗服务项目、药品、医用耗材等编码标准化。“两级平台”是指集中带量采购依托国家级平台和省级平台。“三级操作”是指国家、省（自治区、直辖市）、地市政府各司其职，分工负责。

2号文对“三级操作”进行了详细描述。国家组织对部分通过一致性评价的药品开展集中带量采购，根据市场情况开展专项采购，指导各地开展采购工作。各省（自治区、直辖市）对本区域内除国家组织集中带量采购范围以外的药品独立或与其他省（自治区、直辖市）组成联盟开展集中带量采购，并指导具备条件的地市级统筹地区开展采购工作。地市级统筹地区应根据所在省（自治区、直辖市）安排，就上级组织集中带量采购范围以外的药品独立或与其他地区组成联盟开展集中带量采购。

关键词六：价格公允。2号文在中选规则条款中明确提出：通过质量和价格竞争产生中选企业和中选价格；同通用名药品有多家中选企业的，价格差异应公允合理。价格公允这一提法，在过去20年药品集中采购的文件中还是第一次出现。2021年1月15日国务院常务会议上还提出了“集采要在为患者减负同时，兼顾企业合理利润”的要求。

虽然目前关于价格“公允合理”没有详细的说明，但是参照2020年11月20日国家医疗保障局医药价格和招标采购指导中心发布的《医药价格和招采信用评价的操作规范（2020版）》《医药价格和招采信用评级的裁量基准（2020版）》中关于“价格异常”的描述，也许可以更好地进行理解。可以预判的是，未来集中采购中唯价格论的“灵魂砍价”现象有可能得到改善。

（3）集中采购的发展趋势。

我国新阶段药品集中采购的发展趋势，可以概括为以下十点。一是，带量采购成为本阶段集中采购的主要特征和形式，医改的现阶段核心目标依然是降价和控费，解决人民群众看病贵的问题。带量采购将使药品和耗材进入一个“价廉质优”的新阶段。二是，品种范围将进一步扩大，中成药、生物制品和医用耗材都将纳入带量采购范围；医保协议单位的范围也将进一步扩大；各省（自治区、直辖市）将按照国家统一部署开展带量采购工作，从试点进入实施落地阶段。三是，联盟采购会发展如火如荼，每年两次国家联采，触发机制已经形成；省际、区域联盟采购会规范化发展；逐渐形成以区域为主导的联盟采购格局。四是，分类采购依然是集中采购的方向，在集中带量采购中将按照品种特点、适应证和主治功能等区别对待，建立更加细化的评价规则；不能纳入带量采购的品种将以挂网的方式作为集中采购的方式；探索“孤儿药”、短缺药等特殊类别产品的适宜采购方式。五是，价格和招采信用评价将成为集中采购中的新要求。六是，利用临床大数据和专家评价的方式解决集中采购中产品质量评价的相关问题，有效地解决非一致性评价产品的质量评价问题，加速推进药品的一致性评价的进程，探索在医用耗材领域的应用。七是，低价中选、价格联动成为政策方向；招采合一，医保通过支付的杠杆，解决集中采购中医疗机构长期拖欠货款的问题。八是，集中采购成为“价格发现机制”，为医保支付价格的制定提供参考。九是，集中采购中医保“结余留用”制度将改变医疗机构参与集采的态度，带来医疗机构采购行为的改变。十是，临床品种、生产企业、流通企业的集中度将大幅提高，经营生态发生改变，行业格局重新构建，销售规则重新改写。

2. 医保制度重大变革，成为三医联动医改的驱动力

（1）新医保制度勾勒“中国式”医保体系。

2020 年 2 月 25 日，中共中央、国务院印发《中共中央 国务院关于深化医疗保障制度改革的意见》，该文件是自 1998 年我国颁布《国务院关于建立城镇职工基本医疗保险制度的决定》以来，关于医保改革最高级别的文件，也是从 2009 年《中共中央 国务院关于深化医药卫生体制改革的意见》发布以来，首次将深化医改的重点转移到支付主战场，对医疗体制改革的各参与方，包括医院、医生、药械生产经营零售企业、医保支付方及其他所有支持行业，带来利益格局的重大调整，将重塑未来医药行业的经营生态。

《中共中央 国务院关于深化医疗保障制度改革的意见》勾勒出了“未来中国医保体系”的发展蓝图，到 2030 年全面建成以基本医疗保险为主体，医疗救助为托底，补充医疗保险、商业健康保险、慈善捐赠、医疗互助共同发展的医疗保障制度体系，待遇保障公平适度，基金运行稳健持续，管理服务优化便捷，医保治理现代化水平显著提升，实现更好保障病有所医的目标。《中共中央 国务院关于深化医疗保障制度改革的意见》的出台和全面实施标志着我国医保制度将从以往试验性改革阶段进入定型成熟的发展阶段，成为未来十年医改的顶层设计和“纲领性”文件。该政策共八个部分 28 条，提出了“1 +4 +2”的总体改革框架，即“1”个目标，明确了 2025 年和 2030 年目标；“4”项机制，待遇保障机制、筹资运行机制、医保支付机制、基金监管机制；“2”项支撑，医药服务供给、医疗保障服务。

（2）新医保制度的创新举措和管理思路。

以上措施在国家医疗保障局 2020 年的工作中已经开始逐项落实。在 2019 年推出 DRGs 的基础上，2019 年 10 月，国家医疗保障局办公室印发《关于印发疾病诊断相关分组（DRG）付费国家试点技术规范和分组方案的通知》，公布《国家医疗保障 DRG 分组与付费技术规范》以及《国家医疗保障 DRG（CHS – DRG）分组方案》，进一步推进 DRG 的试点，2020 年，提出了 DIP 的管理新思路；对重塑行业生态起到了关键性作用。

另外，《中共中央 国务院关于深化医疗保障制度改革的意见》还提出了部分创新性的医保改革措施。笔者将其总结为六个方面：①改革职工保险个人账户，建立健全门诊共济保障机制；②改革医保协议管理，从准入到退出机制，规范管理、考核、评价；③改革保障待遇清单目录管理，建立统一领导下的医保制度；④改革医保管理体系，统筹层次上移，提高基金的效率；⑤新增重大公共卫生事件的医疗救治保障原则措施；鼓励商业保险的发展；⑥改革基金监管机制。

（3）新医保制度的影响和趋势。

新医保制度的建立使得医保发生了革命性变化，一是，从“供方改革”转变到“需方改革”；二是，从“一般购买”转变到“战略性购买”；三是，从“后付制”到“预付制”；四是，从“单一支付”到“多元复合支付”。

这些变化，使得行业生态出现了五个“不一样”，即“三医”关系不一样，医疗机构取利方式、管理方向、运营机制不一样，医药企业营销方式不一样。行业的整体生态发生重大改变。

3. 落实《药品管理法》，严格行业监管

（1）监督管理办法陆续修订出台。

新修订的《药品管理法》明确将保护和促进公众健康作为监管使命，从维护人民身体健康到保护和促进公众健康，药品监管使命实现了新时代的理念升级；实施上市许可持有人制度；坚持风险管理、全程管控，保证全过程信息真实、准确、完整和可追溯；坚持社会共治，建立科学、严格的监督管理制度，全面提升药品质量，保障药品的安全、有效、可及；加大了对违法行为的处罚力度，药品监管进入“四个最严”的监管时代。

2020 年，全国药品监督管理部门认真贯彻落实中共中央、国务院重大决策部署，全面落实“四个最严”要求，履行“守住安全底线，保障公众用药用械安全，维护公众健康；促进创新发展高线，满足人民对优质先进产品的需求”的监管职责，深入推进审评审批制度改革，持续加大全生命周期严格监管，不断强化法规标准基础建设，各项工作取得新成效，有力地推动了我国医药行业的健康快速发展。

据《中国医药报》报道，2020 年国家药品监督管理局共发布近 900 条有关信息，平均每个工作日发布 1 个公告通告、1 条要闻、1 条飞行检查或者产品召回等风险控制信息；每周至少发布 1 个法规文件，至少有 1 个文件对外公开征求意见。

2020 年 1 月 22 日，国家市场监督管理总局审议通过《药品注册管理办法》《药品生产监督管理办法》。据不完全统计，《药品注册管理办法》配套文件制度有 60 余项，国家药品监督管理局连续发出多个征求意见稿，涉及药品注册分类、上市后变更、再注册等多个重磅文件。《药品生产监督管理办法》配套文件制度也达40多项，体现了全新的监管思路，为行业规范、高质量健康发展提供了更合理的制度体系。

2020年6月，国务院发布《化妆品监督管理条例》，该条例在守护用妆安全底线的同时，为行业高质量快速发展提供法规支持，自2021年1月1日起施行。随后国家药品监督管理局发布《化妆品注册管理办法（征求意见稿）》、《化妆品生产经营监督管理办法（征求意见稿）》等多个征求意见稿对外征求意见。2020年12月31日，国家市场监督管理总局审议通过《化妆品注册备案管理办法》。化妆品监管的统一性和权威性正在不断加强。

2020年6月24日，2020年版《中华人民共和国药典》正式对外发布，自2020年12月30日起实施，共收载品种5911种。新版药典的颁布实施将对保障药品质量、维护公众健康、促进医药产业高质量发展发挥重要作用。

2020年12月21日，国务院第119次常务会议修订通过《医疗器械监督管理条例》，强化企业、研制机构对医疗器械安全性和有效性的责任，明确审批、备案程序，充实监管手段，增设产品唯一标识追溯、延伸检查等监管措施，加大违法行为惩处力度，涉及犯罪的依法追究刑事责任。医疗器械监管法规制度体系即将迎来全面革新。

（2）医保监管机制升级。

2020年7月9日，国务院办公厅发布《国务院办公厅关于推进医疗保障基金监管制度体系改革的指导意见》（国办发〔2020〕20号）中提出了加强医保基金监管的工作要求，全面提升医保治理能力，深度净化制度运行环境，严守基金安全红线。文件还明确了2025年的目标：基本建成医保基金监管制度体系和执法体系，形成以法治为保障，信用管理为基础，多形式检查、大数据监管为依托，党委领导、政府监管、社会监督、行业自律、个人守信相结合的全方位监管格局，实现医保基金监管法治化、专业化、规范化、常态化，并在实践中不断发展完善。

该文件明确了政府监管与自律管理相结合的方式，并对下一步的工作进行了安排。制定医疗保障基金使用监督管理条例及其配套办法。完善定点医药机构协议管理制度，建立和完善定点医药机构动态管理和退出机制。完善医保对医疗服务行为的监控机制，将监管对象由医疗机构延伸至医务人员，将监管重点从医疗费用控制转向医疗费用和医疗服务绩效双控制。出台并落实医疗卫生行业诊疗标准，逐步开展临床路径管理，完善并落实临床药师制度、处方点评制度，强化临床应用和评价等标准规范运用。开展药品、医用耗材进销存实时管理。

2020 年 7 月 30 日，国家医疗保障局颁布《基本医疗保险用药管理暂行办法》（国家医疗保障局令第 1 号），并于 12 月 14—16 日进行了药品的准入谈判，共 119 种谈判成功，其中目录外谈判成功 96 种，目录内谈判成功 23 种，谈判总成功率为 73.46%，谈判成功的药品平均降价 50.64%。同年 12 月 28 日发布了 2020 版医保目录，调整后的目录药品总数共 2800 种，其中西药 1426 种，中成药 1374 种，目录内中药饮片未作调整，仍为 892 种。

2020 年 12 月 30 日，国家医疗保障局颁布《医疗机构医疗保障定点管理暂行办法》（国家医疗保障局令第 2 号）和《零售药店医疗保障定点管理暂行办法》（国家医疗保障局令第 3 号）（以下统称“两定办法”）。“两定办法”充分体现了“放管服”精神，符合条件的医疗机构和零售药店可以通过申请签订医保协议纳入医保定点管理，并明确了协议签订的基本条件和流程。医保行政部门、医保经办机构和定点医疗机构、定点零售药店之间的权责关系更加清晰。医保经办机构和定点医疗机构、定点零售药店是协议的主体，医保行政部门对定点申请、专业评估、协议订立、协议履行和解除等流程进行监督。

“两定办法”还对协议主体的权利、义务和责任进行了详细规定。明确定点医疗机构、定点零售药店按照协议约定提供服务，落实医保有关政策规定，按要求向医保经办机构报送信息，为参保人服务，同时应当配合医保经办机构开展医保费用审核、绩效考核等。医保经办机构按照协议约定提供经办服务，开展费用审核、绩效考核等。同时，明确了协议主体的违约责任，提出了协议中止和解除的具体情形，相当于列出了一张“负面清单”，有利于促进规范医疗服务行为，保证医保资金安全，也有利于促进医疗机构和零售药店定点管理的规范化、法治化。

（3）纠正行业购销和服务中的不正之风依然是重点。

国家卫生健康委员会等九部门联合印发的《关于印发 2020 年纠正医药购销领域和医疗服务中不正之风工作要点的通知》中，将工作要点划分为五个方面。一是加强党对纠风工作的全面领导；二是严厉打击欺诈骗取医保基金行为；三是巩固医药流通领域改革成效；四是深入清理群众身边的医疗行业乱象；五是完善制度确保工作落实。尤其是，文件首次提到将“严厉打击医药企业与合同营销组织（CSO）企业串通，虚构费用套现以支付非法营销费用的违法行为”。

国家药品监督管理局印发的《国家药监局关于发布医药代表备案管理办法（试行）的公告》（2020年第105号）中明确了医药代表主要工作任务为拟订医药产品推广计划和方案；向医务人员传递医药产品相关信息；协助医务人员合理使用本企业医药产品；收集、反馈药品临床使用情况及医院需求信息。该文件还重申了医药代表不能有的七种行为，包括承担药品销售任务、误导医生使用药品等。

第三节 “十三五”医改发展成就及展望

一、“十三五”医改发展成就

医疗卫生体制改革是一场持久攻坚战，2009年新医改启动至今，国家以“看病难、看病贵”为问题导向，出台了一系列循序渐进的医改政策，回首十余年医改历程，我国医改取得了突破性进展。紧紧围绕五项基本医疗卫生制度深入改革进程，确立以“三医联动”为核心的改革策略，《“十三五”深化医药卫生体制改革规划》确定的主要目标基本达到进度要求。在此期间中共中央、国务院召开全国卫生与健康大会，印发《“健康中国2030”规划纲要》，全国人大常委会审议通过《中华人民共和国基本医疗卫生与健康促进法》《中华人民共和国中医药法》，开启了健康中国建设新征程、全民健康新时代。

“十三五”期间医疗卫生服务体系不断完善，卫生健康事业改革取得显著进展，城乡居民健康水平持续提高，健康中国建设开局良好。

医药卫生体制改革攻坚克难，中国特色基本医疗卫生制度框架基本建立。稳步实施分级诊疗，推进医联体建设和县域综合医改，推进紧密型县域医共体建设，全面推进社区医院建设，推进家庭医生签约服务，提升基层医疗卫生水平，逐步优化全国层面高水平医疗资源的配置。全面推开公立医院综合改革，全部取消药品和耗材加成，破除以药补医机制，同步推进补偿机制和运行机制改革。健全全民医保制度，基本医保参保覆盖面稳定在95%以上。稳步实施异地就医直接结算。

医疗卫生服务体系不断完善，服务可及性不断提高。完善县域医疗卫生服务体系，

84%的县级医院达到二级及以上水平。2015—2019年，每千人口医疗卫生机构床位数从5.11张增长到6.30张，执业（助理）医师数从2.22人增长到2.77人，注册护士数从2.37人增长到3.18人。加快“互联网＋医疗健康”发展，远程医疗服务覆盖国家级贫困县和边远地区。运用信息化技术优化服务流程，加快推动二级以上医院普遍提供预约诊疗、就诊导航、移动支付等线上服务，三级医院预约诊疗率超过50%。

基本公共卫生服务均等化水平进一步提高。加大重大传染病防控，新冠肺炎疫情防控取得重大战略成果。人均基本公共卫生服务经费补助标准从2015年的40元提高到2020年的74元。免费向全体城乡居民提供14大类国家基本公共卫生服务项目。实施慢性病综合防控。先后完成第四批、第五批国家慢性病综合防控示范区建设工作，累计覆盖全国17.2%的县（市、区）。完善以慢性病与营养监测、死因监测、肿瘤登记为主体的慢性病监测体系。2019年我国重大慢性病过早死亡率比2015年降低10.8%。

（1）药品集采降价效果明显。

在“两票制”和“4＋7”带量采购等政策组合出击的情况下，药品价格大幅度下降，2020年8月，第三批国家带量采购开启，55个通用名平均降幅53%，最高降幅95%，涵盖了高血压、糖尿病、抗癌药等常用药物，预计将压缩药品费用接近200亿元。据国家医保局测算，三批带量采购涵盖产品年药品费用从659亿元下降到120亿元，药费压缩效果明显。同年12月，第四批带量采购信息收集工作启动，并于2021年2月开标。本轮带量采购共45个品种中选，平均降幅为52%，最高降幅为96%，降价效果依然显著。

（2）行业资源整合进一步加强。

受“两票制”、药品集中带量采购等政策的影响，药品流通行业进入行业整合期。药品流通领域行业格局优化和重组已成为药品流通企业的必然趋势，尤其在药品批发企业更加明显。行业集中度是药品流通行业转型升级过程的重要体现之一，目前药品流通行业形成“4＋X”即以国药集团、上海医药、华润医药、九州通四家企业为首的市场格局，这四家企业的市场占有率约为39.93%，行业集中度持续提升。

国外发达国家药品流通行业集中度较高，前五名流通企业的市场占有率大多在80%左右，美国甚至高达95%，单从行业集中度来看，我国药品流通行业还有很长的路要走，还需要经历很长的整合时期。在药品流通体制改革过程中，大型药品批发企业将承担起应有的历史使命和责任，发挥行业引领作用，成为提高行业集中度、促进现代药品流通体制形成、提高我国医药流通效率、降低流通成本的主要力量。由于不同区域的经济发展程度不一，医药消费结构存在显著差异，除少数在全国布局网络的大型分销商能够满足各地区差异化需求外，大部分流通企业基于成本及外部开拓市场风险的考虑，将深度挖掘区域市场的需求，巩固现有市场的竞争地位；生产企业会越发重视与拥有区域网络优势的企业合作，以实现其产品的快速分销与品牌推广，这将有助于优质资源向区域领先企业集中。在各项政策的实施下，行业集中度将步入快速提升的时期。

（3）药品第三方物流取得明显发展。

对药品第三方物流而言，集中采购等政策是一个积极的推动力，随着集中采购试点范围的不断扩大，药品第三方物流的优势更加凸显。由于药品批发利润大幅度下降，大型医药流通企业建立独立的第三方物流公司，从而实现利润互补的目的。在政策影响下，专业药品第三方物流业务有所增加。

第三方物流具备现代化的信息技术、先进的专业化设备、高端的人才、完善的物流网络体系等优势，从而实现生产、流通和消费之间的相互协调。随着药品第三方物流的发展，其行业地位日益凸显。应充分发挥药品第三方物流的作用，加强跨界协调融合，药品流通企业可与铁路运输、公路运输、水路运输、航空运输企业紧密合作，利用社会物流运力和仓储设施，提高物流效率，降低物流成本，规范药品物流行为，建立药品流通全过程追溯体系，保障药品质量安全。只有形成专业化、社会化的药品第三方物流服务系统，才能面对市场、经济、政策带来的挑战，才能在激烈的市场竞争环境中脱颖而出，为第三方物流企业寻求新的经济效益关键点，实现企业的持续发展。

（4）医药供应链向智慧型升级。

“两票制”在一定程度上优化了医药批发企业的产业链整体结构，经过优胜劣汰的市场演变，促进优势企业的可持续发展。随着供应链链条的压缩，商业企业传统的价值被弱化，药品流通行业已进入“微利时代”，促使企业向智慧型供应链方向转型。流通企业必须在现有业务的基础上，重新开创新的服务模式，发挥其应有的价值，才能在未来的变革中立足。

目前企业转型主要有两个方向。一是向上下游延伸，提供增值服务，将与上游工业企业的信息对接、库存管理、运营管理，与下游客户药房合作的零库存管理、库内作业管理、信息增值服务等纳入企业提供服务的范围。二是优化业务结构，目前多项政策促使处方从院内流向院外零售渠道，加上零售药店的分级分类等管理措施，未来零售药店会分摊很大一部分终端市场，对于企业来说，需要重新进行市场布局，改变传统业务结构。

医疗机构以提供医疗服务为主营业务，在“医药分开”政策的影响下，医院将非医疗业务逐渐剥离，然后将非医疗业务委托给专业企业，以此提高供应链协同能力。供应链协同发展，还将促使医疗机构院内药房与药品流通企业对接，运用“互联网＋”思维与手段，打造多方协作的药品流通新模式。运用“互联网＋药品流通”模式，有利于建立跨行业数据标准体系，实现跨部门数据资源共享；同时促使智慧供应链、智能物流、公共服务平台等形态快速涌现，推动企业经营管理的精细化，提升行业集约化水平、规模化水平。通过“互联网＋药品流通”模式，建立供应链上下游智慧融合的分布式多元协同的现代药品流通体系，可有效配置政府与企业资源，降低社会整体流通成本，推动供应链协同发展，成为实现药品流通行业“十三五”期间发展目标的有效支撑。

（5）零售药店呈多元化发展。

在医生多点执业和处方外流等政策的推动下，健康服务从“治疗”向“预防”和“健康管理”转变，并积极推进患者下沉至基层，慢性病管理和 DTP 专业化服务快速发展。“医药分家”的推进，将促使以大型公立医院为主销售对象和渠道转变为以药店为主销售对象和渠道，为连锁零售药店行业创造重大发展机遇。在以人为本的一体化服务体系中，零售药店需实现从以利润为中心到以患者为中心的转变，需要执业药师的药事服务，为消费者提供用药咨询、用药指导，保障安全用药和合理用药。

药店的发展定位是健康照顾站和商圈内居民的家庭健康顾问。药诊店模式即药店和诊所（中医、西医、远程医疗）结合，提供家庭入户健康管理将形成新增长点，提供高水平的药学与医学服务将凸显价值，这些都为连锁药店提供发展动能。连锁药店进入“互联网＋”时代，通过 App 下单已逐渐形成一种发展趋势。连锁药店开展“互联网＋”业务，在传统业务上运用互联网，一方面满足消费者个性化需求，另一方面可进行族群营销。

零售药店作为“最后一公里”的患者服务机构，其多元化、差异化和定制化的服务模式和能力将成为未来实现跨越式发展的制胜之道。未来，连锁化、规模化、品牌化是新零售行业转型升级的重要推动力。

（6）“互联网+”药品流通初具规模。

2019年，国家发展改革委等21个部门联合发布《关于印发〈促进健康产业高质量发展行动纲要（2019—2022年）〉的通知》，指出要积极发展“互联网+药品流通”，建立药品流通企业、医疗机构、电子商务企业合作平台，在药品流通中推广应用云计算、大数据、移动互联网、物联网等信息技术，简化流通层次，优化流通网络，提高供求信息对称度和透明度。建立互联网诊疗处方信息与药品零售消费信息互联互通、实时共享的渠道，支持在线开具处方药品的第三方配送。加快医药电商发展，向患者提供“网订（药）店取”“网订（药）店送”等服务。

通过互联网的方式为医药产业赋能，利用互联网和信息化技术，将外部需求信息与内部物流操作相结合，使企业在药品批发、物流配送、医药电商等方面实现高效率操作，促进产业升级。互联网医药平台通过实现上游医药企业生产厂商、供应商与下游采购商进行信息的无缝对接，将线下的药品环节搬到线上，减少流通环节，降低成本。医药电商有望为药品流通价值链带来创新，推动信息化、标准化、自动化、流程化。

新冠肺炎疫情进一步推动医药电商发展。2020年3月发布的《国家医保局 国家卫生健康委关于推进新冠肺炎疫情防控期间开展“互联网+”医保服务的指导意见》中提出“参保人员凭定点医疗机构在线开具的处方，可以在本医疗机构或定点零售药店配药”，并鼓励“创新配送方式，减少人群聚集和交叉感染风险。”新冠肺炎疫情期间，用户线上购药习惯逐渐养成。

（7）医药冷链备受关注。

医药冷链是指以满足人们疾病预防、诊断和治疗等目的，为保证冷藏药品、疫苗、IVD（体外诊断）试剂等安全有效，而采取的一种温控环境的特殊供应链网络。近几年，医药冷链市场规模持续扩大，据不完全统计，2020年医药冷链市场规模为3903.4亿元，包括疫苗、血液制品、IVD试剂等不同的产品，其中药品领域占比约为65.12%。

《中华人民共和国疫苗管理法》（以下简称《疫苗管理法》）、《药品管理法》新修订案的连续重磅出台，对医药冷链行业提出了更高、更严、更全面的要求，医药冷链行业在面临挑战的同时，也迎来了难得的市场发展机遇，医药冷链有望成为医药物流行业的新起之秀。由于行政监管和市场需求的不断提高，全社会对医药冷链质量安全“零容忍”的态度，促使冷链设备、技术等快速应用于医药冷链领域，推动医药冷链向信息化、智能化迈进。

在新冠肺炎疫情的影响下，新冠疫苗的集中批量上市、生物药需求增长、人民群众对生命健康安全的不断关注，使医药冷链市场规模大幅增长。医药冷链物流受重视程度越来越高。

二、医药行业宏观发展趋势和企业应对策略

2021 年是“十四五”规划开局之年，医药行业的政策主题应该不会改变。“十三五”期间医药行业政策主题为“降价、控费、集采、合规”，经历了新冠肺炎疫情后，“创新和数字化”也将写入新一年的主题。

纵观行业发展，“十四五”期间医药行业趋势和企业的突破点总结如下。

1. “十四五”期间医药行业未来发展六大趋势

一是，政策趋势表现为规则变化更近“凌厉”，“竞资格、争份额”依然是主要的手段，医保机制将改变行业的价值判断标准；集中采购的门槛将越来越高，医疗机构参与的积极性越来越大；流通政策促集中，效率和成本将成为考量的依据；分级诊疗进一步深化，基层市场结构将发生变化；“四个最严”的标准下，产品的价值开始回归；财税严监管的体系将持续。

二是，市场趋势表现为市场跟着政策走、服务跟着患者走，新的机制将带来市场规则的变化。主要包括：处方进一步的院外化；支付进一步的多元化；医生、药师、护士执业的多点化；采购方式的电商化，企业产品、学术、售后服务平台化；组织的合伙化及营销的“圆点化”。

三是，行业趋势表现为集中度的提高，包括生产和流通；专业化要求的提高，过去粗犷的经营、销售、渠道模式都面临前所未有的挑战；直营化的提高，尤其是互联网对传统通路中资金流、物流、信息流的改变。

四是，产业的趋势表现为未来的格局将会由合规的大型（或称为巨型）企业和特色的中小型企业构成，今天过剩的多、小、散、乱的生产和流通企业都将面临重大的挑战，整合兼并将持续性发展。

五是，竞争的趋势表现为不单纯是产品、渠道、人才的竞争，未来是低成本中的差异化竞争，企业的竞争策略需要改变。

六是，企业战略发展的趋势表现为向国际化靠拢，走国际化路径，在企业策略、组织、产品、营销、科研方面，只有“站在巨人的肩上”，才会有发展的机会。营销上，“带金销售”虽然不会消失，但是任何一位想构建“百年老店”的医药企业家，应该都不会在这条“不归路上”继续探索；建立以患者为中心的健康知识管理成为企业发展的必然方向。

2. 医药企业未来发展的“2 +2”条跑道

从化学药发展角度看，中国医药企业必将经历单纯模仿制到仿创，再从仿创到真正创新的过程。目前这个阶段，对于医药企业而言未来只有两条光明大道，一是立足全球，以创新药为主导；二是立足国内，以仿制药为主导，逐渐地“Me - too，Me - better”。这两条跑道也不是目前中国大多数化学药生产企业所能胜任的，未来竞争中新的格局正在形成。

从其他领域角度看，中医药和医疗器械两个方面都有着巨大的增长潜力。

3. 医药企业应对行业变化的五个突破点

医药企业要实现在这个特定历史阶段的生存、发展，可从以下五个方面进行突破。

一是创新。创新将是企业的永恒发展动力，不仅包括新药的研制，也包括经营模式、销售方法的创新，互联网的时代为我们提供了这样的机会。

二是成本。经济学的本质就是成本与效益，未来的竞争中成本要素成为核心，尤其是在医药这个特殊的领域，全球面临的挑战几乎都是一致的，低成本成为必要要求。

三是市场准入。这一概念在中国医药行业的出现仅仅是近几年的事情，随着法制化社会的发展和制度的逐渐建立，准入的规制将会越来越多，市场准入将成为企业发展中的重要生产力。

四是品牌。未来是一个品牌的时代，品牌代表着信用，代表着质量，更代表着财富。

五是应变的速度。在目前变化比计划快的时代，我们面临着诸多的不确定性，应变的速度就显得尤其重要，只有快速变化才能不断生出精彩。

第二章

市场为镜，把握方向

第一节　医药工业发展现状及趋势

2020年是“十三五”规划收官之年，在全球新冠肺炎疫情大暴发和中美贸易摩擦升级背景下，中国医药工业一方面经受住考验，实现营业收入的反弹和利润的较快增长，另一方面为全国乃至全球抗击疫情贡献力量，并进一步巩固创新发展成果，竞争力稳步提升。

一、医药工业在疫情后迅速反弹，企业利润大幅度增长

根据国家药品监督管理局披露，截至2020年年底，全国有效期内药品生产企业许可证7690个（含中药饮片、医用气体等）。从所生产产品类别看，生产原料药和制剂的企业有4460家，生产化学药的企业有3519家，生产中成药的企业有2160家，生产中药（含饮片）的企业有4357家，生产医用气体的企业有671家，生产特殊药品的企业有224家。

2020年，受疫情影响，我国医药工业企业的营业收入经历了一个先下降后恢复的“V”字形增长过程。据国家统计局数据，2020年第一季度，由于疫情暴发，我国医药工业规模以上企业营业收入和利润均出现大幅度下降，其中营业收入累计为5462.6亿元，同比下降8.6%，增速较上一年同期下降19.0个百分点；利润总额661.7亿元，同比下降16.2%，增速较上一年同期下降27.3个百分点。到2020年上半年结束，随着我国经济和工业生产逐步恢复，医药工业规模以上企业实现营业收入增速由负转正。2020年上半年医药工业规模以上企业累计实现营业收入12390.4亿元，同比增长0.2%，增速较上一年同期下降8.7个百分点。2020年上半年医药工业规模以上企业累计实现利润总额1850.5亿元，同比增长9.1%，增速较上一年同期下降1.2个百分点。到2020年全年结束，医药工业增长全面恢复，规模以上企业营业收入达到24857.3亿

元，按照可比口径计算同比增长 4.5%，增速较上一年下降 3.5 个百分点；利润总额 3506.7 亿元，按照可比口径计算同比增长 12.8%，增速较上一年不但没有下降，反而上升 5.8 个百分点，具体如图 2－1 和图 2－2 所示。

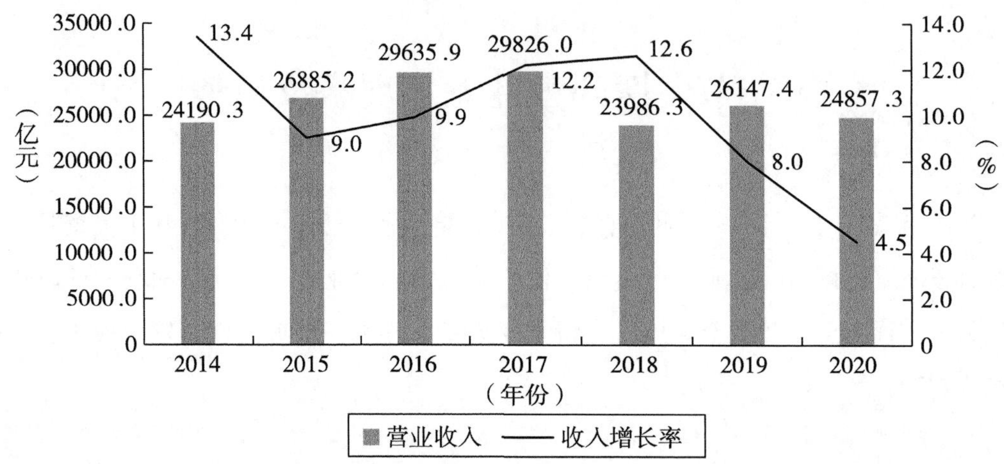

图 2－1　2014—2020 年我国医药工业规模以上企业营业收入增长情况

图 2－2　2014—2020 年我国医药工业规模以上企业利润增长情况

资料来源：国家统计局，中物联医药物流分会整理。

注：根据国家统计局说明规模以上工业企业利润总额、主营业务收入等指标的增速均按可比口径计算。报告期数据与上年所公布的同指标数据之间有不可比因素，不能直接相比计算增速。其主要原因包括以下几点。①根据统计制度，每年定期对规模以上工业企业调查范围进行调整。每年有部分企业达到规模标准纳入调查范围，也有部分企业因规模变小而退出调查范围，还有新建投产企业、破产、注（吊）销企业等变化。②加强统计执法，对统计执法检查中发现的不符合规模以上工业统计要求的企业进行了清理，对相关基数依规进行了修正。③加强数据质量管理，剔除跨地区、跨行业重复统计数据。④“营改增”政策实施后，服务业企业改交增值税且税率较低，工业企业逐步将内部非工业生产经营活动剥离，转向服务业，使工业企业财务数据有所减小。以下关于主营业务收入计算如无特殊说明，均依据本注释。

二、药品进出口强势反弹

2020 年，中国对外贸易因国外疫情蔓延、企业停工带来的供给缺口以及防疫物资需求的大幅增长，刷新了历史纪录，创造了中国出口规模的新高。医药健康产品作为特殊商品，在新冠肺炎疫情暴发的背景下发挥了重要作用，海量中国防疫物资以援助、出口等多种形式到达全球各地。据海关总署统计，2020 年 3 月至 2020 年年底，全国海关共验放出口主要疫情防控物资价值 4385 亿元，其中口罩 2242 亿个，价值 3400 亿元，相当于为全世界除中国以外地区的每个人提供了 30 多个口罩；防护服 23.1 亿件，护目镜 2.89 亿副，外科手套 29.2 亿双；呼吸机 27.1 万台，监护仪 66.3 万台，红外测温仪 1.19 亿件；新冠病毒检测试剂盒 10.8 亿人份。

疫情期间我国在化学药品生产的国际地位凸显。2020 年，习近平总书记出席 G20 峰会时表示，中国将加大力度向国际市场供应原料药、生活必需品、防疫物资等产品。2020 年 3 月 28 日，中国化学制药工业协会发布《关于做好原料药和中间体生产供应工作的通知》，建议协会各会员单位在确保疫情有效防控的基础上，尽快复工复产，加快生产和供应，以满足国内市场和国际市场的需求，并列出世界卫生组织发布的由于中国原料药和中间体生产中断需监控缺货情况的优先产品草拟清单，具体如表 2－1 所示。

表 2－1　世界卫生组织希望中国监控的原料药和中间体清单

类别	药品
抗生素	阿莫西林、阿莫西林/克拉维酸钾、头孢唑啉、头孢曲松钠、哌拉西林/他唑巴坦、美罗培南、庆大霉素、普鲁卡因青霉素和青霉素 G、阿奇霉素、联磺甲氧苄啶、万古霉素、粘菌素
糖尿病	二甲双胍、格列苯脲、胰岛素
高血压	氨氯地平、氢氯噻嗪、氯噻酮、氯沙坦、替米沙坦
抗病毒剂	洛匹那韦/利托那韦、达芦那韦/利托那韦、替诺福韦、拉米夫定、恩曲他滨、索非布韦
抗疟疾	本芴醇
孕产妇和新生儿	催产素、倍他米松注射剂、地塞米松注射剂
抗癫痫药物	苯巴比妥、卡马西平、苯妥英钠、丙戊酸、地西泮

资料来源：中国化学制药协会，中物联医药物流分会整理。

据海关总署数据，2020 年我国实现医药保健品进出口总额 4094.0 亿元，同比增长 13.3%，其中出口总额 1528.3 亿元，同比大幅度增长 28.5%；进口总额 2565.7 亿元，同比增长 4.2%，具体如图 2－3 和图 2－4 所示。

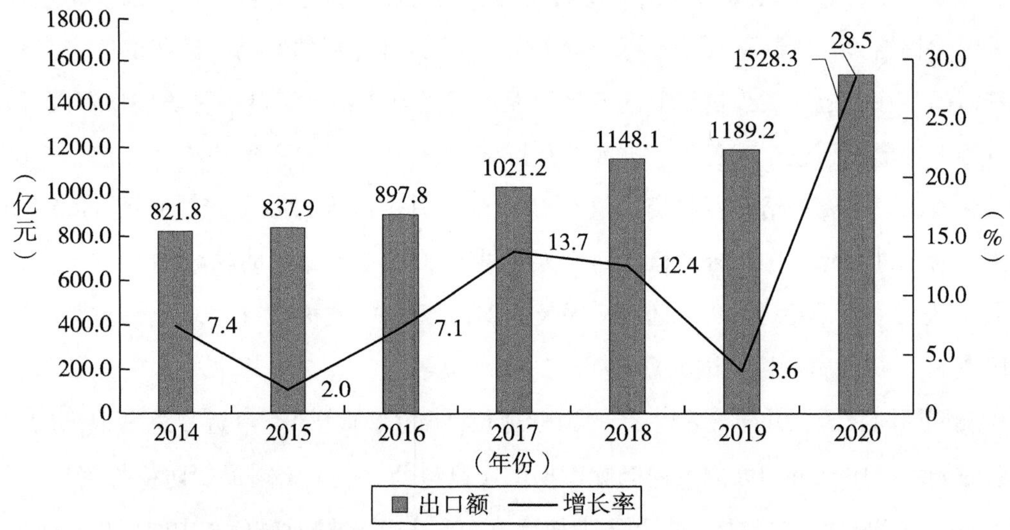

图 2－3　2014—2020 年我国医药保健品出口增长情况

资料来源：海关总署，中物联医药物流分会整理。

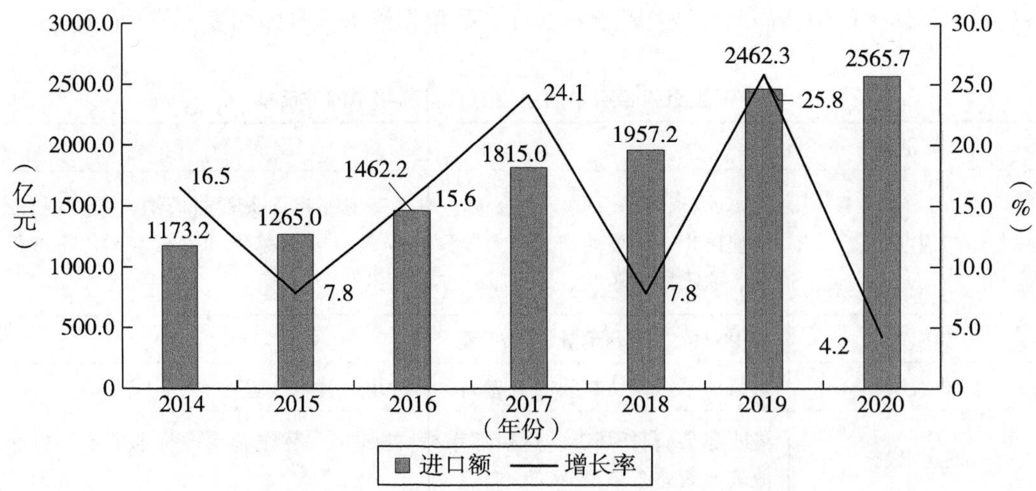

图 2－4　2014—2020 年我国医药保健品进口增长情况

资料来源：海关总署，中物联医药物流分会整理。

三、药品质量水平与创新水平不断提升

仿制药（ANPA）一致性评价进入收获期。2020 年累计有 908 个受理号申报一致性评价获受理，比 2019 年 1038 个下降 12.5%。2020 年累计有 861 个品规的药品通过一致性评价（含视同通过），比 2019 年的 402 个增长 114%，具体如图 2－5 所示。受理数量和通过数量一降一升，表明仿制药一致性评价进入收获期。

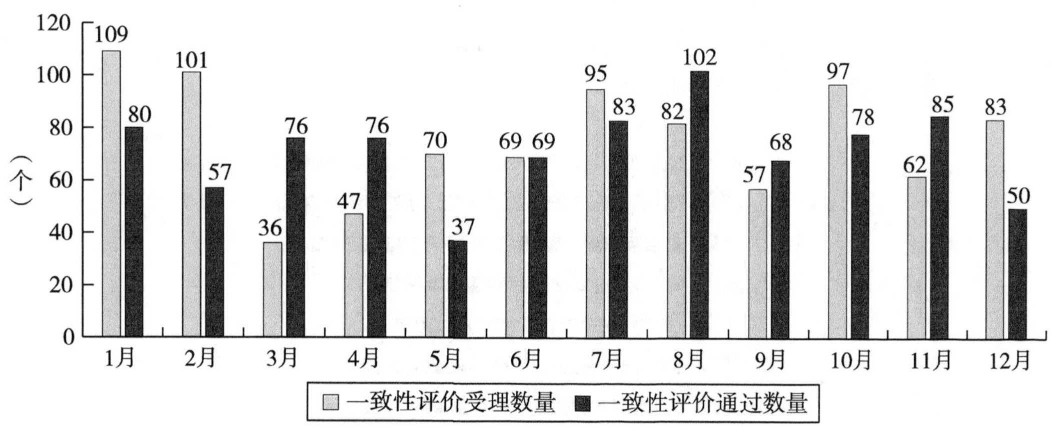

图 2－5　2020 年仿制药一致性评价受理和通过情况

资料来源：药智网，中物联医药物流分会整理。

在企业方面，龙头企业保持领先。2020 年，石药集团欧意药业全年有 20 个品种通过一致性评价，拔得头筹。齐鲁制药、正大天晴、扬子江药业、科伦药业分别排第2～4 位，其中，扬子江药业和科伦药业并列第 4，具体如图 2－6 所示。在通过一致性评价品种总量上，齐鲁制药以 36 个品种占据第 1，石药集团欧意药业以 34 个品种位列第 2，具体如图 2－7 所示。

药品出口质量进一步提升。随着我国医药产品质量提高，逐渐获得国际认可，我国出口医药产品水平呈现不断提高的趋势。2020 年中国企业 ANDA 数量达到 96 个，依然保持增长的趋势。具体如图 2－8 所示。

药品研发成果逐步显现。经过多年改革后，我国药品研发基础持续巩固，重大创新成果加速产业化。2020 年，国家药品监督管理局（NMPA）批准了 20 个国产新药，包括化学药 15 个、中药天然药物 3 个、生物制品 2 个，批准新药数量再创新高。

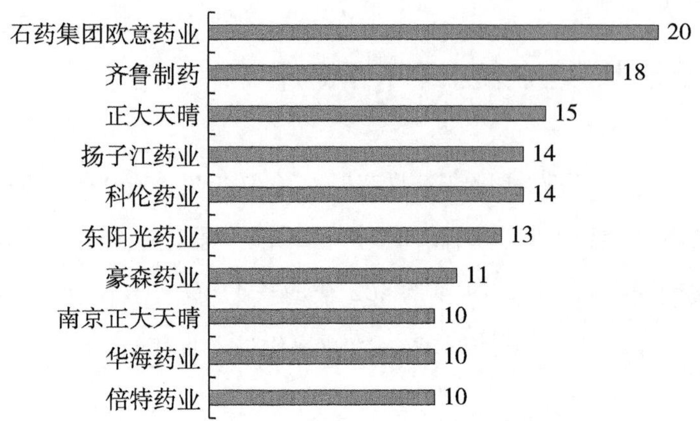

图 2－6　2020 年企业通过一致性评价品种 Top 10

资料来源：药智网，中物联医药物流分会整理。

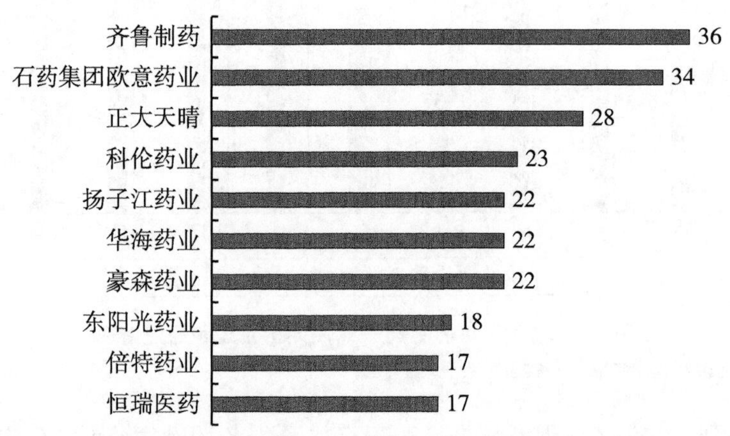

图 2－7　企业通过一致性评价品种总量 Top 10

资料来源：药智网，中物联医药物流分会整理。

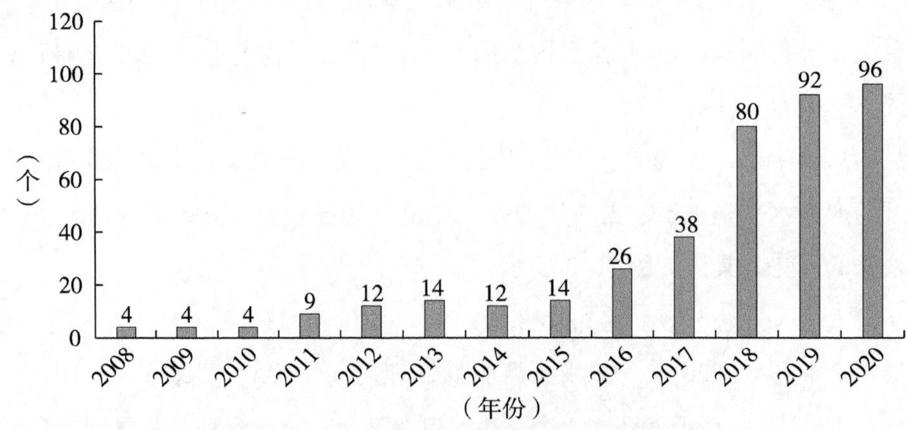

图 2－8　2008—2020 年中国企业 ANDA 数量

资料来源：药智网、米内网，中物联医药物流分会整理。

四、药品供应保障能力不断提升

集中带量采购常态化。2020 年 8 月，第三批国家带量采购开启，55 个通用名平均降幅 53%，最高降幅 95%，涵盖了高血压、糖尿病、抗癌药等常用药物，预计将压缩药品费用接近 200 亿元。据国家医保局测算，三批带量采购涵盖产品年药品费用从 659 亿元下降到 120 亿元，药费压缩效果明显。同年 12 月，第四批带量采购信息收集工作启动，并于 2021 年 2 月开标。本轮带量采购共 45 个品种中选，平均降幅为 52%，最高降幅为 96%，降价效果依然显著。2021 年 1 月 28 日，国务院办公厅发布《国务院办公厅关于推动药品集中带量采购工作常态化制度化开展的意见》，带量采购正式进入常态化，预计 2021 年将有更多注射剂、未过评产品、非化学药领域进入全国和区域带量采购。

集采政策减轻了患者就医负担，提高了医保基金使用效率，优化了药企营商环境，推进了公立医院改革，实现了“政策可落地、药企可接受、医院可执行、患者可放心”的多方共赢结果。

国家医保目录开启动态调整。2020 年 12 月下旬，国家医保局正式发布 2020 年医保谈判的结果。162 种药品进入谈判，119 种通过谈判，谈成率达到 73. 46%，平均降价 50. 64%，预计 2021 年度可累计为患者减负约 280 亿元。通过本次谈判，共计 119 种药品进入医保目录，其中化学药 62 种。本次医保目录调整后，医保目录化学药总数达到 1426 种。自 2016 年至今，相关部门已经组织 5 次医保谈判，累计有 272 种药品通过谈判方式进入医保目录。至此，我国医保目录动态调整机制基本形成。

医保目录调整拟将与新冠肺炎相关的治疗用药纳入新增范围，将为新冠肺炎疫情防控常态化提供重要支撑。

药品注册和审批法制化进一步完善。2020 年 7 月 1 日起，新修订的《药品注册管理办法》和《药品生产监督管理办法》施行，将全面落实药品上市许可持有人制度，优化审评审批工作流程，落实全生命周期管理要求，强化主体责任与责任追究。2020 年 9 月 11 日，国家药监局综合司、国家知识产权局办公室公开征求《药品专利纠纷早期解决机制实施办法（试行）（征求意见稿）》意见。2020 年 10 月 17 日，第十三届全国人民代表大会常务委员会第二十二次会议通过修改《中华人民共和国专利法》的决定，自2021年6月1日起施行。本次修正在第七十六条提出“药品上市审评审批过程中，药品上市许可申请人与有关专利权人或者利害关系人，因申请注册的药品相关的专利权产生纠纷的，相关当事人可以向人民法院起诉，请求就申请注册的药品相关技术方案是否落入他人药品专利权保护范围作出判决。国务院药品监督管理部门在规定的期限内，可以根据人民法院生效裁判作出是否暂停批准相关药品上市的决定。药品上市许可申请人与有关专利权人或者利害关系人也可以就申请注册的药品相关的专利权纠纷，向国务院专利行政部门请求行政裁决。国务院药品监督管理部门会同国务院专利行政部门制定药品上市许可审批与药品上市许可申请阶段专利权纠纷解决的具体衔接办法，报国务院同意后实施。”提供了在仿制药批准前解决专利纠纷的框架。2020年10月29日，最高人民法院就《关于审理涉药品上市审评审批专利民事案件适用法律若干问题的规定（征求意见稿）》向社会公众公开征求意见。2020年11月27日，国家知识产权局发布《关于就〈专利法实施细则修改建议（征求意见稿）〉公开征求意见的通知》。《中华人民共和国专利法》的修改和相关办法征求意见发布意味着中国的专利链接制度即将落地。

五、未来趋势研判

整体行业增长依然承压，疫情防控产品产量获得较快增长。受带量采购常态化等政策压力和线下门诊受限、非新冠肺炎传染病发病数减少等市场压力双重影响，2021年行业整体依然面临严峻挑战，产品溢价、市场拓展以及利润增长受到较大影响。2021年全球新冠肺炎疫情防控形势依然十分严峻，疫情防控相关医药产品将继续维持旺盛需求。

产业生态集群效应加速，区域间重构“聚”“离”新路径。临床试验管理、创新权益保护、真实数据应用、MAH等层面的政策细则与规范进一步清晰和落实，中小型企业、第三方服务机构等主体的发展活力进一步彰显，并与大企业通过资本互动、知识产权流转、生产研发委托等方式形成紧密合作，在一定空间范围内加速聚合，“领军企业—中小创新企业—第三方服务机构—产业集聚区”协同发展的产业生态步入加速阶段，并在“十四五”期间形成基本轮廓，医药研发成果有望持续爆发式产出。带量采购、MAH等政策对产业的分离趋势开始由“战略愿景”转为“行动落实”，生物医药产业跨区域功能协同、跨区域产能配置、跨区域产业合作的发展基调进一步增强。一批大制造、大平台、大基地、大创新构建新磁极，产业集群效应进一步增强，我国医药产品在国际上的竞争力进一步提升。

企业发展方向逐渐分化，研发与产能竞争成为主线。药品和医疗器械带量采购正逐步进入常态化，医保目录动态调整机制基本形成，支付方式改革逐步推广实施，全国统一的医保平台将投入使用，医保领域改革对医药产品质量提升和价格控制都提出了较高要求，正进一步影响中国药品市场的产品格局，传统医药制造企业面临分化和转型。一部分有研发优势的创新企业走上产品研发创新之路，构建创新发展生态。一部分企业专注于普药生产，通过上游控制、多产品组合及一体化等方式，形成规模优势和成本优势。大品种创新产品竞争与商业化生产规模正形成有效协同，部分产品将步入研发同质化竞争格局，在 CRT - T、PD - 1/PD - L1、EGFR 抑制剂、CDK4/6 抑制剂、HER2 抑制剂、VEGFR 抑制剂等产品领域，企业扎堆研发，一批申报药物的涌现势必造成市场“红海”，价格瓶颈的突破需要商业化生产规模产能的支撑。

产业链协同能力提升，产业基础进一步巩固。中国持续构建以国内大循环为主体、国内国际双循环相互促进的新发展格局。生物医药领域对于高端人才、新技术、先进设备和材料的要求较高，出于应对国际形势变化，维护产业链、供应链安全稳定的需要，未来几年，我国医药健康领域补短板、强链条的要求依然迫切，上游设备研发和核心元器件研发的攻关和投资将密集展开。一方面，生物技术与信息技术融合更加深入，生物医药产业“产业链高级化，产业基础现代化”基本实现，产业链协同能力不断提高；另一方面，部分市场应用前景比较好，生产研发仍然受限的核心设备和原材料，如超速离心设备、生物反应器、基因检测设备等，有望在“十四五”期间出现突破性进展。

第二节　医药商业发展现状及趋势

一、医药流通行业总体市场规模稳步增长

国家药品监督管理局《药品监督管理统计年度报告（2020 年）》数据显示，截至

2020 年年底，全国共有《药品经营许可证》持证企业 57.33 万家。其中，零售药店 24.10 万家，占经营企业数量的 42.037%，零售连锁企业和门店数量 31.92 万家，占比 55.678%，批发企业 1.31 万家，占比 2.285%。

根据中物联医药物流分会推算，2020 年全国医药流通市场的规模约为 24029.87 亿元。随着“两票制”和集中带量采购政策的推进，药品流通环节压缩，对医药商业造成了一定的影响。近些年医药流通市场规模增速呈下滑趋势，从 2016 年的 10.71% 下滑到 2020 年的 4.00%，如图 2－9 所示。

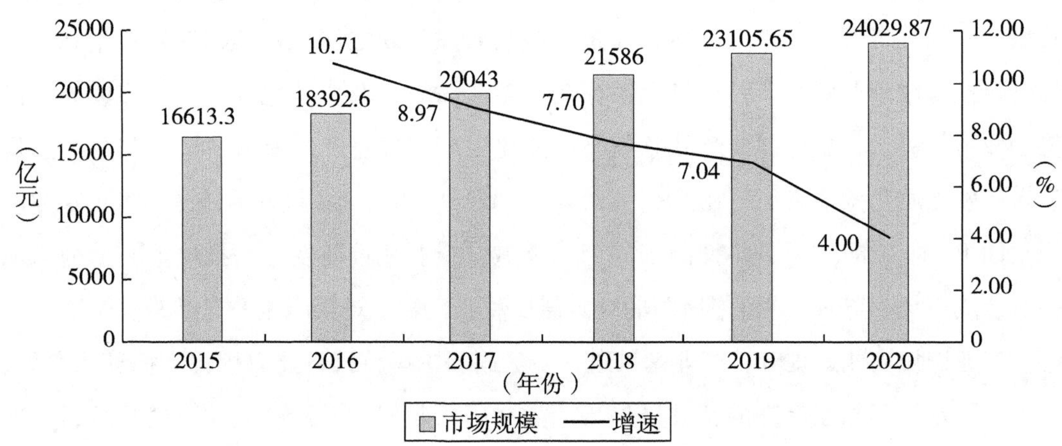

图 2－9　2015—2020 年我国医药流通市场规模

资料来源：中物联医药物流分会。

二、行业集中度逐渐提高，呈“4＋X”的行业格局

推行“两票制”以来，医药流通行业进入行业整合期，虽然每年药品经营企业数量在不断增加，但是行业头部企业市场集中度仍保持持续提高的趋势。2020 年，我国四大医药流通企业主营业务收入约占全国医药流通市场销售总额的 39.93%，较 2019 年提高 1.12 个百分点。新冠肺炎疫情期间，四大医药流通企业依托完善的物流体系网络和企业内部强大的供应链管理体系，主营业务收入平均增长率仍然达到 5%，高于行业整体增长率，头部优势明显。

我国医药商业企业（即医药流通企业）可以分为三个竞争层次。第一层次为全国性龙头企业，包括国药集团、上海医药、华润医药、九州通四家全国医药流通领域龙头企业，在医药批发行业的竞争优势明显。第二层次是区域性龙头企业，区域性的医药流通市场集中度仍然很低，很多区域性的龙头企业在当地的销售收入和市场占有率仍然很低，因此，区域性的流通企业有很大的发展空间。国内目前区域性医药商业企业主要有华东地区的南京医药、西南地区的重庆医药、华南地区的广州医药等。第三层次的竞争企业数量多，竞争相对激烈。中小医药流通企业的市场规模正在持续缩小。中小医药流通企业变身 CSO 公司。

随着药品购销“两票制”政策的全面推行，以及带量采购政策的推行，原有的药品流通市场结构、渠道布局及供应链关系都在发生变化，引发行业价值链重组以及各方利益大博弈，医药流通行业呈现“行业增速放缓、业态结构调整、行业整合提速”等发生重大变化。

三、医药流通行业发展受到政策、市场和技术驱动

1. 政策驱动

医药流通虽是传统行业，但是药品带量采购、“两票制”（甚至将推出“一票制”）、营改增、互联网医药等政策的密集出台，对医药流通行业影响巨大，将导致产业格局和发展模式改变，行业逻辑面临着重构。民营企业、中小企业经营压力增大。政府出台的“两票制”和集中带量采购等政策，将减少分销的成本，限制制造和分销商的附加值。相关政策不仅降低了药价，也加速了市场整合。凭借网络的布局广泛、集约化程度高、规模效益好等优势，大型医药分销公司已成为药品采购政策实施后制药商的首选。

对于零售药房，政策监管趋于全面：实施药剂师资格要求及药房分级分类制度，对药房管理提出更严格的要求。为在这种外部政策环境中竞争，大型药房连锁店应加强管理监督并提供更专业的药房服务，规模较小的药房则应该探索多元化和差异化的商业模式。零售药房整体市场将保持继续增长，且将越来越标准化和优质化。此外，处方药外流赋能零售药房业务，降低药占比的医疗改革限制了医院的处方药销售，公立医院的主要利润来源已转为提供专业治疗服务。该情况使得处方药流向医院外药房，并促进了零售药房的发展。此外，医疗保险控制费用和降低药品价格的要求导致医院使用高价药品的动机有限，而这也将促进处方药流向零售药房。

2. 市场驱动

国内医药工业企业的创新药将推动医药市场的增长，成为医药分销市场的有力支

撑。此外，创新药物的加速上市以及创新药物纳入医保和药品集中带量采购，将为医药分销市场带来新的增长潜能。

零售药房受“互联网＋”医疗保健影响，患者可在线订购药品并要求将药品迅速配送至其家中，这既方便了客户也符合流行的消费习惯。此外，药品自动贩卖机等销售模式可为消费者提供全天候服务。医疗数据智能化为零售药房带来了更多收入。

3. 技术驱动

数字化、人工智能及物联网赋能分销商缩短业务流程并且提高药品的运输、储存和追踪效率，进而促进医药流通市场的发展。

四、我国医药流通市场发展趋势

1. 市场规模不断扩大

随着国内人口的增长，老龄化进程加快，医保体系的不断健全，居民支付能力的不断增强，人民群众日益提升的健康需求逐步得到释放，我国已成为全球药品消费增速较快的地区之一。30 多年来，中国医药流通市场规模也一直处于扩张中，在早期的高速增长后，总体市场规模保持继续增长，但近年增速放缓。

2. 行业整合加速

近年来国家推行“两票制”“营改增”、集中带量采购等政策，客观上推动了行业结构的调整，提升了行业的集中度。在政策压力下，中小商业企业的发展受到挤压，行业整合并购正成为市场常态。医药商业龙头企业通过并购强化区域覆盖能力及物流能力，将不断加速行业整合并提高行业集中度。仅 2019 年，国药集团并购了 20 多家第三方地方药商、医药企业以及医疗器械企业以扩大市场份额；华润医药先后花费近 50 亿港元获得了江中集团 51% 的股份；九州通并购内蒙古兴安盟（乌兰察布）、贵州黔东南（天柱）、贵州黔西南（兴义）和河北黄骅 4 个地市级物流中心/网点，以扩大企业的市场规模。四家全国医药流通领域龙头企业销售占比不断提升，行业集中度将继续提高。

受到处方药外流、头部零售药房参与者融资能力增强、实施药店分级管理制度和批量采购的影响，国大药房、大参林、一心堂等大型零售药房连锁店持续通过并购扩大业务规模。由于未来几年内政府对零售药房市场监管将会更加严格，合并已成为中国零售药房市场的普遍趋势，行业集中度也因此越来越高。

3. 直销份额比例提升

随着“两票制”甚至未来“一票制”政策的实施，多层业务分销的模式已受到限制，而“制造商—单一分销商—医疗机构”成为标准业务发展模式。在该模式下，直销在分销行业中所持有的比例不断增加，这可减少经营成本并增加毛利率。

4. 互联网化和数字化成为医药商业发展重要引擎

随着药品流通行业集中度提升，医药供应链与互联网、大数据及云服务深度融合，打造新型数字化医药流通模式，建立新型医药行业供应链平台，以智慧化信息技术赋能药品流通势在必行。带量采购制度的常态化，驱动药企、流通企业更加注重开发院外市场，终端覆盖能力强、配送效率高的流通企业将有更强的市场竞争力。流通企业借助数字化技术打造更全能的供应链 B2B 平台，构建扁平化、共享化、去中心化的新流通商业格局，助力品牌商、供应商快速直供终端，可以推动产业形成“聚合效应”，迅速提升业务规模。

随着数字医疗的快速发展、相关法规的颁布、消费者生活方式和购物习惯的变化，中国药房目前正在进一步开拓线上企业对消费者（B2C）领域。未来医药电商将不断发展并成为中国医药零售市场的重要组成部分。

5. 医药流通业务模式或将重构

广东、浙江、湖北等地鼓励或试点“一票制”，以往医药流通企业承担着垫资、配送两大功能，“一票制”后，将不再承担垫资功能，流通企业仅承担配送任务，成为药品运输商，收入结构将会大幅调整，原先的药品销售收入将转换为运输收入，原先的药品购买成本将转换为运输成本，对流通企业的成本控制、配送网络、服务能力提出更高要求。在“一票制”下，医药流通企业如何进行模式重构和转型、如何寻求新的利润增长点是未来的关键。

6. 企业服务和管理平台化

医药健康平台企业要做大做强，必须从消费互联网向产业互联网转型，而产业互联网与消费互联网最大的不同在于其更偏向于 C 端之前的供应链基础，重点在于重构产供销全价值链组织间的数字化、在线化、智能化，形成线上线下一体化，通过 B 端连接 C 端。企业需要打造平台实现对实物流、资金流和信息流的控制。如九州通建立了产品营销平台、物流共享平台、电商及信息化运行平台、财务共享平台、供应链增值服务平台和生态投融资平台。

第三节　医药终端发展现状及趋势

一、2020年三大终端市场发展现状

基于特殊的医疗体制和各自不同的市场特征表现，行业普遍将药品销售终端市场分为医院终端（本书中是指公立医院终端）、基层医疗终端（本书中是指公立基层医疗终端）和零售药店终端三大终端。根据国民经济和社会发展统计公报与药品监督管理统计年度报告，2020年年末我国共有各类药品终端销售机构约156.62万个，较2019年年末增加约9.24万个。近五年三大终端数量变化情况如表2－2所示。

表2－2　近五年三大终端数量变化情况

终端类别	2016年	2017年	2018年	2019年	2020年
医院	29140	31056	33009	34000	35000
基层医疗	926518	933024	943639	960000	971000
其中：门诊部（所）	216187	229221	249654	267000	290000
其中：村卫生室	638763	632057	622001	621000	610000
其中：乡镇卫生院	36795	36551	36461	36000	36000
其中：街道卫生院	446	543	526	1000	—
其中：社区卫生服务中心（站）	34327	34652	34997	35000	35000
零售药店	447034	454000	489000	479780	560200

资料来源：《中国药店》、国家统计局、国家药品监督管理局。

2021年4月底发布的最新数据显示，以终端平均零售价计，受疫情影响，2020年我国三大终端药品销售额16437亿元，同比下降8.3%。整体来说，新冠肺炎疫情对2020年上半年终端市场销售的冲击较大。近五年三大药品终端销售额及增长率如图2－10所示。

从实现药品销售的三大终端的销售额分布来看，公立医院终端市场份额最大，2020年占比为64.0%，较2019年下降2.6%；零售药店终端市场份额2020年占比为26.3%，较2019年上升2.9%；公立基层医疗终端市场份额2020年占比为9.7%，较2019年下降0.3%。近五年三大药品终端销售占比如图2－11所示。

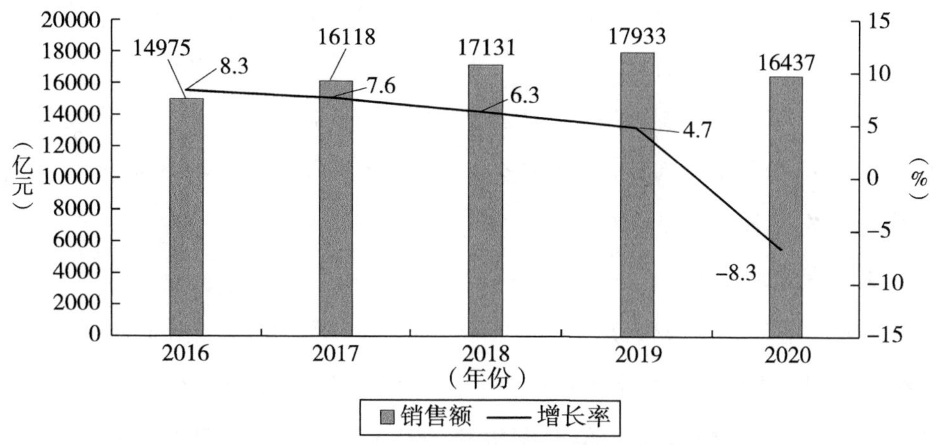

图 2-10　近五年三大药品终端销售额及增长率

资料来源：米内网。

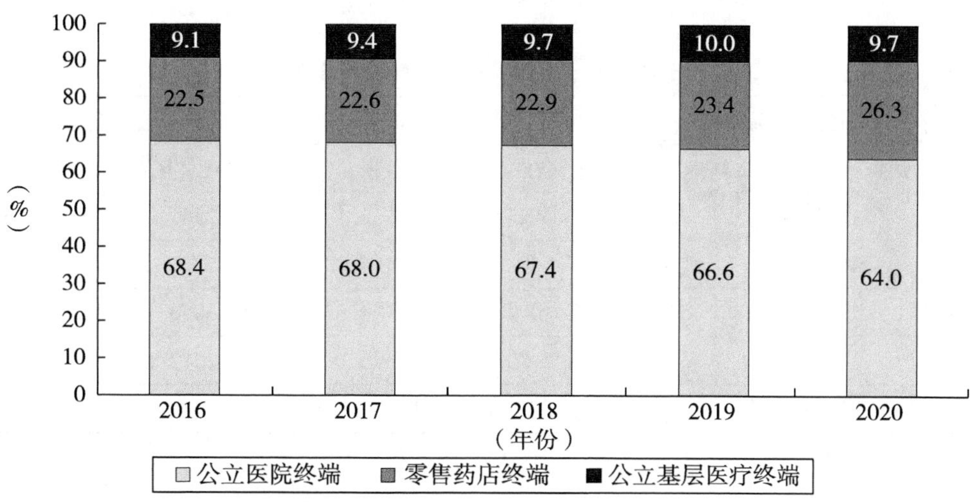

图 2-11　近五年三大药品终端销售占比

资料来源：米内网。

总的来看，受新冠肺炎疫情、集中带量持续推进以及重点监控等，2020 年终端市场规模近五年来首次呈现负增长。在疫情管控过程中，公立医院承担着主要作用，所以全年终端销售影响最大。而零售药店由于销售口罩、酒精等防疫物资反而逆势呈现出正增长态势，在三大终端市场中唯一呈现正增长。从终端结构来看，公立医院终端仍然居于绝对主导地位。

虽然新冠肺炎疫情的影响具有偶发性，但是随着带量采购的常态化推进，以及医保目录调整的规范化，抗肿瘤药、生物类似物、消化与代谢类等治疗性的品类将在公立医院终端占据主要优势；而外企品牌产品、原研产品和国产创新药等将是主要增长品类。因医保控费及后续执行 DRGs 及 DIP（按病种分值付费）的影响，辅助用药及重点监控药品品类销售预计将呈持续下滑态势。随着疫情逐渐培养的终端患者消费习惯的变化以及国家对网售处方药监管的有序放开，终端市场渠道变化可能再起波澜。

1. 公立医院发展情况

公立医院终端分为城市公立医院和县级公立医院两大市场。据米内网统计，2020 年公立医院终端销售额保持稳定增长态势，达 10512 亿元，较 2019 年下降 12%。

其中：城市公立医院市场 2020 年销售额 7777 亿元，同比下降 7.2%；县级公立医院市场 2020 年销售额 2735 亿元，同比下降 14.9%；县级公立医院市场受到的冲击更明显。近五年公立医院终端药品销售额及增长率如表 2－3 所示。

表 2－3　近五年公立医院终端药品销售额及增长率

年份	公立医院终端		其中：城市公立医院		其中：县级公立医院	
	销售额（亿元）	增速（%）	销售额（亿元）	增速（%）	销售额（亿元）	增速（%）
2016	10240	7.6	7675	6.1	2565	12.3
2017	10955	7.0	8120	5.8	2835	10.5
2018	11541	5.3	8485	4.5	3056	7.8
2019	11951	3.6	8739	3.0	3212	5.1
2020	10512	－12.0	7777	－11.0	2735	－14.9

资料来源：米内网。

此外，中国医药工业中心药物综合数据库（PDB）数据显示，2020 年我国重点城市的样本医院市场销售额为 2213.1 亿元，与 2019 年销售额相比下降 13%。在所有的治疗大类中，无一例外全部出现了负增长。神经系统用药和抗感染药的降幅最大，均为 25%；紧随其后的是心血管系统用药，降幅约为 22%；消化系统用药和其他类用药降幅均为 11%；杂类降幅约为 8%；免疫抑制剂降幅约为 7%；内分泌及代谢调节用药与血液和造血系统用药降幅均为 6%；抗肿瘤药变化最小，降幅约为 4%。抗肿瘤药以 303 亿元的市值领跑 2020 年治疗大类榜单，超越了市值为 282 亿元的抗感染药，潜力无限。2020 年销售额 top 20 的销售药物中，仅有 8 种药物实现了正增长。

总的来说，虽然国家从政策层面鼓励医疗机构处方外流，同时大力推行分级诊疗，不断地在政策面降低公立医院的药品销售占比；但是由于公立医院在医疗体系中的中流砥柱作用和企业新产品的不断推陈出新，公立医院终端在未来较长的时间内仍然是药品销售的主要渠道，只是产品的销售结构会因为政策的影响发生相应调整。

随着国内新冠肺炎疫情得到控制，2020 年下半年，医药市场逐步恢复，相较于 2020 年第一季度，各企业营业收入都有回升，防疫的压力也促使医药产业持续繁荣，新冠疫苗的问世也会进一步提振市场需求，对行业整体发展有利。

2. 公立基层医疗终端发展情况

公立基层医疗终端包括各类门诊部（所）、村卫生室以及占主导地位的乡镇（街道）卫生院和城市社区卫生服务中心（站）。据米内网统计，2020 年公立基层医疗终端实现药品销售额 1595 亿元，较 2019 年同比下降 11.8%。其中：城市社区卫生服务中心（站）2020 年销售额达 738 亿元，同比增长 6.0%；乡镇卫生院销售额 857 亿元，同比下降 22.9%。近五年公立基层医院终端药品销售额及增长率如表 2－4 所示。城市社区卫生服务中心（站）因为带量采购落地执行、防疫管控大医院禁止加床、分级诊疗以及三月、四月封锁防疫等原因导致居民就近看病就医反而实现正增长。

表 2－4　　近五年公立基层医疗终端药品销售额及增长率

年份	公立基层医疗终端		其中：城市社区卫生服务中心（站）		其中：乡镇卫生院	
	销售额（亿元）	增速（%）	销售额（亿元）	增速（%）	销售额（亿元）	增速（%）
2016	1359	13.2	501	14.3	859	12.6
2017	1517	11.6	563	12.4	953	10.9
2018	1671	10.2	629	11.7	1042	9.3
2019	1808	8.2	696	10.7	1112	6.7
2020	1595	－11.8	738	6.0	857	－22.9

资料来源：米内网。

随着医改“强基层”和分级诊疗政策的推行，以及带量采购政策降价导致的价格敏感型患者回流，加上部门产品在集采落标后的渠道下沉，公立基层医疗机构终端未来将继续保持相对增长。

3. 零售药店终端发展情况

国家药品监督管理局发布的《药品监督管理统计年度报告（2020 年）》显示：截至 2020 年年底，全国共有药品零售企业 56.02 万家。其中，单体门店 24.10 万家，占药店总数的 43.02%，连锁门店 31.92 万家，占药店总数的 56.98%。数据显示，全国药店连锁率超过 56.50%，呈现持续提升态势。

就全国各省市区数据而言，全国有 12 个省市区零售连锁率高于全国平均水平。其中，上海、四川与山东位列前三名，零售连锁率分别高达 92.05%、87.08% 和 73.86%。如果以零售连锁率 50% 为分水岭，可以发现，低于这一水平的有 12 个省市区。作为国内医药大省的广东，2020 年省内零售连锁率仅有 40.66%，值得关注。

在终端销售额上，2020 年全年零售药店终端销售额达到 4330 亿元，较 2019 年同比增长 3.2%，是三大终端中全年唯一保持正增长的市场。而网上药店市场，因为基数较低，加上新冠肺炎疫情封锁及防疫物资销售，在六大市场中表现得最为耀眼，增速高达 76.1%。网上药店伴随着京东健康的上市和叮当快药 10 亿元的 B+轮融资，再次引起市场高度关注。近五年零售终端药品销售额及增长率如表 2-5 所示。

表 2-5　近五年零售终端药品销售额及增长率

年份	零售药店终端		其中：实体药店		其中：网上药店	
	销售额（亿元）	增速（%）	销售额（亿元）	增速（%）	销售额（亿元）	增速（%）
2016	3375	8.5	3327	8.1	48	50.0
2017	3647	8.1	3577	7.5	70	45.8
2018	3919	7.5	3820	6.8	99	41.4
2019	4196	7.1	4058	6.2	138	39.4
2020	4330	3.2	4087	0.7	243	76.1

资料来源：米内网。

此外，专注于医药市场研究咨询的中康资讯也发布了其对国内药品市场的年度判断。根据中康 CMH 的模型测算，受疫情影响，2020 年全国药品终端市场 1.84 万亿元，同比下降 5.2%；而医药零售端保持正增长，同比增长 3.7%。据《中国药店》估算，2020 年，全国药品零售市场线下规模（包含实体药店的 O2O、B2C）较 2019 年增长 3.1%。虽然各机构对增速的判断略有差异，但是对趋势的预判基本一致。

二、零售终端发展影响因素与挑战

2020年新冠肺炎疫情对各行各业带来了巨大的冲击，作为与人民健康息息相关的医药健康行业，零售终端在疫情防控过程中发挥了自身应有的社会价值，因为销售抗疫物资等，零售终端反而在逆境中成为少数正增长的行业之一。在疫情初步得到控制之后，零售市场终端的发展动向更加值得关注。

1. 医保支付政策与个人账户改革长期来看将给零售终端的发展带来巨大影响

2020年2月28日，在疫情防控的关键时刻，国家医保局和国家卫生健康委联合提出将“互联网+”医疗服务费用按照线上线下相协调的原则纳入医保支付范围，参保人员凭定点医疗机构在线开具的处方，可以在本医疗机构或定点零售药店配药。探索推进定点零售药店配药直接结算，按照统筹地区规定的医保政策和标准，分别由个人和医保基金进行结算，助力疫情防控。2月29日，国家医保局召开专题会议，对利用互联网方式为慢性病患者就医购药提供便利给予充分肯定。医保支付是零售终端快速发展的重要支柱，在高血压用药、心脑血管疾病用药（不含高血压）、糖尿病用药领域，医保支付占比超过50%。

2020年8月26日，国家医保局出台《关于建立健全职工基本医疗保险门诊共济保障机制的指导意见（征求意见稿）》。2021年4月22日，国务院办公厅印发《国务院办公厅关于建立健全职工基本医疗保险门诊共济保障机制的指导意见》（国办发〔2021〕14号），正式出台了以增强门诊共济保障功能、改进个人账户计入办法和规范个人账户使用范围为核心的医保个人账户改革办法。改革后，医保将做小个人账户积累，建立以家庭统筹共计为核心的支付体系。虽然目前医保个人账户有超过8400亿元的累计结余，但是长远来看此举对一直以来依托个人账户刷卡的零售药店将带来巨大影响。

2. 药品集中采购政策的规范化、常态化将给零售终端的发展带来一定的冲击

国家卫生健康委指出，通过“4+7”带量采购试点工作，中选药品价格显著降低，平均降幅52%，最高降幅96%。国家药品供应保障综合管理信息平台监测数据显示，在试点地区，25个中选药品价格下降带动了至少196个品规同通用名药品价格下降，平均降幅约为20%；在同类可替代药品中，有17类药品价格下降，平均降幅约为10%，加上2018年17种抗癌药专项谈判平均降价56.7%的政策效应进一步释放，提升了群众就医获得感，赢得社会广泛好评。据调查，第一批和第二批国家级带量采购共中选的57个药品品种的使用使医保基金的药品预算从427亿元降至83亿元，其中降价效应180亿元、替代效应164亿元（降价效应指的是带量采购的药品价格按原来价格计算相当于节省了180亿元的支出；替代效应指的是原来独霸市场的原研药被诸多仿制药竞争，此类药品营销让步作出的降价相当于节省了164亿元的支出）。

随着国家药品集采政策逐步呈现规范化、常态化和扩大化的态势，药品价格的持续走低将对零售药店一直奉行的“高毛策略”造成冲击。而从政策趋势来看，随着医保政策的逐步规范化，医保定点药店被纳入各地集中带量采购也将是大概率事件；届时，即便药店在集采中标价格基础上加价15%后销售，对其销售造成的影响也是显而易见的。

3. 各龙头企业持续获得资本加持，行业竞争加剧

2020年10月，叮当快药获10亿元B+轮融资，成为医药零售领域新晋的独角兽企业，为行业注入了一针强兴奋剂。2020年12月1日，云南健之佳成功登陆上交所；12月8日，京东健康正式登陆港交所。随后，山东漱玉平民和湖南达嘉维康先后通过深交所发审会；已上市的益丰、老百姓、大参林和一心堂借助再融资的红利再次储备弹药。此外，国药一致成功并购辽宁成大方圆，获得成大方圆旗下超过1500家的医药连锁门店。总之，各龙头企业先后获得资本加持，开启新一轮的攻城略地之路，行业内部竞争加剧。

备受关注的是，京东健康上市首日市值突破3400亿港元，远超当日A股四大传统药店市值总和；医药新经济向社会展示出了独特的魅力。

三、2021年零售终端发展趋势探讨

1. 处方药品网售政策逐步开闸，市场波澜再起

放开处方药网售限制，多年来一直是医药商业领域努力推动的重要政策目标之一。多年来该政策一直游走在放开和禁止的两端。2020年受新冠肺炎疫情影响，互联网医疗加速提升渗透率，进一步加快远程诊疗和线上购药消费习惯的形成。2020年11月，

国家药监局综合司发布《药品网络销售监督管理办法（征求意见稿）》，要求处方来源真实、可靠，坚持线上线下一致原则，允许有条件放开网络销售处方药和通过网络发布处方药信息。

2021年4月，国家发展改革委、商务部发布的《国家发展改革委 商务部关于支持海南自由贸易港建设 放宽市场准入若干特别措施的意见》中，提出以海南作为全国放宽市场准入试点的先手棋，推出22条特别措施，包括支持海南开展网售处方药。海南博鳌乐城国际医疗旅游先行区将建立海南电子处方中心，对国内上市销售的处方药，除《药品管理法》明确实行特殊管理的药品外，全部允许依托电子处方中心进行互联网销售，不再另行审批。2021年4月15日，国务院办公厅在《国务院办公厅关于服务"六稳""六保" 进一步做好"放管服"改革有关工作的意见》中提出，在确保电子处方来源真实可靠的前提下，允许网络销售除国家实行特殊管理的药品以外的处方药，这意味着网售处方药将全面放开。

全面放开网售处方药，意味着患者买药不只能去药店或医院，还可以线上购买，大大增加了"获得感"。由于医疗机构使用针剂较多，网上销售以口服剂型为主，也许传统线下药店将受较大影响，经营模式可能会发生巨大变革。

2. 零售药店新兴业务快速崛起成为增长爆点

2020年，笔者指出全渠道的经营理念逐渐成为行业共识；未来药品终端将是以消费者为中心，从全入口、全产品、全服务和全支付等多维度提供的全域服务。但是《中国药店》通过汇总价值榜200强企业分析发现，虽然O2O业务平均增长127.36%，B2C业务平均增长87.41%，但在传统零售连锁中占比极低——B2C平均占比为2.84%，O2O占比只有1.56%。但是，从各企业的经营数据来看，以B2C和O2O为代表的新零售业务虽然营收占比不高，但是发展速度惊人。

例如，益丰指出2020年其O2O多渠道多平台上线门店超过4400家，公司官方公众号粉丝超过1000万个，覆盖范围包含公司线下所有主要城市，在O2O和B2C双引擎的策略支撑以及疫情的推动下，借助公司供应链优势和精细化运营，公司互联网业务实现销售收入68796.19万元，同比增长114%。一心堂指出其电商业务按类型细分为O2O业务（自营和第三方）、B2C业务（自营和第三方）。2020年一心堂实现电商业务总销售1.97亿元，是2019年电商业务总销售的2.7倍；截至2020年年底，其O2O业务门店数达到4816家，覆盖率达到门店总数的66.84%。

但是，无论是新技术还是新需求，无论是传统的线下门店销售，还是新兴的在线服务购买，最终都要回归零售的本质。深度挖掘和满足客户健康服务需求，通过对商品品类和客户健康行为管理，实现商品或（和）服务的销售，实现双方共赢。

3. 线下门店增长放缓，考验市场信心

自2015年以来，伴随着医药分开政策趋势所引导的处方外流和互联网赋能为基础的医药新零售的快速发展，医药零售领域持续呈现出高增长、高景气的态势。随着带量采购导致药品价格的逐步降低、行业逐步扩张导致店均服务人数的不断走低，以及2020年销售防疫物资导致的高基数。医药零售领域能否持续实现高速增长，成为成本压力之下行业从业者和资本市场关注的重要问题之一。九州通在2021年第一季报中指出，公司零售业务较上年同期减少10.09%，主要原因是上年同期因疫情原因，好药师线上线下防疫物资销量较高所致（见表2－6）。

表2－6　上市医药零售企业2021年第一季度营收增长率

序号	证券代码	证券名称	营业收入同比增长率/%	扣非归母净利润同比增长率/%
1	603233. SH	大参林	20. 73	25. 20
2	603939. SH	益丰药房	19. 09	30. 17
3	002727. SZ	一心堂	11. 07	26. 63
4	603883. SH	老百姓	10. 85	13. 06
5	605266. SH	健之佳	10. 54	18. 82

资料来源：Wind。

2021年4月27日，老百姓发布2021年第一季度报告，其营业收入36. 38亿元，同比增长10. 85%。业绩不及市场预期，第二天开盘后公司股价跌停。

随着行业整体增速放缓，以及医药新零售的逐步渗透和新生代“95后”消费群体的出现，都对行业经营企业提出新的要求，也要求终端市场能更加快速地作出反应。

第四节　我国医药供应链发展变化

回首2020年，新冠肺炎疫情全国范围内蔓延扩散。疫情的暴发对我国医药供应链发展产生了深刻影响。同时，近几年在一系列医改政策的强势推动下，医药供应链进入并在未来一段时间内处于行业整合期，不管是两票制倒逼药品流通环节压缩，还是集中带量采购催生药品价格出现史无前例的大幅度下降，都在促使医药供应链发生深远变化。

一、政策影响持续深化

2020 年新冠肺炎疫情暴发，使得中国第一季度的医药健康政策围绕着疫情防控和复工复产展开；当疫情防控取得阶段性胜利之后，国家药品监督管理局、国家医保局和国家卫生健康委等医药健康直接相关部门，围绕着深化医药卫生体制改革这一重大命题，在医药、医保、医疗等各个层面出台相关举措，继续营造良好的产业发展环境、提高医保支付水平、优化医疗健康服务。2020 年医药健康政策延续“十三五”以来的重大改革举措并不断深化。总的来说，2020 年医药健康政策主题可分为疫情防控、医保支付改革、审评审批法规、药械集中采购、用药保障与用药安全、健康养老和产业规划等。

自带量采购政策实施以来，产业机会开始逐步向行业龙头集中，用以体现头部集团化优势。同时众多药企在政策倒逼下降价，逐渐开始转变销售模式。

创新药将成为未来市场增量的主力。集中采购使以往依赖某个终端市场和渠道壁垒生存下来的企业面临挑战，也将促使有实力的仿制药企业转型原研药，推动创新药市场的发展，缩短创新药上市周期，创新药将成为我国未来医药市场增量的主力。2019 年推行的医保目录动态调整机制，临床价值较高的药品，对重大疾病、慢性病等治疗效果好的药品，将被不断地更新到目录，相反临床价值低、经济性差的药品将被逐步淘汰，创新药医保放量速度加快。

仿制药一致性评价进程加快。2020 年累计有 861 个品规的药品通过一致性评价（含视同通过），同比 2019 年增长 114%。这不但提升了我国整体仿制药质量，使得我国仿制药正式进入通用名时代，也为仿制药带量采购在药品遴选上奠定良好的基础，推动国产仿制药实现进口替代。

二、医药供应链向数字化、柔性化方向升级

随着全球医药产业格局深化调整，现代医药供应链出现短链、内生、协同、智

能新局面，数字化、柔性化供应链加快发展。医药市场规模的不断扩大，推动医药冷链市场消费能力提升，带动产业链上下游协同发展。此外，“三医联动”政策的不断推进，迅速改变医疗与医药市场的格局，行业的集中度不断提高，医药供应链进入“微利时代”。与此同时，无论是医药生产企业、医药商业企业、医药物流企业还是设备企业，在政策和市场的双重驱动下，孕育了一些新的商业模式，促使行业不断转型升级。

三、医药供应链集中度不断提升

随着医改深入，一致性评价、带量采购、DRG 等政策的实施，行业准入门槛提高后，加上受新冠肺炎疫情影响，行业收并购动作会更频繁，进一步推动行业集中度逐步提升。细观中国医药商业市场，医药商业呈现“4 + X”的行业格局。根据四大医药流通企业（国药集团、上海医药、华润医药、九州通）的年度报告数据，四家企业约占 2020 年市场份额的 39.93%，市场集中度不断提升。

药品带量采购的快速推进对中小仿制药企业产生重大影响，特别是对产品线单一和研发薄弱的药企更是如此，如果这些企业未能成功转型，并形成研发创新的核心竞争力，或将被动地面临行业的大洗牌、大重组；对大型药企而言，将更有可能通过仿制药以量占领市场，同时在政策的引导下，提升创新药研发能力，以此增强企业竞争力，进而提高企业规模扩张能力。带量采购政策对医药企业追求规模经济动机、初始规模、技术创新等要求上都产生了新的改变，因政策变化导致的上述诸因素的改变将会带来医药行业市场集中度的提升。

四、医药冷链迎来重要机遇期

医药物流进入提质增效关键期。未来一段时间，我国医药物流业将进入以质量和效益提升为核心的发展新阶段，必须坚持效率改进、质量提升和创新驱动，积极引入新技术、新模式、新理念，做好转型升级“加法”，逐步释放行业发展新动能；坚持深化供给侧结构性改革，降低全产业链物流成本，提高物流供给质量，做好降本增效“减法”，不断增强实体经济竞争力。

医药冷链物流行业肩负着国家和人民赋予的新的历史使命。在新冠疫苗生产、流通、接种全过程中，温度控制是疫苗质量安全的重要保障，医药冷链物流行业是打赢新冠疫苗运输战役必不可少的中坚力量。新冠疫苗接种人群覆盖率需达到80%才能形成群体免疫，在国家统一战略部署下，当前我国新冠疫苗接种工作有序推进，医药冷链物流行业任重而道远，迎来重要机遇期。受新冠肺炎疫情的催化，预计未来2年全球新冠疫苗市场将有超过100亿剂的增量。新冠肺炎疫情防控常态化背景下，加上人民群众对于生命健康的重视程度越来越高，非免疫规划疫苗保持高增长，温控药品的范畴不断扩大，为医药冷链物流发展带来机会。

五、“互联网+”医药发展前景未来可期

新冠肺炎疫情再度让“互联网+”医疗崭露头角，尽管“互联网+”医疗在这几年经历了起起伏伏，也曾经因为一些事件被推上了舆论的风口浪尖，“互联网+”助力的三医联动符合政策导向，依然孕育着巨大商机。2020年医药电商市场交易规模1956亿元，同比增长34%。

新冠肺炎疫情发生以来，密集的利好政策成为互联网医疗行业发展的助推器，我国在卫生健康领域继续探索推进互联网医疗医保首诊制和预约分诊制，开展互联网医疗的医保结算、支付标准、分级诊疗、远程会诊、多点执业、家庭医生、线上生态圈接诊等改革试点、实践探索和应用推广。相关部门出台一系列政策，促进互联网医疗产业规范化发展。比如，国家医保局、国家卫生健康委发布《国家医保局 国家卫生健康委关于推进新冠肺炎疫情防控期间开展“互联网+”医保服务的指导意见》；工业和信息化部办公厅、国家卫生健康委办公厅联合发布《工业和信息化部办公厅 国家卫生健康委办公厅关于进一步加强远程医疗网络能力建设的通知》；国家医疗保障局印发《国家医疗保障局关于积极推进“互联网+”医疗服务医保支付工作的指导意见》等，“互联网+”医疗纳入医保突破了长期以来制约“互联网+”医疗发展的瓶颈。

新冠肺炎疫情期间医保的“互联网+”模式推进加速，将进一步加速医院处方外流以及连锁零售行业的集中度大幅提升，在医保的属地化收支属性以及线上线下一致监管的原则下，O2O模式是最具备发展潜力的医药互联网模式。新修订的《药品管理法》解禁网售处方药，为医药企业带来新的增长机会，在面临市场机遇的同时，由于

订单碎片化和渠道下沉，企业将面临配送成本的压力。国家对药品配送的高要求，为线上的医药电商平台和线下的头部医药连锁构建了壁垒，进一步将处方药销售的蛋糕集中在头部医药企业和物流相关服务企业上。整合头部企业优势共同推进处方确认、药品识别、药品包装、药品追溯、药品签收等流程规范化、标准化，为消费者带来更安全便捷的健康服务。

六、新冠肺炎疫情推动中医药发展提速

在抗击新冠肺炎疫情的过程中，中医药发挥了很重要的作用，中医药参与面之广、参与度之深、受关注程度之高都是前所未有的。近年来，国家出台了一系列政策大力发展中医药产业。《“健康中国 2030”规划纲要》明确提出，充分发挥中医药独特优势。提高中医药服务能力，推进中医药继承创新。《中医药发展“十三五”规划》中制定的中医药行业发展目标：到 2020 年，中药工业规模以上企业主营业务收入 15823 亿元，年复合增速 15%，占整体行业比重从 29.26% 上升到 33.26%。

中医药行业主要由中药材、中药饮片和中成药三大支柱产业组成。近些年中医药产业发展速度放缓，2020 年中成药全年营收 4414 亿元，下降 3%，利润 619 亿元，增长 4.3%。中药饮片业绩下降，全年营收 1782 亿元，下降 8.6%，利润 125 亿元，下降 23.1%。受中药饮片业绩下降影响，2020 年中药工业营收及利润业绩欠佳，全年营收 6196 亿元，下降 4.9%；利润 744 亿元，下降 1.5%。经过此次疫情，人们对中医药认识提升，中医在慢性病治疗、康复、健康管理等领域将有更好的发展前景。中药企业对产品质量、溯源性会有更高的要求，相关行业标准将进一步提升，短期来看，行业将经历转型升级的阵痛期，长期来看，会更有利于优质、规范的中药企业发展。

第三章

物流升级，畅通“血脉”

第一节　医药物流整体发展态势向好

一、我国医药物流总费用稳步增长

医药物流是指医药产品从供应地向接受地的实体流动过程。根据实际需要，医药物流是将运输、储存、装卸搬运、包装、流通加工、配送、信息处理等功能有机结合，并使药品始终处于维持其品质所必需的可控温度和安全环境下，从而满足用户要求的过程。中国物流与采购联合会医药物流分会（以下简称“中物联医药物流分会”）经公开数据整理，不完全统计推算，2020 年我国医药物流总费用为 754.97 亿元，较 2019 年增长 11.4%。同比增速增长 1.01 个百分点。整体上看，我国医药物流费用规模呈稳步持续上升的趋势。2016—2020 年我国医药物流总费用如图 3－1 所示。

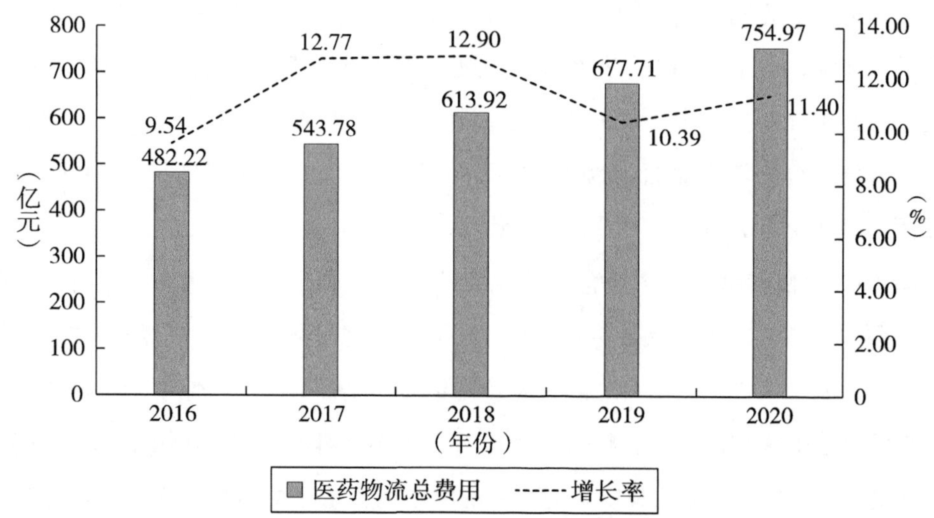

图 3－1　2016—2020 年我国医药物流总费用

资料来源：中物联医药物流分会。

注：医药物流总费用，假设经过两个物流环节到达使用终端，是药品工业企业和药品流通领域的物流费用之和。

医药物流总费用增长的原因主要有以下几点。一是2020年我国医药工业增长全面恢复，规模以上企业营业收入达到24857.3亿元，按照可比因素计算同比增长4.5%，虽然受疫情影响增速较上年下降3.5个百分点，但仍是推动医药物流费用增长的主要因素之一。二是血液制品、疫苗等生物制品市场规模持续增长，拉动医药物流费用的增加。三是新冠肺炎疫情催化了医药电商市场规模呈爆发式增长，2020年医药电商达到了1956亿元的市场规模，同比增长34%。由于医药电商的物流费率相对较高，直接拉动了医药物流费用规模的增长。四是医药供应链订单碎片化、终端进一步下沉、短链、柔性化等需求强烈，对医药物流行业提出更高的经营管理要求。以上这些因素是推动医药物流总费用持续增加的重要原因。

二、医药物流仓储规模增速有所下滑

2020年是医药行业不平凡的一年，新冠肺炎疫情的全球范围内暴发、国内药品集中带量采购的持续扩围扩面，以及中标企业选择配送企业的相关规定，都给医药行业企业和医药物流企业的供应链管理能力带来了很大考验。因此，2020年也是各大企业继续完善医药物流基础建设的重要一年。

随着药品第三方物流的开放、“两票制”的全面推广、药品集中采购的大力推行、“一票制”的逐步推行等，医药物流行业已进入重要的市场布局阶段，医药物流硬件的建设投入在最近几年持续增加。根据中物联医药物流分会调研不完全统计，截至2020年年底，我国医药物流仓储面积为2109.12万平方米，较2019年增长2.04%，增长率同比回落15.09个百分点。如图3-2所示。

从图3-2可以看出，2017年仓储面积增长最快，原因是2017年“两票制”开始实施，受“两票制”的影响，流通环节压缩，为了满足业务需求，企业纷纷布局仓库资源。其实在“两票制”文件正式出台之前，先知先觉的企业就早已在仓储规划方面进行布局，因此，2017年仓储面积出现增长峰值。2019年，受药品集中采购的影响，全国龙头企业和区域性龙头企业优势明显，集中采购药品的配送业务量有所增加，为了满足业务需求，龙头企业继续布局仓储资源。但部分中小型企业经营受创，因此很多中小型企业仓储规模有所下降。综合以上两点，2019年仓储面积增速有所回落。2020年，受新冠肺炎疫情的影响，行业中物流中心、仓库的建设放缓。但由于2020年药品冷链规模大幅增长，为

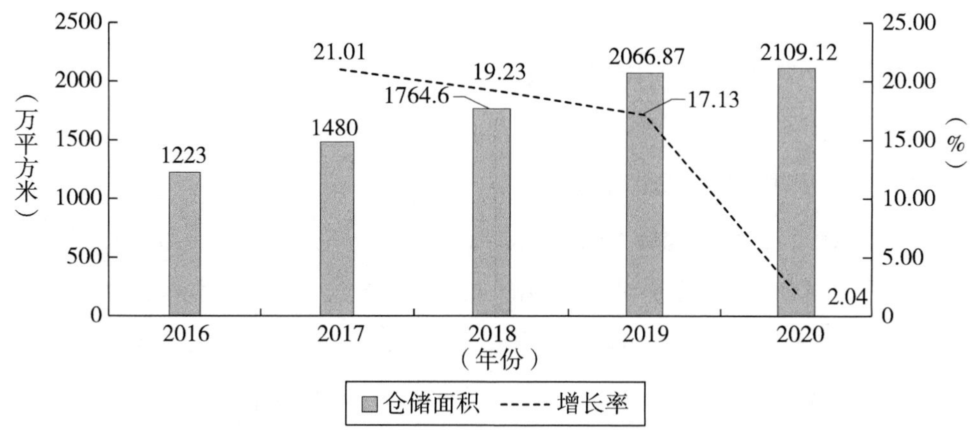

图 3－2　2016—2020 年我国医药物流仓储面积

资料来源：中物联医药物流分会。

了满足冷链业务需求，部分企业将原有常温库或阴凉库改造成冷库使用，因此，虽然医药仓储面积整体呈现增速下降的趋势，但在各仓库类型中冷库增速明显。

2020 年，各仓库类型中，阴凉库占比最大，总面积达到 1468. 92 万平方米，占比达到 70%。常温库和冷藏库面积分别为 489. 04 万平方米和 88. 66 万平方米，占比分别为 23% 和 4%。具体如图 3－3 所示。

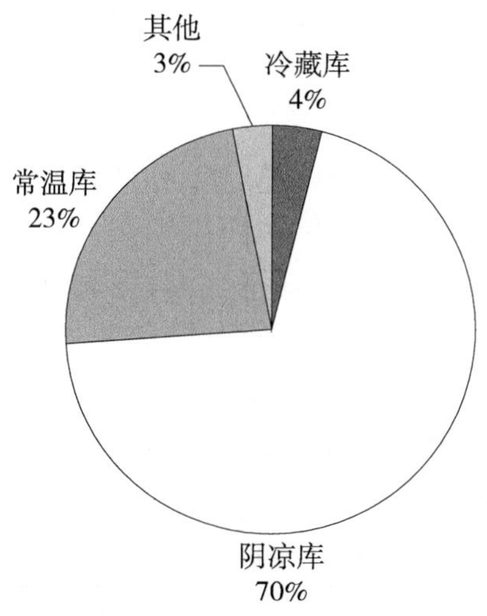

图 3－3　我国医药物流仓储面积分类统计

资料来源：中物联医药物流分会。

注：药品具有不同于一般商品的特殊性，其仓储对温度要求较高。按照对温度要求的不同，在《药品经营质量管理规范》（GSP）中将储存药品的仓库主要分为冷藏库（温度控制在 2℃～8℃）、阴凉库（温度控制在 20℃以下）和常温库（温度控制在 30℃以下）。储存时按照药品的剂型和自然属性不同及说明书的要求将药品存放于不同条件的仓库中，如冷藏库一般用于存放血液制品、胰岛素、体外诊断试剂等，阴凉库一般用于存放含醇、易挥发、软膏、栓剂等药品，常温库用于存放一般固体和液体制剂，同时要求仓库内安装温湿度监测设备和去湿设备。

三、医药物流运输能力持续增强

1. 医药物流运输自有车辆大幅度增加

医药物流运输方式包括公路干线运输、航空运输、铁路运输、城市公路配送。目前公路干线运输、城市公路配送仍是行业内的主流运输方式。据中物联医药物流分会不完全统计，2020 年我国医药物流运输自有车辆总数为 38582 辆，较 2019 年同比增长 11.91%，增速略有回落。2016—2020 年我国医药物流运输自有车辆数量如表 3－1 所示。

表 3－1　　2016—2020 年我国医药物流运输自有车辆数量

年份	2016	2017	2018	2019	2020
自有车辆（辆）	21391	25028	29511	34477	38582
增长率（%）	—	17.00	17.91	16.83	11.91

资料来源：中物联医药物流分会。

注：为避免外协车辆的重复统计，只统计每个企业的自有车辆。

随着医药市场规模的不断扩大、医药仓储资源的持续增加、物流网络进一步下沉，以及物流的快速响应能力加强，医药运输车辆增长是必然趋势。

2. 医药自有冷藏车辆显著增加

随着医药冷链市场的不断扩大，行业监管从严从重，药品冷链运输受到高度重视，2020 年医药冷链企业自有冷藏车数量大幅度增加。自有冷藏车 10671 辆，占比为 27.66%，较 2019 年同比增长 31%。增幅高于医药物流运输自有车辆的增长率，具有拉动作用。具体如表 3－2 所示。

表 3－2　　2016—2020 年我国医药冷链企业自有冷藏车数量

年份	2016	2017	2018	2019	2020
冷藏车（辆）	3112	3890	5060	8146	10671
占车辆总数比例（%）	14.55	15.54	17.15	23.63	27.66
增长率（%）	—	25.00	30.08	60.99	31.00

资料来源：中物联医药物流分会。

冷藏车数量增长较为显著，原因如下：一是包括疫苗、血液制品在内的生物制品市场规模的持续扩大，2020 年国内血液制品批签发总量达 10020 万瓶，同比增长

12.5%，疫苗合计批签发6.51亿剂，同比增长16%。疫苗行业在新冠肺炎疫情影响下，疾控进一步推动终端疫苗的宣传和接种，进而提高疫苗的渗透率，批签发量增速显著，疫苗行业迎来新机遇。二是行业监管从严，终端客户对于药品安全质量要求的提高促使企业增加具有温度控制功能的冷藏车。三是2021年新冠疫苗集中批量上市，医药冷链物流企业在2020年提前储备运力，积极履行社会责任，保障新冠疫苗的冷链运输安全高效。

四、医药物流管理信息系统使用率进一步提升

根据中物联医药物流分会不完全调研，从信息管理系统使用率来看，与2019年相比，各类信息管理系统使用率进一步提升。医药流通企业已基本根据业务和管理需求上线所需要的信息系统，还有部分企业自主研发管理系统，整体上，行业企业已基本完成企业内部的信息化建设。

中物联医药物流分会调研数据显示，2020年GSP强制要求的系统使用率最高，如温湿度自动监测系统。但即便是GSP强制要求的温湿度自动监测系统，其依然没有达到完全覆盖。综合管理系统如仓储管理系统和运输管理系统作为基础性管理工具使用率也相对较高。但是，部分信息化建设较好的企业并不能代表行业整体的信息化发展水平，尚有很多企业在信息化建设方面欠佳，因此，相关信息化系统覆盖率有待进一步扩大，进一步提高医药物流整体信息化水平，才能实现行业整体高效率、高水平的发展。2020年我国医药物流企业信息化系统使用率如图3-4所示。各类信息管理系统的核心功能及优势如表3-3所示。

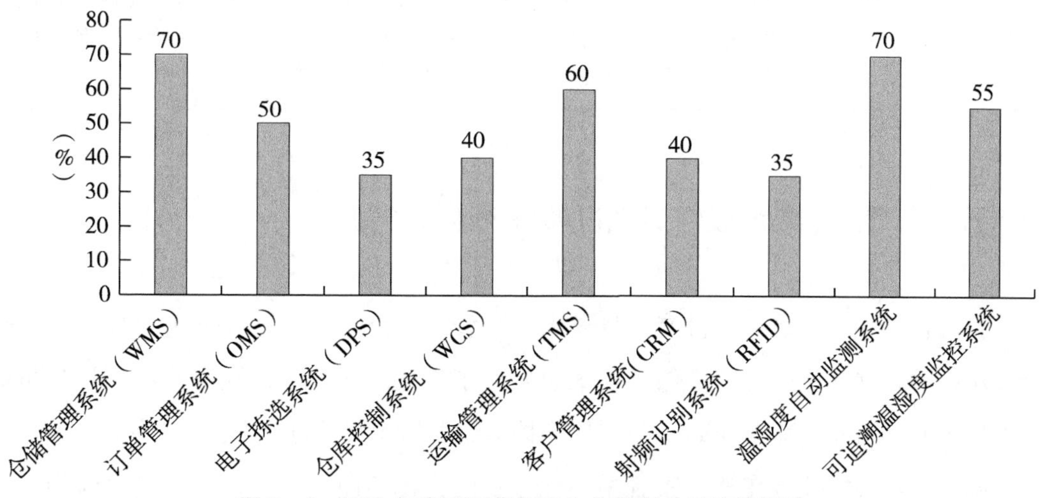

图3-4 2020年我国医药物流企业信息化系统使用率

表 3－3　　各类信息管理系统的核心功能及优势

系统类别	系统明细	核心功能	优势
仓储	仓储管理系统（WMS）	出入库处理，库存管理，KPI 与报表处理，RF 作业管理	提升订单处理效率、整体作业的高效准确等
	仓库控制系统（WCS）	设备管理，对接协议，图形监控界面，设备管理现场监控	协调物流设备间的运行，各种设备系统接口的集成、统一调度和监控等
	电子拣选系统（DPS）	拣货	提高拣货速度和效率，降低误拣错误率，提升出货配送物流效率，降低作业处理成本
运输	运输管理系统（TMS）	订单管理，调度管理，跟踪执行，数据统计分析，计费管理	控制成本，在途监控，运输计划，KPI 等
综合管理	订单管理系统（OMS）	订单策略，库存策略，BI 分析	随时掌握订单的状态，物流订单的每个作业细节可视化监控
市场	客户管理系统（CRM）	客户概况分析，客户忠诚度分析，客户利润分析，客户性能分析，客户未来分析，客户产品分析，客户促销分析	缩减销售周期和销售成本、增加收入、寻找扩展业务所需的新的市场和渠道，提高客户的价值、满意度、营利性和忠实度
温控	温湿度自动监测系统、可追溯温湿度监控系统	实时显示温湿度监测变化情况，保存完整的历史温度数据	实时查看冷库温度数据；实现超温短信报警，规避温度超标风险；查询历史温度记录，进行调整与分析

五、智慧医药物流硬件设施设备系统迭代更新

自动化仓库广泛建造，目前安装仓库控制系统的企业约占物流企业的 50%，大部分使用自动化立体货架。内部储存模式也发生了变化。从原来以托盘为主的堆垛机储存的模式向托盘立体库与 miniload/多层穿梭车组合的模式进行演变。

随着医药拆零业务在整个物流中心业务量的占比不断提升，部分新建物流中心开

始考虑采用“货到人”的作业模式。多层穿梭车、搬运机器人等以料箱为主的物流储存、拣选模式在医药物流中心得以应用，高效率的料箱输送线系统也日益被各家企业所重视。各类物流硬件设施设备系统主要技术及功能如表 3－4 所示。

表 3－4　　各类物流硬件设施设备系统主要技术及功能

系统类型	主要技术及功能
AS/RS 系统	自动化立体仓库技术，托盘式储存、密集储存比较适合生产系统；对商业系统而言，普通的立体库适合于储存，而箱式储存系统更加符合拆零拣选的需求。速度更高、效率更高、密度更高成为 AS/RS 发展的一个方向
输送系统	以 KIVA 为基础的 AGV 技术，以其低成本和高柔性广受市场欢迎
拣选系统	“货到人”拣选、“货到机器人”自动拣选技术成为发展趋势。与此关联的 3D 识别技术、穿梭车技术、机器人技术、AGV 技术等均将受到广泛关注
码垛与拆垛技术	在拣选和补货环节，拆垛机器人逐步得到应用，最热门的技术还是基于 3D 技术的自适应机器人系统，无论是码垛还是拆垛都将广受欢迎
机器人技术	机器人技术越来越广泛应用于医药物流中心和 SPD 项目，可以有效降低劳动强度、提升拣选准确性
A 字分拣机/多层穿梭车等技术	A 字分拣机作业效率高、峰值时的吞吐量高、系统准确性高，针对医药行业出库作业时间的不均衡性，作业人员分时段进行作业；多层穿梭车“货到人”系统以能耗低、作业效率高、工作调度灵活等突出优势成为拆零拣选的最佳方式
其他技术	一些冷门技术备受关注，如自动包装技术、自动检测技术（如缺陷检测、数量检测等）、自动集货技术（这也是未来的重点之一）、自动装卸技术等。在所有各类的技术中，其基本的方向是无人化、自动化和智能化

六、医药物流从业人员受教育程度持续提高

物流行业是劳动力密集型的行业，其从业人员状况符合劳动力密集型传统行业的一般特征，即男多女少，受教育水平相对较低。有调查显示，2020 年，在物流行业的一个分支——医药物流行业中，50.82% 的从业者为男性，49.18% 的从业者为女性（见图 3－5）。学历方面，本科及以上学历从业人员占比为 33.35%。其中，硕士及以上学历从业人员占比仅为 2.34%（见图 3－6）。对比 2018 年，本科及以上学历从业人员占比提升 12.81%，反映了医药物流从业人员受教育程度持续提升。

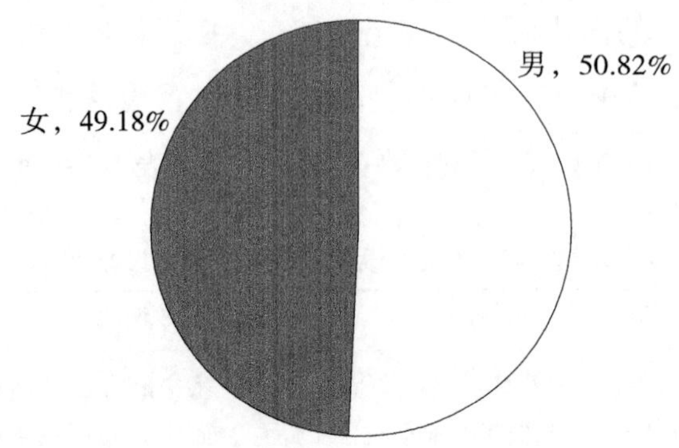

图 3－5　医药物流行业从业人员男女比例

资料来源：中物联医药物流分会。

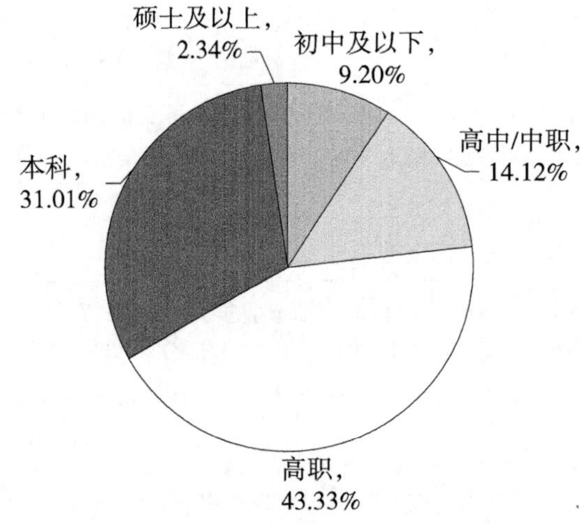

图 3－6　医药物流行业从业人员学历情况

资料来源：中物联医药物流分会。

医药物流行业从业人员年龄主要集中在 30～40 岁，占比为 41.9%，20～30 岁人员占比为 27.1%，40～50 岁人员占比为 22.1%，50 岁以上人员较少，占比为 8.9%。年龄分布情况如图 3－7 所示。

在人员稳定性方面，一线从业人员平均流失率为 12.08%，有的企业达到了 41.03%；助理级从业人员平均流失率为 0.67%；中级管理员平均流失率为 0.74%；高级管理人员较为稳定。企业未来的人才需求主要体现在一线从业人员，主要集中在 20 人以上，最高需求达到 147 人；高级管理人员稳定性相对较高，其需求量主要集中在 1～2 人。如何留住一线从业人员尤为关键。

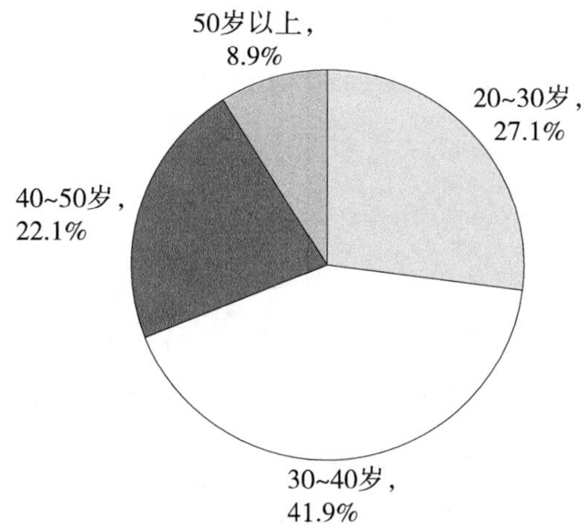

图 3－7　医药物流行业从业人员年龄分布

资料来源：中物联医药物流分会。

第二节　药品第三方物流发展迅猛

一、“十三五”期间药品第三方物流迅速发展

2017 年开始推行“两票制”，二级及多级经销商消失，医药生产企业的渠道下沉，医药物流企业面临配送区域下沉、配送总量变小、配送时效高带来的挑战。2016 年 2 月，我国取消药品第三方物流审批，促进了药品第三方物流的发展，从事专业药品运输的第三方物流企业大量涌现。

2019 年政府在药品领域开始推进“4＋7”带量采购，2021 年已启动第五批。药品带量采购使药品单价大幅度下降，对医药物流产生了配送成本进一步下降的客观影响。由于第三方物流企业能对资源进行整合，具有灵活性，可以适应市场的变化，并通过较低的价格、高质量的服务获取更多市场份额。药品第三方物流企业在集中采购等政策的助推下，发展迅速。

随着药品审批加快、建立药品上市许可持有人制度，一系列政策会加快新药研发和上市进度，而新药的配送要求较高、费用也相对较高，给药品第三方物流企业带来新的增量和机遇。

作为物流业务中的高端场景，医药物流利润率及稳定性高于普通物流。在政策和万亿市场规模的双轮驱动下，越来越多的药品第三方物流企业正参与进来，并希望借势崛起。这致使医药物流领域形成从之前国药集团、上海医药、华润医药、九州通到现如今京东、顺丰、华人供应链等第三方物流企业全面入局后的百花齐放局面。

目前，市场中的药品第三方物流的企业从基因上讲，主要分为三类：一是来自大型医药商业企业，此类企业深耕医药领域多年，具有较强的资源优势；二是来自专业医药物流企业，具有成本、技术等优势；三是来自普通物流企业，依托政策红利，从医药行业细分领域进入，逐步打开医药市场，获得发展机会。对于前两类药品第三方物流企业，其在医药物流中的优点和不足，如表 3 – 5 所示。

表 3 – 5　两种不同基因的药品第三方物流企业对比

企业基因	优势	不足	代表企业特点
大型医药商业企业	①资质优势。拥有 GSP 认证资格，药品运输、仓储管理过程中合规性强。②渠道优势。上下游客户资源充足，对于工商一体化企业而言，自营物流有助于提升药品的流通销售；物流网点基本可覆盖大部分省市，实现全国布局。③经验优势。深耕医药物流行业多年，行业经验十分丰厚。在仓储和质量管理方面有优势。④整合优势。集团内资源整合、分配优势明显。⑤管理优势。完善的物流运营管理体系，包括组织架构及职责，物流运营流程，绩效考核体系，持续的现场运营优化机制	承担企业自身经营药品的仓储和运输职能，因为经营压力小，容易出现决策保守，创新滞后，运营成本高，不具备竞争力等问题	国药集团、华润医药、九州通
专业医药物流企业	①享受国家政策开放红利，短期内有较大的业绩上升和业务扩张的空间。②在小区域内有较强的末端配送能力，对于数量少、地域偏的小业务有更强的获客能力。③在细分领域具有较强的专业能力，运输质量和安全性可控	①渠道较为局限，客户资源散，不足。②相对而言，整体企业规模小，经营范围比较集中，运营风险大，资源获取能力低。③集团化、体系化的成熟管理模式不足	华人供应链、华欣、康展、荣庆等

随着我国医药市场的不断整合与规范，大量效益低下、管理落后、运作原始的医药企业会被淘汰出局。面对更加激烈的市场竞争和管理力度，选择更加专业的第三方物流或许是医药企业更好的选择。

二、2019 年以来部分省（市）药品第三方物流相关政策梳理

新《药品管理法》《疫苗管理法》等系列文件颁布施行已近两年，对疫苗及药品的监管重点、仓配过程质量安全管理、信息追溯、仓储标准、权属责任等提出清晰要求。针对药品第三方物流企业的准入条件及业务开展标准，在国家政策的指导下，部分省（市）也出台了地方性相关指导文件。

1. 2019 年至今药品第三方物流政策盘点

针对药品第三方物流企业的准入条件及业务开展标准，部分省（市）在国家政策的指导下，出台了地方性相关指导文件，为各地药品第三方物流规范发展起到了积极的指引作用。2019 年至今部分省（市）药品第三方物流政策如表 3－6 所示。

表 3－6　2019 年至今部分省（市）药品第三方物流政策

文件名称	发布时间	发文机构
《上海市药品监督管理局关于印发〈上海市药品现代物流指导意见（试行）〉的通知》	2021. 04. 12	上海市药品监督管理局
《关于印发〈陕西省药品现代物流技术指南（试行）〉的通知》	2020. 07. 22	陕西省药品监督管理局办公室
《河北省药品监督管理局关于做好批发企业〈药品经营许可证〉换发工作的通知》	2019. 04. 02	河北省药品监督管理局
《福建省药品监督管理局关于加强药品第三方物流监管工作的通知》	2019. 06. 13	福建省药品监督管理局
《省药品监督管理局关于加强药品第三方物流监督管理的通告》	2019. 05. 09	湖北省药品监督管理局
《河北省药品监督管理局印发〈关于支持医药产业高质量发展的若干政策措施〉的通知》	2019. 08. 06	河北省药品监督管理局

续 表

文件名称	发布时间	发文机构
《山西省药品监督管理局关于推动药品流通企业转型升级创新发展的实施意见》	2019.08.14	山西省药品监督管理局
《陕西省药品监督管理局关于印发〈陕西省药品零售连锁企业监督管理办法（试行）〉等三个文件的通知》	2019.08.16	陕西省药品监督管理局
《辽宁省药品监督管理局关于印发〈辽宁省优化整合药品现代物流企业仓储和运输资源的实施办法〉的通知》	2019.08.27	辽宁省药品监督管理局
《浙江省药品监督管理局关于药品 GMP、GSP 认证工作有关事项的公告》	2019.09.27	浙江省药品监督管理局

注：中物联医药物流分会对于各地区药品第三方物流相关政策开展持续梳理工作，在原有基础上，对 2019 年以来部分省（市）药品第三方物流相关政策进行补充整理。

2.7 省（市）对药品第三方物流企业的准入条件

各地对药品第三方物流企业准入除必须符合药品现代物流企业、GSP 及相关法律法规的要求外，还有本区域制定的其他管理要求，部分信息详见表 3－7。

表 3－7　　7 省（市）对药品第三方物流企业的准入条件

发文机构	仓储及异地设仓	车辆数量	信息技术
上海市药品监督管理局	仓库储存区整体建筑面积不少于 10000 平方米或容积不少于 50000 立方米。其中整件储存区应当设有自动化仓库，容积不得少于 25000 立方米。专营生物制品的，其仓库整体建筑面积不少于 3000 平方米或容积不少于 10000 立方米。 仓库按药品储存要求，可分为常温库、阴凉库和冷库等库区。其中常温库以外的温控库面积应当在 50% 以上。开展冷链药品物流业务的，应当配备 2 个（含 2 个）以上独立冷库（柜），总容积不少于 1000 立方米。如果经营特殊储存温度要求的药品，还需配备与经营品种和规模相适应的仓库和设施。具有疫苗配送业务的企业应当符合《疫苗管理法》的相关要求	应当配备与药品配送规模相适应的密闭式自有运输车辆不少于 8 辆，开展冷链药品物流业务的，还应当配备自动调控和显示温度状况的自有冷藏车不少于 3 辆，车载冷藏、冷冻设备和冷藏车总容积不少于 30 立方米	应当配置电子数据交换平台

续　表

发文机构	仓储及异地设仓	车辆数量	信息技术
河北省药品监督管理局	仓储用地与设施应为自有，仓储作业面积不少于10000平方米，其中阴凉库的面积不少于5000平方米；应配备两个以上独立冷库，冷库的总容积不少于500立方米	应配备与药品配送规模相适应的密闭式自有运输车辆不少于5辆，配备自动调控和显示温度状况的自有冷藏车不少于2辆冷藏车总容积不少于20立方米。 运输车辆、冷藏箱（保温箱）应编号管理，并统一外观标识	企业应配置WMS和电子数据交换平台，实现与委托方的ERP数据对接；企业应配置 WCS、TMS，符合GSP规定的仓库温湿度监测、库区视频监控等系统
福建省药品监督管理局	库房的建筑面积不少于20000平方米。根据经营业务需求设置自动化立体仓库或高架库。经营冷藏冷冻药品第三方物流业务的，应设置至少2个独立冷库，冷库总容积不低于2000立方米（专营药品第三方物流冷链业务的冷库总容积不少于5000立方米，层高不得低于7米）并设有缓冲库。满足条件允许异地设仓	经营冷链药品物流业务的，配备与经营规模相适应的专业冷藏运输车辆及车载冷藏设备（冷藏箱、保温箱等），具有独立制冷系统的冷藏车不少于2台。冷藏车、冷藏箱、保温箱等设备的配置符合药品GSP等规定要求	符合药品GSP要求的系统
湖北省药品监督管理局	本省药品现代物流企业或企业集团不得在省内外异地设立药品仓库；外省药品生产流通企业可选择本省药品第三方物流企业委托储存配送药品；外省药品经营企业不得在本省设立异地药品仓库；新开办的药品批发企业自取得《药品经营许可证》之日起五年内不得委托药品第三方物流企业储存、配送药品	原政策	满足药品GSP规范附录药品经营企业计算机系统要求，并通过相应的验证

续 表

发文机构	仓储及异地设仓	车辆数量	信息技术
山西省药品监督管理局	在原有政策基础上，在药品流通领域鼓励开展“兼并重组、委托储存配送、多仓协同、首营品种档案电子化、电子处方服务”等试点工作		
陕西省药品监督管理局	符合 GSP 规定	符合《保温车、冷藏车技术条件及试验方法》要求，并经验证符合 GSP 等规定要求。具备定位跟踪系统、车载温湿度自动监控设备及远程数据传输系统	WMS、ERP、WCS、TMS、仓库温湿度监测系统、库区视频监控系统
辽宁省药品监督管理局	平面库的有效利用高度不低于 4 米，建筑面积不少于 10000 平方米；高架仓库的有效利用高度不低于 6 米，建筑面积不少于 5000 平方米；自动化立体仓库的有效利用高度不低于 20 米，建筑面积不少于 3000 平方米。从事被委托储存配送业务的，药品仓储区域用地应为自有或租赁期限不少于 2 年	冷藏车技术性能指标应符合《保温车、冷藏车技术条件及试验方法》要求。从事被委托储存配送业务的，自有运输车辆不少于 10 辆、冷藏车不少于 2 辆、保温箱不少于 10 个	仓储物流信息管理系统；企业应配置运输管理系统

从政策中可以看出，一是药品第三方物流门槛提高，一些规模达不到要求的药品批发和经营企业将无缘药品第三方物流领域。二是市场竞争更加激烈，初具规模的药品第三方物流企业优势将会迅速显现，现有规模较小的药品第三方物流企业未来的发展将会面临较大的挑战，行业鼓励兼并重组，药品第三方物流行业集中度将会逐步提高。三是药品第三方物流智慧化软件系统及硬件设施设备推广应用节奏加快。四是国家层面将会关注开展药品第三方物流业务的药品经营企业经营质量情况。

3. 各地药品第三方物流准入资格理解和执行不一

结合之前各地发布的政策可知，江苏、新疆、广西、江西、内蒙古等规定被委托方必须是药品经营企业，江苏、新疆和广西还要求其符合《第三方药品物流企业从事药品物流业务有关要求》并继续现代物流改造；河北、福建、山东等则仅要求企业具备药品现代物流条件并符合药品 GSP 规定即可。

在国务院取消从事药品第三方物流业务批准后，各地对于社会化第三方物流准入资格的理解和执行力度不一，有的地方暂停了企业从事药品第三方物流业务的备案工作，随着“两票制”的推行，部分地区放宽药品第三方物流资格并出台了相关政策文件；在实际操作层面，各地审核资质也要求不一，有的地方如福建、江西、山西、宁夏等管制比较严格。

4. 部分地区异地设仓、多仓协同政策要求不一

针对各个企业比较关注的异地设仓的情况。目前湖北、湖南、江苏、浙江、四川、福建和内蒙古七个地区对此有明确要求。其中湖北规定：药品上市许可持有人、药品生产企业可异地设立药品储存配送仓库，但仅限于自有药品储存配送；药品批发企业不得在无药品经营许可的异地设立仓库储存配送药品；湖北药品现代物流企业或企业集团鼓励和支持跨省开展药品第三方物流业务，并符合所在省（市、自治区）药品监管部门有关药品第三方物流监管政策和要求，但不得在省外异地设立药品仓库；外省药品经营企业不得在湖北省设立异地药品仓库。湖南则规定药品第三方物流企业因业务需要，经省局批准可异地设置区域性药品仓库。江苏的异地设库要求库房设置条件必须符合《关于印发江苏省开办药品批发企业验收实施细则（暂行）的通知》（苏食药监市〔2006〕321 号）和药品 GSP 有关规定要求。福建和内蒙古的要求相比之下较为简单，仅要求具备药品第三方物流条件的企业即可以在省（区）内设立分库或异地仓库。

通过政策梳理可以看出，严格的准入门槛，会排除一些经营不规范、物流能力较差、企业规模较小的第三方物流企业，从而使进入行业的是拥有较强的综合实力、质量安全、经营规范、抗风险能力强的第三方物流企业，更符合医药供应链集中化、规模化的发展趋势。

第三节　医药冷链物流迎来巨大发展空间

一、医药冷链物流行业发展现状

医药冷链行业具备安全性要求高、需求突发性强、成本高及专业性强的特点，根据产品类别的不同，主要分为药品冷链、疫苗冷链、血液制品冷链以及生物样本库冷链。从产业链来看，医药冷链行业上游包括制冷设备、制冰设备、冷藏设备等冷链设备，下游为医药产品需求方，包括各级医疗机构、药企等，最终销售给患者。

近年来，伴随着国家利好政策的陆续发布、医药物流的发展以及人们对医药产品需求的增加，我国医药冷链也得以快速发展。经中物联医药物流分会不完全统计与测算，2020 年，我国医药冷链市场销售额达 3903.4 亿元，同比增长 14.97%（见图 3－8）。

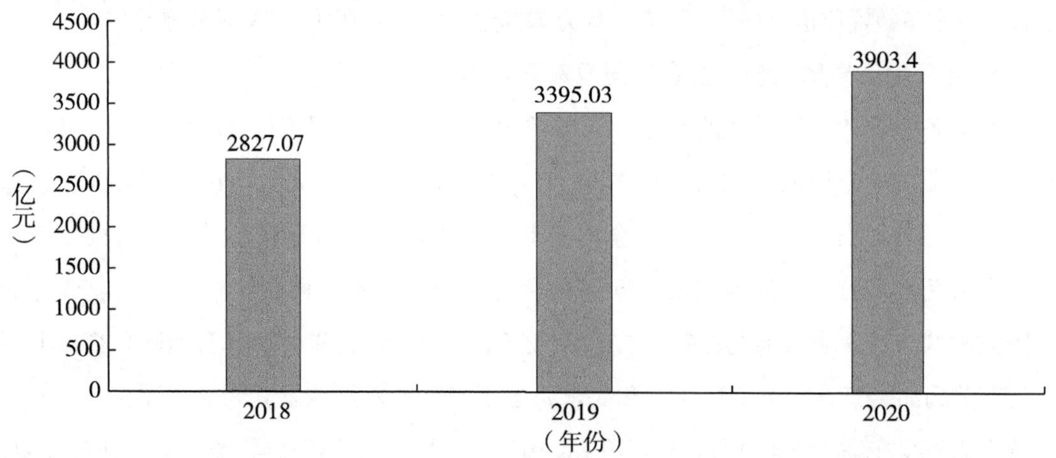

图 3－8　2018—2020 年我国医药冷链市场销售额

资料来源：中物联医药物流分会。

从细分产品看，我国医药冷链市场运输产品包括疫苗、血液制品、生物制品、IVD 试剂、医疗器械（IVD 试剂除外），其中疫苗占比为 10%，血液制品占比为 13.86%，生物制品占比为 40.74%，IVD 试剂占比为 24.9%，医疗器械（IVD 试剂除外）占比为 10.5%。2020 年我国医药冷链市场产品结构如图 3－9 所示。

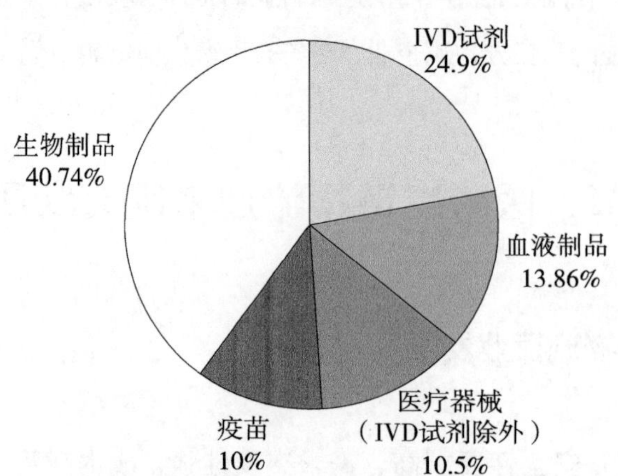

图 3－9　2020 年我国医药冷链市场产品结构

资料来源：中物联医药物流分会。

经中物联医药物流分会不完全统计与测算，2020 年我国医药冷链物流费用规模为 173. 17 亿元，同比增长 25. 8%。2018—2020 年我国医药冷链物流费用规模如图 3－10 所示。

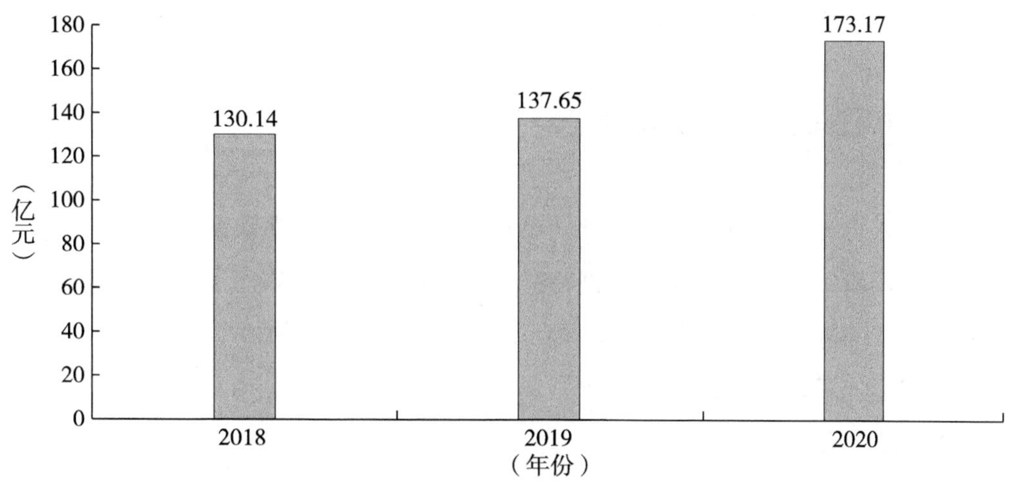

图 3－10　2018—2020 年我国医药冷链物流费用规模

资料来源：中物联医药物流分会。

医药冷链行业的发展离不开基础设施的完善。数据显示，2020 年我国医药冷链仓库面积上升，冷藏库的面积为 88. 66 万 m^2，同比增长 10%。2018—2020 年我国医药冷链行业冷藏库面积如图 3－11 所示。

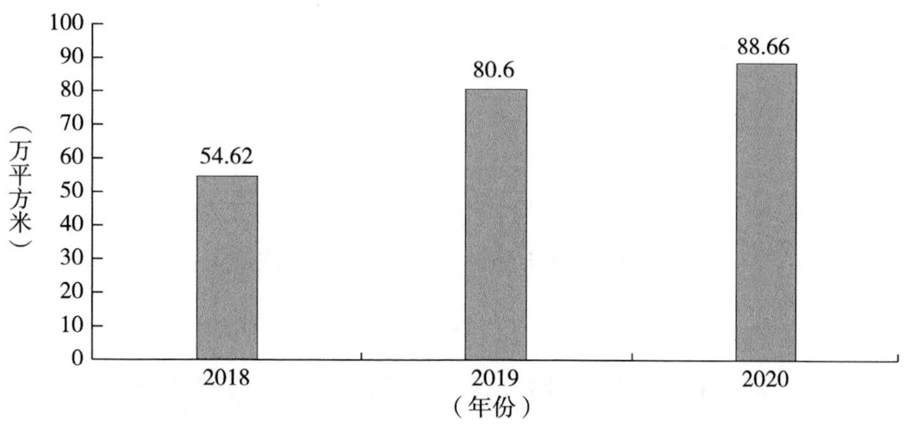

图 3－11　2018—2020 年我国医药冷链行业冷藏库面积

资料来源：中物联医药物流分会。

目前，医药冷链行业参与者不仅有主营业务为医药冷链的第三方物流企业，例如华人供应链、华欣、生生物流、中集冷云、钥途、大舜、康展等，还有综合性社会物流企业参与其中，像顺丰、中国邮政、京东、荣庆等都已部署医药冷链配送业务。另外国药集团、上海医药、华润医药、九州通等企业也入局了医药冷链。总体来看，医药冷链市场参与者的增加，有利于行业充分竞争，在物流龙头企业带动下，将吸引更多企业布局医药冷链，推动行业发展。

二、重点医药冷链物流企业盘点分析

为了深入了解2020年医药冷链基础设施资源发展现状，中物联医药物流分会对重点企业开展调研，并对20家重点医药冷链运输企业、30家重点医药冷链仓储企业的相关数据进行了分析，为行业企业提供参考。

1. 20家重点医药冷链运输企业盘点

（1）经营情况。

据统计，20家医药冷链运输企业2020年主营业务收入平均增长率为30.68%，高于行业平均增速水平。2020年主营业务收入同比增长率情况如图3－12所示。

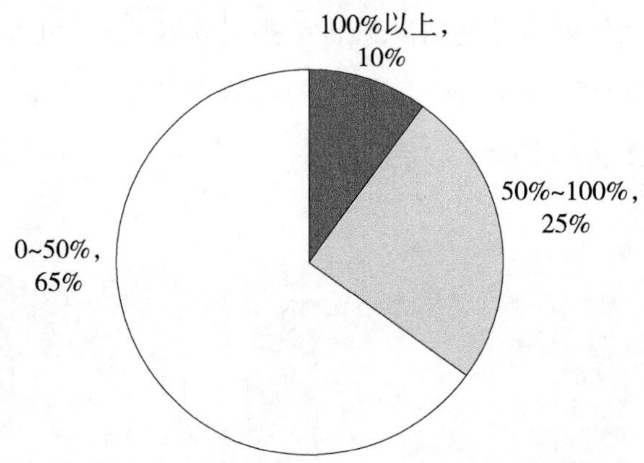

图3－12　2020年主营业务收入同比增长率情况

（2）基础设施。

据统计，2020年20家医药冷链运输企业冷藏车总数（自有和外包）为10000辆。其中自有冷藏车为2788辆，占全行业自有冷藏车总数的26%。大部分冷藏车车型集中在4.2～7.2m和7.6～9.6m两类，自有冷藏车中该两类车占比为95.3%，外包冷藏车中该两类车占比为88.03%。20家企业冷藏车各车型情况、自有冷藏车及外包冷藏车所占比重如图3－13和图3－14所示。

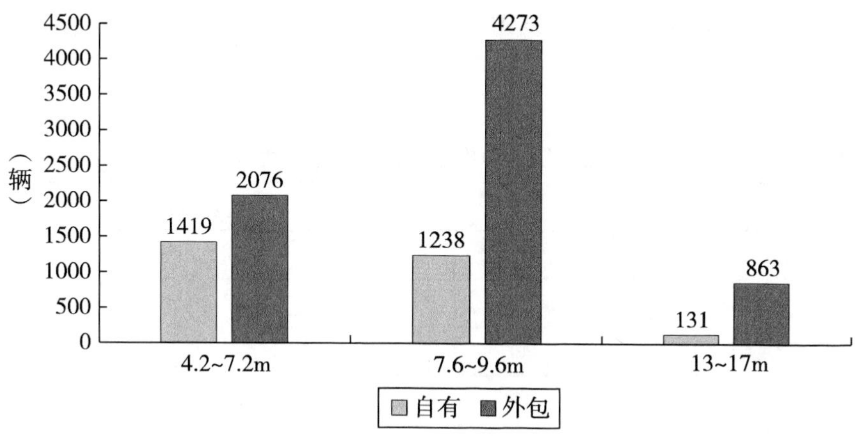

图 3－13　20 家企业冷藏车各车型情况

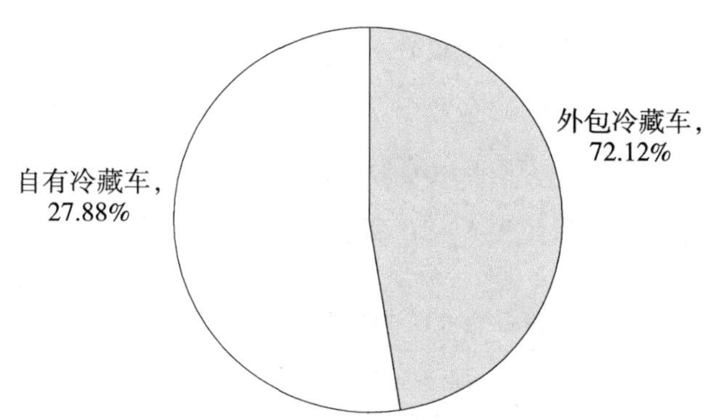

图 3－14　20 家企业自有冷藏车及外包冷藏车所占比重

（3）周转冷库分析。

据统计，20 家企业总冷藏库（2℃～8℃）面积为 100443.9m²，总容积为 332602.632m³；冷冻库（－25℃以下）面积为 13088.2m²，总容积为 38710.025m³。20 家企业冷库种类及容量如表 3－8 所示。

表 3－8　20 家企业冷库种类及容量

冷库种类	冷藏库（2℃～8℃）	冷冻库（－25℃以下）
总面积（m²）	100443.9	13088.2
总容积（m³）	332602.632	38710.025

（4）保温箱和冷藏箱。

20 家企业冷藏箱总数为 233954 只，其中前 5 家企业占比为 52.11%，行业集中度较高。保温箱及冷藏箱自有比率较高，在 20 家企业中，79% 的企业保温箱及冷藏箱全部为自有，其中冷藏箱品牌自主研发占比为25%。20家企业保温箱冷藏箱自有及企业数量占比如表3－9所示。

表3－9　20家企业保温箱和冷藏箱自有及企业数量占比

自有占比	企业数量占比
100%	79%
[50%，100%)	10.5%
[0，50%)	10.5%

（5）配送模式。

20家企业中，有3家企业实现了100%自有配送，完全使用自有运力进行配送活动；约64%的企业以自有运力配送为核心，外协配送为辅。

在企业运输类型中，约80%的企业以干线运输为主营业务，约20%的企业以城配运输为主。而在业务类型中，以整车运输为主占比约为55%，超过零担运输份额占比。20家企业配送模式及所占比重如表3－10所示。

表3－10　20家企业配送模式及所占比重

类别	配送模式		所占比重
	自有配送份额占比区间	外协配送份额占比区间	
一类	100%	0	15%
二类	[75%，100%)	(0，25%]	30%
三类	[50%，75%)	(25%，50%]	35%
四类	[0，50%)	(50%，100%]	20%

（6）物流成本。

在冷链运输企业各项成本中，冷链运输成本占比达到69%，冷链管理成本占比为16%，冷链仓储成本占比为15%。冷链运输企业物流成本占比如图3－15所示。

2. 30家重点医药冷链仓储企业盘点

（1）冷藏库情况。

据统计，30家医药冷链仓储企业冷藏库（2℃～8℃）总容积为607309.4m^3，其中Top 10企业占比为81.65%。30家医药冷链仓储企业冷藏库容量、30家企业冷藏库平均容积如表3－11、图3－16所示。

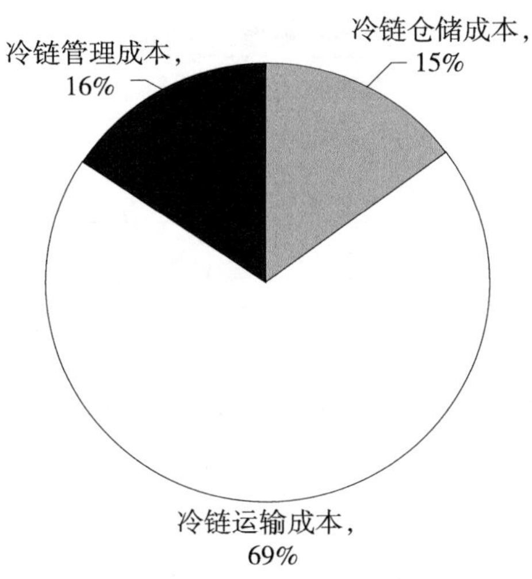

图 3－15　冷链运输企业物流成本占比

表 3－11　30 家医药冷链仓储企业冷藏库容量

范围区间	容积（m^3）	占比（%）	平均容积（m^3）
Top 1～10	495861.98	81.65	49586.198
Top 11～20	86606.6	14.26	8660.66
Top 21～30	24840.82	4.09	2484.082

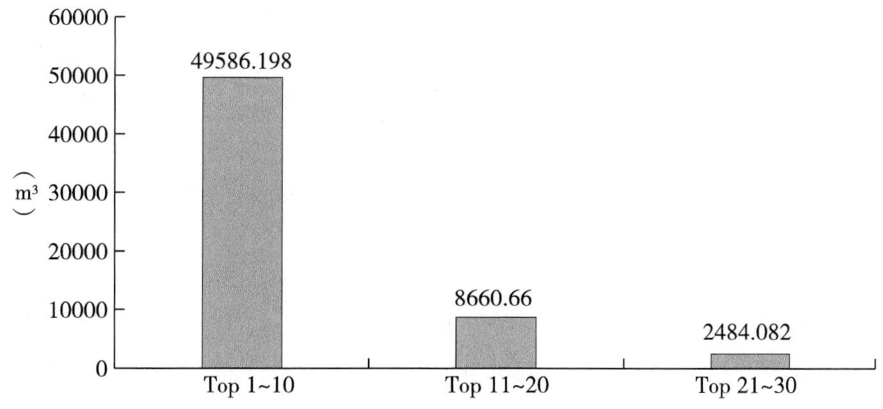

图 3－16　30 家企业冷藏库平均容积

（2）冷藏库使用率。

30 家企业中有 64% 的企业仓库使用率为 80%～100%；28% 的企业仓库使用率为 60%～80%；8% 的企业仓库使用率为 0～60%；大部分企业仓库使用率较高。30 家企业冷藏库使用率统计如表 3－12 所示。

表 3－12　　30 家企业冷藏库使用率统计

类别	使用率	占比
一类	80%～100%	64%
二类	60%～80%	28%
三类	0～60%	8%

30 家企业仓库库型：冷藏库容积为 1189777.98m^3，占比为 7.85%；阴凉库 10525086.06m^3，占比为 69.43%；常温库 3000933.87m^3，占比为 19.8%；其他温区仓库 442915.31m^3，占比为 2.92%，以阴凉库为主。30 家企业仓库库型统计如图 3－17 所示。

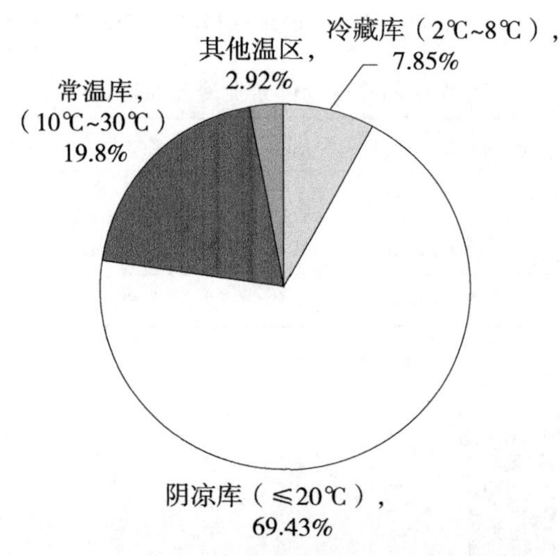

图 3－17　30 家企业仓库库型统计

（3）冷库周转期。

30 家企业中，有 31.82% 企业的周转期小于 28 天，有 54.54% 企业的周转期为28～40 天，有 13.64% 企业的周转期在 40 天以上；总体周转期集中在 28～40 天。

（4）冷藏箱和保温箱情况。

30 家企业中，保温箱和冷藏箱的使用以租赁为主，占比 80.59%；自有保温箱和冷藏箱占比 19.41%（见图 3－18）。

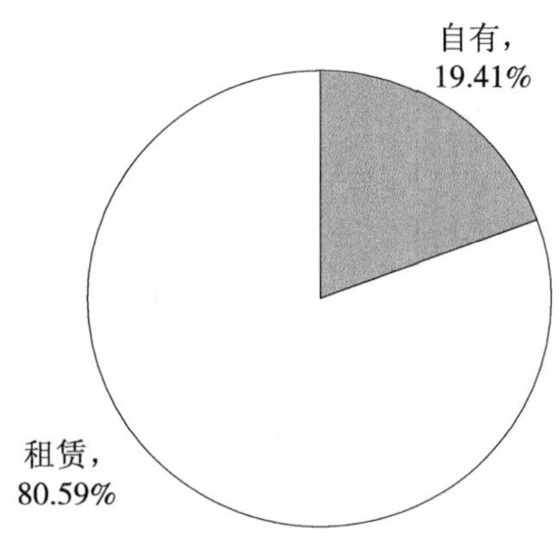

图 3－18 保温箱和冷藏箱使用情况

三、国内抗疫举措对于医药冷链行业的需求和影响

受新冠肺炎疫情的影响，大多数企业冷链运量都出现了下降。据不完全统计，52.63%的企业冷链运量减少30%以上，15.79%的企业冷链运量减少10%～20%。然而，对医药物流来说，这是迎来一个新的发展契机。随着新冠肺炎疫情的暴发，居民对于医药卫生的重视程度也逐渐提高，促进了我国医药冷链物流的进一步发展。

5G、人工智能、无人机、区块链等技术不断应用到医药冷链行业，推动供应链各环节的智能化协作，促使冷链物流向专业化、一体化、标准化的方向发展。冷库网、冷藏运力网、冷链信息系统构成的“三网”将在国家政策与市场的驱动下快速崛起，成为冷链物流发展的三大核心战略，彼此之间相互协同，推动冷链生态圈的快速形成。医药冷链物流成本高、利润低、管理难度大，这使冷链物流业务外包成为可能。专业的第三方冷链物流企业将成为市场竞争主体，快速布局，利用自身专业度、规模优势，降低冷链成本，不断提升医药冷链专业服务能力。

国内抗疫相关规定要求医药冷链行业冷链技术升级。新冠疫苗在配送中，存在着配送距离长、覆盖范围广、目的地较多等特点。当前国内各地的疾控中心需求量大，但新冠疫苗前期产能有限，因此导致运输分散。具体来说，医药物流企业在运力配置上往往是一台车辆配送多个省份，单车单趟行程有时超过8000公里。为了保证新冠疫苗配送安全，医药物流企业都采用了相应的措施，如包装升级、冷藏车技术升级、扩大温区、提前筹备、做好“断链”应急措施等。

四、普通疫苗配送痛点依然存在

1. “进城难”导致疫苗配送难

城市路段通常在白天对冷藏车限行，白天工作时间冷藏车无法在市区正常通行，而疾控中心或疫苗接种点所在地通常为市区且白天收货，这造成了送货与收货时间不匹配的矛盾。另外，根据国家法规要求，接受疫苗配送委托的企业不得再次委托其他企业，需使用本企业牌照车辆进行疫苗运输，存在“一车发全国”的现象，受各地限行政策影响，为了保障时效，车辆不得不在市区限行时间配送，产生罚款、扣分等额外成本。

2. 终端收货验收标准不统一

一是部分地区的疾控中心在接收疫苗时，要求运载工具必须为冷藏车，若使用其他能满足冷藏运输的设备（如冷藏箱）则面临拒收的问题，增加了成本支出。

二是由于疫苗运输具有“小、散、多”的特点，疫苗在运输过程中，会发生短暂超温的现象。当前各疾控中心对于短暂超温疫苗的收货标准不统一。有的疾控中心对于短暂超温的疫苗，如果生产厂家能够出具质量安全证明，则可收货。有的疾控中心在接收疫苗时，仅以全程的车载温度数据作为收货判断依据，对于车辆在接驳过程中出现短暂超温的情况则会拒绝收货。

3. 应急救援体系不完善

目前的疫苗运输应急救援体系不完善，无全国性或区域性救援联盟，无统一的救援标准，如全部由企业自身进行应急处理，因业务覆盖范围问题，容易导致救援不及时的情况发生。

五、未来三年医药冷链的发展趋势

2020 年在新冠肺炎疫情防控常态化背景下，医药冷链行业挑战与机遇并存。目前，随着我国经济的发展，医疗保障水平的提高，对医药产品的物流要求也逐步提高，尤其是需要低温贮藏的医药产品发展很快，带动了医药冷链物流的快速发展。在新的环境下，医药冷链物流所蕴含的巨大潜力将被进一步释放，技术发展将推动医药冷链数字化转型，另外新冠肺炎疫情使得医药电商逆势增长，并推进医药冷链向专业化、一体化、标准化的方向发展。医药冷链运输市场发展空间巨大。在政策利好、市场需求不断增长和基础设施不断完善的背景下，未来，我国医药冷链物流市场将迎来良好的发展前景。

1. 医药温控市场发展潜力巨大

目前，随着我国经济的发展，医疗保障水平的提高，对医药产品的物流要求也逐步提高。尤其是需要低温贮藏的医药产品在快速发展，下游行业对医药温控运输提出的需求越来越大。随着我国对医药产品的物流要求逐步提高，以及新研发的药品对于温度区间的要求提升，医药温控市场发展前景良好。目前市面上已有 –25℃ ~ –15℃、–10℃ ~ –2℃的冷链包材，甚至出现了 –160℃的产品。对于这些产品来说，需要通过创新去寻找解决方案。冷链包材、设备需求为企业带来了销售机遇，现在市面上已经有很多 –10℃ ~ –2℃的冷链包材。因此，致力于研发仓库库存温度及运输温度的解决方案，也是今后的发展趋势。

2. 建立一体化平台，走向市场规模化

新冠肺炎疫情改变了商业的固有模式，催化了人们网上购药的习惯，使得第三方物流的优势愈加明显；同时也为外包服务、商业服务和物流服务领域的发展提出了新要求。

鉴于医药冷链运输对物流网络及设备设施的要求较高，尤其是对设备、温度要求更加严格，企业可以根据产品类型、业务范围、运营成本等进行综合考量，选择性价比高的运输模式。现有医药冷链运输模式主要有 3 种：一是自营；二是医药企业委托第三方物流企业运输，俗称外包；三是将自营与外包结合。企业通常会采用第三种方式。自营和外包各有优缺点，如表 3 – 13 所示。

表 3 – 13　医药冷链运输模式对比

项目	自营	外包
优点	质量控制严格	车辆等物流资源比较灵活
	效率高	不用考虑回程车费用问题
	作业规范	成本低
	产品质量风险好管控	管理简单
	标准统一	有效规避运输风险
	操作灵活，沟通顺畅	运输能力强

续 表

项目	自营	外包
缺点	要求车辆规模体量够大	服务响应不及时
	成本较高	沟通成本高
	管理难度大	不确定性较大
	配送网络覆盖有局限性	过程难以控制

在这种背景下，第三方物流体系逐步完善，与医药企业共建一体化平台。第三方物流企业可为客户提供一站式、整体优化的物流服务，具有专业的冷藏运输体系，建立生产企业、流通企业与医院、药房、连锁药店等之间的经营战略联盟，提升流通效率，降低医药企业物流成本，有利于对市场变化进行快速响应，进而增强市场竞争力。因此建立第三方物流企业与医药企业的一体化平台，是市场发展进程中不断探索的必经之路。资源整合后，可以提供更加便捷的医疗服务。

随着各个国家集中采购工作持续推进、医保管控加强、医联体发展、重点监控药品目录执行、推进仿制药质量和疗效一致性评价等一系列举措的实施，药品零售走向规模化发展的道路是必然的，尽管药品终端销售增速持续放缓，但行业发展渐趋合理化，新格局将逐渐形成。

从长期发展角度看，在新药研发方面，新冠肺炎疫情的暴发使医药和医疗器械产品的研发更受重视，对医药物流外包企业的支持也将会大幅提升。因此，对于医药物流外包行业来说，疫情或将加快产业链升级，从而进行横纵向收购，以完善并且扩张企业的业务结构，从而形成一站式的医药物流外包企业。

医药物流市场保持快速发展态势，证明市场空间巨大，也体现出医药行业作为朝阳产业的特点，而目前市场上医药物流企业尚未整合完毕。随着各项政策的实施，医药流通环节将被逐渐压缩，利润也会逐步降低，各龙头企业已陆续开展物流精细化管理，以期达到降本增效、提高竞争力的目的。

3. 提升标准化程度，政企结合提升服务质量

完善医药冷链物流相关标准，政府加强与相关企业的交流与合作，制定医药冷链物流运输与配送等环节的标准，为监管工作提供依据。同时，借鉴发达国家相关医药冷链标准，对医药冷链建设、管理规范不断进行更新，在对医药冷链各个环节深入管理的基础上，也要对相关部门的具体工作进行严格监督。

政府和医药行业积极推进医药冷链物流企业重组，实现规模化经营，通过对物流功能和要素的有效整合来提升企业核心竞争力。在冷链物流发展过程中，要出台技术标准，规范行业发展；政府确定发展规划，推行产业政策，明确相应责任，确保标准有效执行；政府通过提供资助或者贷款引导企业开发和引进新的冷链物流技术，实现全过程监管；通过宏观规划，确保硬件充足和供应网络均衡。

4. 医药电商快速发展带动医药冷链物流行业的发展

随着医改的不断推进，集中采购、医保控费、按病种付费政策的落地，传统的医药营销模式面临巨大的转型压力。加之受新冠肺炎疫情的影响，实体医院纷纷推出线上问诊服务，加快建设信息化医院、智慧医院，互联网医疗平台联合线下医院、医药商业企业，加快线上线下布局，“线上问诊，送药上门”需求大增，医药电商市场可期。2020 年我国医药电商的交易规模为 1956 亿元，同比增长 34%。随着网售处方药相关规定的放开，预计未来三年医药电商市场规模将激增至 3000 亿元左右。医药冷链物流领域的 C 端配送迎来快速发展期，医药冷链新型服务模式将会出现。

电商平台与商业公司开展合作，利用其平台优势布局医药采购、销售等整个链条；头部快递企业推出冷藏药品配送到家服务，通过大数据分析优化满足冷藏药品 C 端配送的场景需求，打破了冷链药品不能送药上门或配送范围过小的行业瓶颈，有力提升了我国冷链药品市场更深更广的终端配送能力。

第四节　医药物流标准日趋完善

一、标准相关机构

1. 国家标准化管理委员会

国家市场监督管理总局对外保留国家标准化管理委员会牌子，以国家标准化管理委员会名义，下达国家标准计划，批准发布国家标准，审议并发布标准化政策、管理制度、规划、公告等重要文件；开展强制性国家标准对外通报；协调、指导和监督行业、地方、团体、企业标准工作；代表国家参加国际标准化组织、国际电工委员会和其他国际或区域性标准化组织；承担有关国际合作协议签署工作；承担国务院标准化协调机制日常工作。

国家市场监督管理总局下设标准技术管理司与标准创新管理司。

标准技术管理司负责拟订标准化战略、规划、政策和管理制度并组织实施；承担强制性国家标准的立项、编号、对外通报和授权批准发布工作；协助组织查处违反强制性国家标准等重大违法行为；组织制定推荐性国家标准（含标准样品），承担推荐性国家标准的立项、审查、批准、编号、发布和复审工作；承担国务院标准化协调机制的日常工作；承担全国专业标准化技术委员会管理工作；承办总局交办的其他事项。

标准创新管理司负责协调、指导和监督行业、地方标准化工作；规范、引导和监督团体标准制定、企业标准化活动。开展国家标准的公开、宣传、贯彻和推广实施工作；管理全国物品编码、商品条码及标识工作；承担全国法人和其他组织统一社会信用代码相关工作；组织参与国际标准化组织、国际电工委员会和其他国际或区域性标准化组织活动；组织开展与国际先进标准对标达标和采用国际标准相关工作；承办总局交办的其他事项。

2. 全国物流标准化技术委员会

全国物流标准化技术委员会（SAC/TC269）（以下简称“物流标委会”）成立于2003年，是经国家标准化管理委员会批准成立的、由国家标准化管理委员会直属管理、在物流领域内从事全国性标准化工作的技术组织。主要负责物流基础、物流技术、物流管理和物流服务等标准化技术工作。秘书处设在中国物流与采购联合会。

3. 全国物流标准化技术委员会医药物流标准化工作组

全国物流标准化技术委员会医药物流标准化工作组（SAC/TC269/WG2）（以下简称“医药工作组”）成立于2015年，由全国物流标准化技术委员会批准成立，负责开展医药物流相关国家标准、行业标准的制修订以及推广工作。秘书处设在中国物流与采购联合会医药物流分会。

二、医药物流标准制修订情况

1. 标准制修订情况

截至2020年12月，中国物流与采购联合会医药物流分会标准与评估中心收集到与医药物流相关并且发布的国家标准、行业标准、团体标准和地方标准共计 100 项。其中基础性标准共 26 项、技术作业与管理标准共 53 项、设施设备标准共 21 项，《中国医药物流标准目录手册》每年都在持续更新中（部分内容节选见表 3－14）。

表 3－14　　《中国医药物流标准目录手册》部分内容节选

序号	标准编号	标准名称	实施日期	规定范围
1	GB/T 36078—2018	《医药物流配送条码应用规范》	2018－10－01	本标准规定了医药物流配送包装箱、托盘、单据及节点的代码结构、条码表示与技术要求，以及条码标签格式、放置位置等内容。本标准适用于医药产品供应链中配送包装箱、托盘、单据及节点的代码编制、条码标签设计和数据自动采集
2	NMPAB/T 1001—2019	《药品信息化追溯体系建设导则》	2019－04－19	本标准规定了药品信息化追溯体系建设基本要求和药品信息化追溯体系各参与方基本要求。本标准适用于药品上市许可持有人、生产企业、经营企业（包括批发企业和零售企业）、使用单位、发码机构及监管部门等追溯参与方协同建设药品信息化追溯体系
3	NMPAB/T 1002—2019	《药品追溯码编码要求》	2019－04－19	本标准规定了药品追溯码的术语和定义、编码原则、编码对象、基本要求、构成要求、载体基本要求、发码机构基本要求以及药品上市许可持有人、生产企业基本要求。本标准适用于药品上市许可持有人、生产企业、经营企业、使用单位和发码机构等追溯参与方，针对在中国境内销售和使用的药品选择或使用符合本标准的药品追溯码
4	NMPAB/T 1004—2019	《疫苗追溯基本数据集》	2019－08－26	本标准规定了与疫苗信息化追溯体系建设相关的疫苗追溯基本数据集分类、数据集与疫苗追溯数据产生方关系及数据集内容。本标准适用于规范追溯数据产生方采集和存储满足相关要求的追溯数据

截至 2020 年，医药工作组已牵头制修订 10 项标准，涉及设施设备验证、药品物流、冷链物流、医药冷藏车、阴凉箱、保温箱、承运商审计、冷藏车认证、医药物流人才等方面（见表 3－15）。

表 3－15　　医药物流标准制修订情况

标准类型	标准名称	标准编号	制定情况（发布日期）	实施日期
国家标准	《医药产品冷链物流温控设施设备验证性能确认技术规范》	GB/T 34399—2017	2017－10－14	2018－05－01
	《药品物流服务规范》	GB/T 30335—2013	2013－12－31	2014－07－01
	《药品冷链物流运作规范》	—	修订阶段	—
	《医药物流质量管理审核规范》	—	编制阶段	—
行业标准	《药品阴凉箱的技术要求和试验方法》	WB/T 1062—2016	2016－10－24	2017－01－01
	《药品冷链保温箱通用规范》	WB/T 1097—2018	2018－07－16	2018－08－01
	《道路运输 医药冷藏车功能配置要求》	WB/T 1104—2020	2020－05－11	2020－06－01
团体标准	《医药冷藏车温控验证 性能确认技术规范》	T/CFLP 0013—2018	2018－04－11	2018－05－01
	《医药物流 承运企业质量管理审计规范》	T/CFLP 0012—2018	2018－04－11	2018－05－01
	《医药物流从业人员能力要求》	—	编制阶段	—

2. 推广情况

截至 2020 年，中国物流与采购联合会医药物流分会线下和线上共举办了 15 场国家标准《药品冷链物流运作规范》宣贯培训，吸引了 350 余家企业，共 500 余名质量管理人员深入学习标准。中国物流与采购联合会医药物流分会共开展 14 批试点企业工作，448 家成功入选；开展 9 批达标企业工作，121 家成功入选；开展 3 批示范企业工作，22 家成功入选；查询到 100 余条招投标项目，包含省疾控中心、医院、医药生产等 40 余家企事业单位，涉及北京、上海、广东、浙江、江苏等 18 个省份，在疫苗、中药饮片、检验标本等冷链配送项目方面，将该标准的试点、达标资质作为招投标的加分项目。

已开展国家标准《药品物流服务规范》试点工作，共开展了 1 批试点企业工作，26 家成功入选；共举办 12 场国家标准《医药产品冷链物流温控设施设备验证 性能确认技术规范》线下和线上宣贯活动，有 350 余家企业、800 余名质量管理人员参与深度学习；开展了 1 批国家标准《医药产品冷链物流温控设施设备验证 性能确认技术规范》符合性验证单位评选工作，共评选出 4 家企业。举办了 1 场行业标准《道路运输 医药产品冷藏车功能配置要求》线上宣贯培训，观看次数 2000 余次。

第五节　我国医药物流面临的挑战

一、医药物流成本持续上升

据中国物流与采购联合会医药物流分会不完全统计，2020 年医药物流成本整体上升约 12%，医药物流行业长期面临物流成本的巨大压力。物流成本增长的原因主要有六点：一是医药物流规模的总体扩大，物流成本随之相应增加；二是司机、仓库人工等人力成本逐年增加，物流企业对于人力的依赖性依旧较高；三是受到“互联网 +”医疗、医药新零售等政策的影响，拆零比例进一步上升，订单碎片化导致物流作业量大幅度上升；四是配送终端进一步下沉，运输成本持续上升；五是随着新冠肺炎疫情的暴发，企业积极抗疫防疫，作业人员需要严格防护，设施设备、工作场所需要消杀，增加了企业资金投入；六是医疗物资的需求紧急零散，企业需要制订定制化物流解决方案满足业务方需求，出现高成本生产配送的情况，带来了成本增加。

二、医药物流标准化体系尚不完善

1. 医药物流行业标准仍有空白部分

目前虽然医药物流行业已经制定了相关标准，但是并没有覆盖整个行业，仍存在标准空白的情况，如缺少医药新零售配送标准、医药冷链物流终端验收标准、冷链设施设备验证标准等。

2. 标准归口众多

目前存在多部门制定医药物流标准，然而各部门协调、沟通效率较低，很容易出现标准内容重叠的现象。

3. 标准化人才匮乏

医药物流从业人员风控意识淡薄，专业人才的保障有限，对药品的安全管控不足、追溯不力。专门从事标准化研究、熟悉了解标准化知识的人才也有待培养。

4. 标准应用难见效

企业是否使用标准是检验标准推广成效的依据之一，然而目前多数标准制修订后就束之高阁，没有进行有效推广，应用难见效，甚至有些企业不知标准的存在，无法做到行业的支撑。另外，企业自身标准化建设意识淡薄，对标准化理解有误区，认为行业标准、团体标准、企业标准的水平不高，只有国家标准才显得有水平，缺乏执行标准的自觉性。

5. 和国际对接比较难

随着国际医药物流行业进入快速发展阶段，WTO、ISO、EU 等国际组织和美国、日本等发达国家纷纷加强医药物流标准化发展战略的研究力度，制定出相关医药物流标准化发展战略和相应政策，医药物流标准化程度进一步提高。国内能够走向国际的标准较少，原因之一就是国内技术水平还没有达到国外标准，造成国内标准很难成功地与国际接轨。

三、医药物流专业人才仍然不足

随着医药物流行业的持续升温，专业的医药物流人才仍然不足。造成医药物流专业人才缺乏的主要原因有三个方面。第一，很多医药企业对物流的认识还只停留在浅层次的模糊概念上，以致很多管理者认为医药物流不过是医药运输与仓储的简单结合。因此会出现认知偏差：高薪聘请医药物流人才还不如多找些仓库保管员和货物运输员，这就导致人才供给被假性扩大，从而对真正意义上的复合型人才、战略型人才的需求不那么强烈，这不利于人才培养。第二，在整个医药物流专业人才管理过程中还存在着种种疏漏，从而导致医药物流专业人才存在直接或间接的流失，比如传统的薪酬激励作用不大，员工的培养计划根本没有或者有但是不成熟，等等。第三，由于运送药品的特殊性，医药物流专业人才除了需要具备物流专业性，还需要具备一定的医药知识，熟悉各种药物以及生物制品的特性及运输要求。单一学科的人才很难完全胜任，但目前国内院校并未设置专门的医药物流学科，这就导致企业要自己培养专业人才，这也是医药物流行业的一个痛点。

四、C 端“最后一公里”服务能力提出更高要求

实体医院、第三方平台、厂家、电商 C 端配送需求快速增长。在业务实际开展过程中，C 端配送仍有诸多问题存在。一是在医院、医药物流企业、患者之间发生药品

物权转移过程中，各作业环节无统一规范标准；二是由于交接无标准，产生的医患纠纷无保障；三是 C 端配送是小批量、多频次的物流模式，配送范围和配送成本是企业面临的巨大挑战；四是物流网络应满足站点下沉需求，亟待构建响应迅速、履约更快、覆盖更广、成本更低的运输服务网络。

五、绿色运输通道亟待建立

长期以来，医药物流行业没有绿色通道，给药品运输、配送带来了很多不便，浪费了不必要的运输时间，降低了运输效率。医药作为特殊商品，其运输及时性关系社会公众的生命健康，紧急情况下，医药与食品同样需要绿色通道。2020 年在抗击新冠肺炎疫情过程中，交通运输部出台紧急措施，开通医药物资运输绿色通道，有效保障抗疫一线的医疗物资供应。

抗疫期间所采取的“绿色通道”紧急措施，也是中物联医药物流分会以及行业企业所长期呼吁的。中物联医药物流分会开展的“疫情对医药物流行业的影响”调研结果显示，超过 70% 的医药物流企业认为疫情过后，设置“绿色通道”、通行证等政策可以作为未来医药运输常规的交通制度，提高医药物流效率，保证医药服务的可及性、及时性、安全性等。因此，医药物流行业“绿色通道”亟待建立，但是也不可能一蹴而就，需要进行科学设计和规划，还需一定的时间来逐步推动。

六、药品追溯体系亟待出台具体落实措施

截至 2020 年 3 月，药品追溯体系的 10 项标准已全部发布，涉及的对象包括了药品上市许可持有人、生产企业、经营企业、使用单位、消费者等多个关键主体。药品追溯体系的建设主体是药品上市许可持有人，而商业企业和物流企业都需要将药品追溯信息提交给药品上市许可持有人或生产企业。根据国家规定，药品上市许可持有人或企业可以自建追溯体系，也可以委托第三方技术服务机构建设追溯体系。

这就会存在一个问题：行业内会存在很多不同的药品追溯体系，商业企业和物流企业需要与各个上游企业的追溯平台对接，那么必然会出现很多问题，增加了时间成本和仓储成本。从目前来看，各个企业自主建设药品追溯平台，对整个供应链的高效

协同、降本增效来说是不利的。根据中物联医药物流分会调研，59% 的医药物流企业认为国家应出台药品追溯体系的具体落实措施，并且希望能改变各个企业自主建立的方式，变为由国家建立统一的追溯平台。

七、医药应急物流仍处于发展初级阶段

我国医药应急物流体系并不完善，在抗击新冠肺炎疫情时，医药应急物流存在很大的短板。公共卫生事件暴发时，尤其是传染性特别强的疫情暴发时，药品会成为紧急需要的重要物资，若不能及时地送到所需要的地区，人民的生命安全会受到严重威胁。疫情暴发，造成药品需求量巨大，国家在药品应急供应方面会出现被动的情况，而且药品应急供应的物流系统也存在着不足，从而影响到急需的药品不能通过有效的物流及时送达指定区域。

1. 药品储存设施相对简陋

药品储存设施比较简陋，冷藏设备等不足。还有一些需要阴凉库储存的药品（如青霉素）在常温下保存，但是无地脚架或者防虫装置，常因潮湿造成霉变。诸如此类情况的出现，都会造成急需药品时，无法快速清点合格的药品并运输到急需的地点。

2. 法律法规意识仍需加强

虽然我国颁布了《中华人民共和国药品管理法》《中华人民共和国传染病防治法》《药品经营质量管理规范》等法律法规，但是仍有医疗机构心存侥幸，并没有按照法律法规的严格规定储存药品。一旦遇到自然灾害或者疫情，就无法形成有效的物流运输机制，导致灾区病患无法快速得到救治，甚至整个灾区治灾活动存在着致命的医药隐患。

3. 应急物流不计物流运作的成本

危机一旦发生，各级政府会进行及时处理，整个物流运作流程就会非常紧凑，因此保证所需应急医药物资的及时到位，对于危机的处理至关重要。但不计成本的应急物流，存在标准不一、协调性差等问题，而且没有正规化和法制化的保障机制，行动上存在盲目性，会使得整体秩序非常混乱，救援工作效率变低。

我国医药应急物流还处于发展初级阶段，需要现代技术如大数据、物联网、人工智能等应用到医药应急物流的管理、运输规划、选址配送以及决策中。

第六节　我国医药物流发展趋势

2021 年 3 月 11 日，十三届全国人大四次会议表决通过了《中华人民共和国国民经济和社会发展第十四个五年规划和 2035 年远景目标纲要》，规划一经发布，举国热议。在“十四五”期间描绘的宏伟蓝图中，医药物流将会迎来重要发展。

在医疗医药方面，规划中阐述了全面推进健康中国建设的发展方向和重要措施，如完善疫苗、创新药等快速审评审批机制，建立健全统一的国家公共卫生应急物资储备体系，大型公共建筑预设平疫结合改造接口等。在冷链物流方面，强化流通体系对畅通国内大循环的支撑作用，明确提出加快发展冷链物流，统筹物流枢纽设施、骨干线路、区域分拨中心和末端配送节点建设，完善骨干冷链物流基地设施条件，健全县乡村三级物流配送体系。

“十四五”期间医药物流的发展步伐将加快，枢纽节点将更加完善，物流网络将进一步下沉。此外，数字化、绿色发展等高频词在规划中格外亮眼，智慧物流、智慧医疗等热点重点领域会始终贯穿于“十四五”期间乃至 2035 年远景目标中飞速发展。

一、行业监管趋严，优秀企业崭露头角

新修订的《药品管理法》于 2019 年 12 月 1 日起正式实施，明确取消药品 GMP、GSP 认证，一方面简政放权降低了医药生产和物流企业运营成本，有效激发了医药产业活力，利于药品安全与行业创新；另一方面监管部门将随时对执行情况进行检查，在此背景下，医药供应链将面临更为严格的监管。《疫苗管理法》作为我国首部疫苗管理领域的专门法规，明确疫苗在储存、运输全过程中应当处于规定的温度环境，冷链储存、运输应当符合要求，并定时监测、记录温度，规定实行疫苗全程电子追溯制度，整体对医药冷链企业提出了更高的储运要求。在监管趋严的背景下，合规化已成为企业发展的内在需求，合规是企业所有活动的基本原则。法律法规对于医药冷链的要求日益严格，而流通链条的改变对于药品第三方物流企业是利好的消息。对于药品第三

方物流企业而言，不仅要致力于为生产企业解决温控方面的问题，为南北方温度差异、冬夏季温度差异等提出温控质量解决方案，也要为企业本身做到降本增效，提出集约化的运输温控方案，做到精细化、精益化管理。

二、全国性智慧医药物流服务体系逐渐形成

医药物流企业开始逐步构建供应链平台，满足外延式发展的需要。“两票制”的推行使得医药供应链链条缩短，链条节点上的医药生产、医药流通、终端结合更加紧密，规模性生产企业拥有更强优势，部分传统配送企业向供应链服务商转型，产业园区聚集效应更加明显，药品配送效率大大提高，医疗服务水平得到提升，供应链扁平化趋势显著，呈现去中心化。目前，我国医药商业企业基本形成辐射全国、辐射部分省市和辐射单一省市三大梯度。其中，国药集团、上海医药、华润医药、九州通等龙头企业的物流配送网络辐射全国大部分地区。

新的医药环境对医药物流提出新的需求，其中医药物流信息化是未来医药物流发展的主要方向。在“互联网＋”的影响下，医药供应链与互联网深度融合，企业边界被打破，医药供应链资源分割的状况得以改变，信息技术倒逼产业链强化供应链协同，各方资源进一步融合，医药供应链信息互通程度大大加强。全国一张网的智慧医药物流服务体系将会形成。

智慧医药物流主要体现在结合无人车、无人仓等先进技术，打造建立标准化、规范化、技术化的可实现多码并存、来处可查、去处可追、药品信息化可追溯的服务体系。

三、医药冷链物流步入发展快车道

一是我国医药冷链市场体量快速扩大。以疫苗为例，随着大众疾病预防意识的不断提高，疫苗备受青睐，新冠疫苗需求大幅增长，预计带来约26亿~28亿剂的国内市场增量。另外，人口老龄化、慢性病多发等因素也进一步推动医疗需求的不断增长，医药冷链运输作为供应链下游，其市场规模必然会相应增长。二是随着《疫苗管理法》、新修订的《药品管理法》的出台及实施，整个医药行业已进入史上最严的监管时

代，对医药冷链的要求也逐步提高，尤其是随着需要低温储藏的医药产品快速发展，终端对医药温控运输需求越来越大。三是冷链不仅仅是指冷藏或冷冻，温控已越来越获得业内人士的认同。各种药品对储藏、运输温度有严格的要求，加上我国地域广、四季温差较大，为了保证药品的质量安全，未来医药冷链运输的产品范畴有望进一步扩大。

同时，专业的第三方物流企业将会成为冷链物流领域竞争的主体。在当前一系列政策的影响下，医药冷链第三方物流企业通过对各方资源进行整合，开发灵活多样化的物流模式，提供更优的物流成本和解决方案，化解传统医药物流模式下配送散、成本高、时效慢和破损严重等问题，顺应医药营销及供应链升级变革的趋势，满足新形势下的物流服务需求，医药冷链第三方物流企业将会成为未来市场竞争主体。

四、信息化、智能化的技术创新应用为医药物流发展提供新动能

“十四五”规划指出要推动5G在智慧物流、智慧医疗等重点领域开展试点示范；深入推进服务业数字化转型，培育智慧物流等新增长点。当前，医药物流的数字化、智慧化特征已经显现，医药物流中心广泛应用WMS、WCS、DPS、温湿度自动监控系统等管理信息系统，正向作用明显。

发展医药物流的数字化、智能化，一是可实现药品全作业流程可追溯管理，实现全程温控管理；二是将人工智能的技术应用到医药物流作业各个环节，避免人工产生失误，同时降低人工成本、减少人工在恶劣环境中作业带来的健康安全问题；三是能够精准预测药品的供应链需求，设计一站式物流解决方案，成为降本提质增效的科学有效手段。

GIS、GPS、EDI等技术应用于车辆调度管理，可以通过科学决策提高车辆运行效率、监控车辆在途信息、降低运行成本。同时，指纹、声纹、视网膜技术的应用可以保障车辆调度过程的安全。部分企业逐渐创新使用AGV、机器臂拣选、自动化立体仓库、自动穿梭机等自动化物流技术，冷库安装温湿度自动中央控制监测系统，自动实时监测记录温湿度数据，可实现现场蜂鸣报警、远程声光报警、短信报警等预警措施。通过技术手段完成药品运输全过程信息化的跟踪，并通过信息的反馈来维持药品的环境进而保持药效，使得生产、储存和运输过程中更加智能化、更加可控，这是发展中的必经之路。

信息化、智慧化是医药流通企业能否成功扩张、降低管理成本的关键因素，也是更好、更快响应客户需求的基本支持。未来大数据技术、智能分拣系统、自动化物流设备等智慧物流技术的应用，将是医药物流转型升级的主要方向。现代化的智慧信息管理系统的建立，大大降低差错率、提高劳动效率，可以实现企业向自动化、高效化的转型。新技术特别是区块链、大数据、云计算等技术得到研究与应用。区块链技术能够保证供应链中的交易数据不被篡改，有效解决信用数据的安全问题，特别是对于交易全流程能够进行有效记录，可以降低医疗风险。大数据、云计算使医药冷链物流全流程、全环节的数据联网化，数据流不再是线状，而是立体化、多维网络化，可以对融资企业进行风险评价、风险预警等。可以看出，“互联网 + 药品流通”依然是行业发展方向，“互联网 + ”是医药流通行业发展的机会所在。

五、加快构建推动高质量发展的医药物流标准体系

为把握新发展阶段，贯彻新发展理念，服务构建新发展格局，大力实施标准化战略，持续深化标准化工作改革，优化标准治理结构，提升标准国际化水平，加快构建推动高质量发展的标准体系，为“十四五”开好局、起好步提供有力支撑，以优异成绩庆祝建党 100 周年，国家标准化管理委员会于 2021 年 4 月下达了《2021 年全国标准化工作要点》。

一是加快建设推动高质量发展的标准体系，完善流通领域标准规范；二是不断优化国家标准制修订工作程序，引入外部专家评估机制；三是加强对团体标准化工作的引导和规范，推动出台促进团体标准规范优质发展的指导意见；四是常态化开展国家标准实施效果评估工作；五是结合世界标准日等重要活动，加强标准化知识普及和宣传；六是加大国家标准外文版制定力度，促进国家标准及其外文版同步立项、同步制定、同步发布；七是加快标准化人才培养。

医药物流标准化的发展将由浅入深，逐步发展，系统推进。主要措施包括补充空白标准，但立项前期审查会更严格；加大标准推广、评估，提升标准发展质量；加强与政府的沟通；加强与国际沟通，尽快与国际接轨。

随着医药物流标准化基础工作的不断深入，未来医药物流的发展会得到政府部门、协会以及企业的积极响应、大力支持，并达到高效协同。同时，标准的有效使用将会

大幅度地降低医药物流成本、提高医药物流效率，推动医药物流行业的向前发展，对于社会效益与经济效益的提升将会大有裨益。

六、医药应急物流服务体系建设进一步加强

1. 利用大数据、物联网、人工智能等技术实现药品仓储应急物流信息化

利用大数据与人工智能等技术，实现对药品储存情况实时监督，保障药品储存质量并进行大规模科学合理储存。同时可扩展到所需要的医疗器械、医疗耗材等相关产品，实现基于供应链的协调库存管理，在需要医药物资时能及时调度。充分利用现代应急物流技术建设好信息预警平台，提前做好供应链的控制，在经济全球化中利用好国内和国外两个市场，做好医药物资的供应，准确、及时、灵活地响应需求，确保能运用不同交通运输方式及时把医药物资运输到疫区。

2. 完善优化医药物流中心的功能

通过完善优化医药物流中心的功能，及时发布信息、及时沟通、协同各方。现代医药物流中心连接了制药厂、药店和医院等单位，其主要物流对象是药品、医疗器械等，主要功能是提供配送服务，疫情期间可以协同作战，特别是当物资供应不足时，各方的协同可以起到事半功倍的作用。

3. 做好医药应急物流和资金流一致性动态控制

在传统的跟踪管理时，资金和实物是两本独立的账，没有有效对接与沟通，且经常出现数据对不上的情况，这也使得医药应急物流信息和资金流信息远远落后于生产管理的需要，时间也会被耽误。如果能够在一个信息平台上实现统一，做好医药应急物流和资金流一致性动态控制，不仅能够节约时间，而且有利于处理好人们踊跃捐赠的财物。

4. 提高医药应急物流的反脆弱性

反脆弱性就是企业需要及时总结经验，提前做好规划，防患于未然。要总结各种传染病应对经验，提前预防，提前提升医药应急物流的应对能力。如事先调查好当地城市人口规模、医院数量、药品储备等情况，完善医药应急配备设施。同时宣传教导市民日常储存一些医用防护物资，如口罩等，避免在没有应急物品时出现大规模哄抢的情况。

七、医药物流迈向绿色低碳新发展

制订碳排放达峰行动方案，努力争取在2060年以前实现碳中和等一系列部署，指出推动能源清洁低碳安全高效利用，深入推进工业、建筑、交通等领域低碳转型。加大甲烷、氢氟碳化物、全氟化碳等其他温室气体控制力度。实现碳达峰、碳中和是一场广泛深刻的经济社会系统性变革，碳达峰、碳中和目标正在引导经济大势和产业走向。

医药物流装备设备未来的建设应选择绿色环保的保温材料、建筑材料，制冷机组的研发设计也应从如何降低能耗、节能减排的角度考虑，对真空绝热技术、冷桥控制的科学设计、制冷技术、相变储能材料技术、压缩机技术、库内格局设计等方面提出了更高要求。未来移动式冷库、共享式冷库等新模式也值得业内去探索。

第四章

新冠疫苗，冷链不“冷”

第一节　我国新冠疫苗市场现状

2020 年 2 月 1 日，由国药集团中国生物作为牵头单位，获得中华人民共和国科学技术部国家重点研发计划“2019 – nCoV 灭活疫苗”项目紧急立项。根据国家卫生健康委发布的数据，截至 2021 年 3 月 19 日，我国已有 5 个生产企业的新冠疫苗附条件批准上市或紧急使用。其中，附条件批准上市的有 3 个灭活疫苗和 1 个腺病毒载体疫苗；此外，还有 1 个重组新冠疫苗（CHO 细胞）获批紧急使用。我国新冠疫苗获批情况如表4 – 1所示。

表 4 – 1　　我国新冠疫苗获批情况

批准日期	生产企业	疫苗名称
2020. 12. 30	国药集团中国生物北京生物制品研究所有限责任公司	新型冠状病毒灭活疫苗（Vero 细胞）
2021. 2. 5	北京科兴中维生物技术有限公司	新型冠状病毒灭活疫苗（Vero 细胞）
2021. 2. 25	康希诺生物股份公司	重组新型冠状病毒疫苗（5 型腺病毒载体）
2021. 2. 25	国药集团中国生物武汉生物制品研究所有限责任公司	新型冠状病毒灭活疫苗（Vero 细胞）
2021. 3. 19	中国科学院微生物研究所和安徽智飞龙科马生物制药有限公司联合研发	重组新型冠状病毒疫苗（CHO 细胞）

注：本表统计截止时间为 2020 年 5 月 20 日。

为指导我国新冠疫苗的临床研发，提供可参考的技术标准，在国家药品监督管理局的部署下，药审中心组织制定了《新型冠状病毒预防用疫苗研发技术指导原则（试行）》《新型冠状病毒预防用 mRNA 疫苗药学研究技术指导原则（试行）》《新型冠状病毒预防用疫苗非临床有效性研究与评价技术要点（试行）》《新型冠状病毒预防用疫苗临床研究技术指导原则（试行）》《新型冠状病毒预防用疫苗临床评价指导原则（试行）》。

国务院联防联控机制科研攻关组疫苗研发专班工作组组长、国家卫生健康委医药卫生科技发展研究中心主任郑忠伟，在博鳌亚洲论坛2021年年会举办的“新冠疫苗的供应与可及性”分论坛上表示，得益于较早的战略决策、制度优势以及创新组织管理，目前中国新冠疫苗全年产能接近50亿剂，预计2021年产量超过30亿剂，在下半年将逐步实现。

公开材料显示，预期2021年年底，有望实现60%的接种率；2022年年初，有望实现70%～80%的接种率，实现约11亿人次接种。

第二节　全球新冠疫苗市场格局

世界卫生组织在2021年5月7日宣布，由国药集团中国生物北京生物制品研究所有限公司研发的新冠灭活疫苗正式通过世界卫生组织紧急使用认证，成为第6种获得世界卫生组织安全性、有效性和质量验证的新冠疫苗。此前，世界卫生组织已向5种新冠疫苗颁发紧急使用认证，分别是美国辉瑞制药有限公司和德国生物新技术公司联合研发的新冠疫苗、英国阿斯利康制药公司和牛津大学联合研发的两个版本阿斯利康疫苗、美国强生公司旗下杨森制药公司研发的新冠疫苗、美国莫德纳公司研发的新冠疫苗。

美国、欧盟等发达国家和地区大多接种辉瑞和莫德纳的mRNA疫苗，发展中国家（智利、巴西等）还有“一带一路”倡议的参与国现阶段用的大部分是科兴生物、国药集团、康希诺的灭活疫苗和腺病毒载体疫苗。国内沃森和艾博的mRNA国产新冠疫苗目前进入三期临床。

目前全球新冠疫苗的订购量已经超过了100亿剂。其中，英国和美国所接到的订单数量都超过了20亿剂，俄罗斯则接到了12亿剂的订单，中国接到了5亿剂的订单。国药集团中国生物的新冠疫苗已在阿联酋、中国、巴林、玻利维亚、塞舌尔5个国家获批注册上市，在57个国家和地区批准使用，有100多个国家提出采购需求。部分全球新冠疫苗上市情况如表4－2所示。

表 4－2　　部分全球新冠疫苗上市情况

国家	研发机构	疫苗种类	有效率	审批进度	用量	保存条件	产能
美国/德国	Pfizer（辉瑞）－BioNTech	mRNA 疫苗	95.0%	英国、加拿大等使用；欧盟、美国等紧急使用	2 剂	－70℃保存	年产 20 亿剂
美国	Moderna（莫德纳）	mRNA 疫苗	94.5%	加拿大使用；美国紧急使用	2 剂	冷藏（2℃～8℃）可保存 30 天；冷冻（－20℃）可保存 6 个月	年产 7 亿～10 亿剂
英国/瑞典	牛津大学－阿斯利康	腺病毒载体疫苗	70.4%	英国、印度紧急使用	2 剂	冷藏可保存至少 6 个月	年产 30 亿剂
俄罗斯	Gamaleya	腺病毒载体疫苗	91.4%	俄罗斯早期使用；白俄罗斯和阿根廷紧急使用	2 剂	冷库保存	年产 5 亿剂
中国	康希诺	腺病毒载体疫苗	65.7%	中国有限使用	1 剂	冷藏（2℃～8℃）	2021 年超过 2 亿剂，2022 年超过 5 亿剂
美国	Johnson－Johnson（强生）	腺病毒载体疫苗	66.0%	美国使用	1/2 剂	冷冻（－20℃）可保存 2 年；冷藏（2℃～8℃）可保存 3 个月	年产 10 亿剂
美国	Novavax	亚单位疫苗	89.3%	美国使用	2 剂	冷藏保存	年产 27.5 亿剂
中国	科兴生物	灭活疫苗	50%～91%	中国紧急使用	2 剂	冷藏保存	年产 20 亿剂
中国	国药集团	灭活疫苗	86.0%	阿联酋、巴林、中国等批准使用	2 剂	冷藏保存	2022 年达 30 亿剂

注：本表统计截止时间为 2020 年 5 月 20 日，根据公开资料整理。

截至 2021 年 4 月 10 日，根据世界卫生组织统计，全球接种了 7 亿剂新冠疫苗，全球 220 个国家和经济体中，有 194 个已经开始接种新冠疫苗，有 26 个尚未开始接种。以色列以 61.3% 的接种率排在第一，英国第二，为 47%，后续分别为智利 38.1%、美国 34.2% 和巴林 32.8%，中国因为人口众多，接种率仅为 11.8%。据法新社 2 月 20 日报道，以美国、加拿大、英国为代表的G7集团国家，接种了约全球45%的疫苗，人口总数约为全球的10%。从平均接种率来看，高收入国家的第一剂疫苗平均接种率达到8.3%，中等收入国家的第一剂疫苗平均接种率为2.1%。而低收入国家中，确诊人数较多的阿富汗、埃塞俄比亚和几内亚等国，目前甚至还未公布疫苗接种的数据。

第三节　新冠疫苗国内冷链物流运力保障分析

不同技术路线的新冠疫苗在运输中对温度的要求不同，国内研发的新冠灭活疫苗运输温度要求为2℃~8℃，相对于国外的mRNA疫苗更容易保存运输，在疫苗全球范围转运分发的需求下，尤其对于一些冷链基础设施能力较弱的发展中国家或地区，我国新冠疫苗的优势不言而喻。

根据中检院公开疫苗批签发量数据来看，近年来我国每年疫苗批签发总数平均为6亿剂左右。随着新冠疫苗的集中上市，预计带来约26亿~28亿剂的国内市场增量，是当前疫苗市场平均数量的4倍，对于国内疫苗冷链物流体系的适应性、满足度提出更高要求，同时巨大的市场增量也为疫苗冷链物流的发展带来机遇。从以下几个方面来看，当前国内的冷链体系可以满足增量需求。

一、疫苗冷链基础设施建设持续加强

1. 国家政策支持疫苗冷链物流能力建设

2020年7月，《财政部 国家卫生健康委 国家中医药局关于下达2020年公共卫生体系建设和重大疫情防控救治体系建设补助资金预算的通知》（财社〔2020〕99号）中，明确要加强疫苗冷链物流能力建设。在此文件中，提出资金预算支持和设施设备数量要求，备受关注的疫苗冷链物流体系建设将会迎来转折性改变；冷链能力建设工作任务表中明确冷库、冷藏车、冷藏箱、医用冰箱、温度监控、扫描枪等设备的数量要求，在国家支持下，物流企业能获得更多发展机会。

2. 企业加强疫苗冷链物流基础设施投资

据不完全统计，截至2020年年底，我国医药冷藏库面积为88.66万平方米，同比

增长约10%；2020年我国医药冷链自有冷藏车10671辆，同比增长31%。此外，针对我国新冠疫苗冷链物流保障能力的问题，国家发展改革委、交通运输部、工业和信息化部等部委高度关注。在各部委指导下，自2020年9月起，分会对部分会员企业展开调研，调研结果显示如下。

约60%的企业计划在2021年新增冷藏库，其余企业表示会根据具体业务发展情况再对冷库进行扩容扩建；约70%的企业计划在2021年新增冷藏车，其余企业表示会根据具体业务发展情况再新增冷藏车。被调研的冷藏箱生产企业表示当前的产能是根据目前订单需求而设计的，如果订单需求增加，可及时调整扩大产能，提升产量；国内已有生产超低温冷藏箱成熟企业，例如澳柯玛、中科都菱、中科美菱、海尔等，可满足深冷环境下的疫苗运输需求。

二、医药冷链第三方物流模式日趋成熟

1. 专业的第三方物流企业规模显现

自从2016年放开审批限制，第三方物流企业只要符合标准就可进入医药配送。作为物流业务中的高端场景，医药物流利润率及稳定性都高于普通物流。在政策和万亿市场规模的双轮驱动下，越来越多的第三方物流企业正参与进来并希望借势崛起。医药物流领域从之前国药集团、上海医药、华润医药、九州通到现如今京东、顺丰、华人供应链等第三方物流企业全面入局后呈现百花齐放的局面。其中，既有华人供应链、华欣、中集冷云、山东大舜、上海康展等专业的医药冷链第三方物流企业，也有顺丰、京东、邮政速递等大型社会物流企业。

此外，德邦、安能等传统物流的头部企业实际上也已涉入此业务领域多年，并取得了一定的业务规模，但其专业的医药物流的产品服务能力有待进一步提升。

2. 医药冷链运输模式成熟

国内疫苗冷链运输以“公路为主，航空为辅”。经过多年发展，公路运输模式成熟，也是符合疫苗冷链运输特点的主流运输方式，而航空运输受制于成本高、环节多、“最后一公里”难度大等问题，只能作为公路运输模式的补充，适用于紧急临时重要的疫苗需求。

根据中物联医药物流分会调研，主营城配业务的车辆月度实际运营约8000公里，

主营干线业务的车辆月度实际运营约15000公里。当前全国冷藏车改装厂产能约5万台/年，产能可以根据需求进一步扩大，整体运力能够满足疫苗冷链运输需求。

三、行业协会引导企业标准规范运输

中国物流与采购联合会牵头组织制修订的国家标准《药品冷链物流运作规范》于2012年11月发布，同年12月实施。截至目前，共开展14批试点企业工作，448家成功入选；共开展9批达标企业工作，121家企业成功入选；共开展3批示范企业工作，22家企业成功入选。随着此项标准的推行，行业企业在药品冷链、疫苗储运服务方面的能力大大提升，有效确保了冷链药品的储运安全。各地药监飞检、招投标也将此规范列为重要参考条件。

综上可见，在国家监管、行业引导、企业自律的有效支撑下，国内疫苗冷链物流体系成熟度较高。

四、医药冷链行业营商环境展露“好风貌”

面对新冠肺炎疫情冲击，国家相关部委及时推出一系列保通保畅、援企稳岗、复工复产政策，如联合印发《新冠病毒疫苗货物道路运输技术指南》，免收新冠疫苗公路运输车辆通行费，推动降低医药冷链物流成本。

《新冠病毒疫苗货物道路运输技术指南》在技术层面上对相关主体给予了全链条、全要素的指导，对于确保疫苗货物道路运输安全可靠，保障新冠疫苗的有效供应，具有重要意义。其综合参考多项专业规范文件及行业意见，并涵盖终端供给道路运输全过程，构建了上下游联动运行体系，常规及应急场景全覆盖，明确全过程综合信息记录、操作前的预检查工作不遗漏，从而保障疫苗高效运输。

五、新冠疫苗冷藏车一次性装载运能分析

在2021年交通运输部发布的第一批新冠疫苗道路运输重点联系企业中，50%以上的企业为专业的第三方医药冷链企业。新冠疫苗道路运输重点联系企业如表4－3所示。

表4－3　　新冠疫苗道路运输重点联系企业

序号	企业名称
1	国药集团医药物流有限公司
2	国药集团泉州有限公司
3	国药集团扬州有限公司
4	国药集团新疆新特药业有限公司
5	中外运冷链物流有限公司
6	中集冷云（北京）供应链管理有限公司
7	华润医药商业集团有限公司
8	九州通医药集团物流有限公司
9	顺丰医药供应链有限公司
10	希杰荣庆物流供应链有限公司
11	北京德利得物流有限公司
12	北京华欣物流有限公司
13	北京京邦达贸易有限公司
14	北京盛世华人供应链管理有限公司
15	北京钥途冷运物流有限公司
16	天津大田运输服务有限公司
17	天津予联达冷链包装技术有限公司
18	上海康展物流有限公司
19	上海生生物流有限公司
20	上海医药物流中心有限公司
21	浙江英特物流有限公司
22	华东医药供应链管理（杭州）有限公司
23	安徽都京云康医药有限公司
24	山东大舜医药物流有限公司
25	瑞康医药（山东）有限公司
26	广州医药股份有限公司
27	陕西天士力医药物流有限公司
28	重庆医药集团和平物流有限公司

关于28家新冠疫苗道路运输重点联系企业的运输保障能力，中物联医药物流分会对

其中21家企业进行了调研，针对企业运力结构、运输能力进行了进一步分析，结果如下。

1. 运力结构

根据疫苗运输业务类型，干线运输主要为4.2m以上冷藏车型及部分4.2m冷藏车型；支线运输（区域内城配业务）主要为4.2m以下冷藏车型及部分4.2m冷藏车型，因此，本次分析将车辆运力结构以4.2m冷藏车为划分依据。

截至2021年3月4日，21家企业共有用于新冠疫苗运输的冷藏车1399辆，其中：4.2m以下冷藏车车型占比约9%；4.2m冷藏车车型占比约52%；4.2m以上冷藏车车型（主要为5.2m、6.8m、7.6m、9.6m）占比约39%，其中干线业务中使用率较高的6.8m、7.6m等冷藏车车型占比约20%。

2. 运输能力

（1）根据不同车辆类型，部分重点车型实际有效利用容量如下：依维柯冷藏车约4～5m^3，4.2m冷藏车约12m^3，7.6m冷藏车约30m^3，9.6m冷藏车约37m^3。

（2）根据调研，不同生产企业新冠疫苗包装规格各不相同，差异较大。以此测算装载量也会产生较大差异。以200剂规格的包装尺寸测算21家企业各重点车型一次性装载能力，估算可实现约6500万剂新冠疫苗的运输。

3. 重要说明

（1）若按1200剂规格的包装尺寸测算，装载能力更大。

（2）新冠疫苗运输高峰所需运能与运输模式有关，第一种模式是疫苗从生产厂家运到各省（直辖市、自治区）疾控中心，再由各省（直辖市、自治区）运到县级疾控中心或接种点，第二种模式是疫苗从生产厂家直接运到县级疾控或接种点。两种运输模式所需车型及数量差异较大。据调研，目前4.2m以下冷藏车数量相对较少，根据实际情况，对于疫苗城配短途业务宜考虑以4.2m车型搭配开展，或各省域对4.2m以下车型统一调配。

鉴于末端配送“量小、频次高、分布散”的特点，末端配送可考虑“普通车辆+冷藏箱”的运输方式作为补充，以满足新冠疫苗运输需求。

同时，据21家企业反馈，约有60%的企业已制订2021年相关设施设备的采购计划，预计整体冷链运输能力还将大幅度提升。此外，在满足新冠疫苗运输标准的情况下，若考虑将2021年全社会约10000辆医药冷藏车中部分运力转为新冠疫苗运输使用，会进一步扩大运能，高峰期保障能力更强。

第四节　疫苗领域的医药冷链技术应用路径及发展趋势

一、医药冷链技术的现状与特点

（一）国内医药冷链技术的现状

医药冷链技术对于有效保障货物从供应端到消费端的质量至关重要，该环节温度控制的效果是决定全程冷链能否有效执行的关键。因此，加强提升冷链运输过程的技术是实现我国冷链运输产业由弱到强跨越式发展的重要抓手。但我国医药冷链技术整体覆盖率和技术先进性相较于西方发达国家的发展水平仍有较大差距。

1. 医药冷链物流新技术及装备不断涌现

要保证药品始终处于低温环境，冷链物流的设备设施必不可少，医药冷链物流的硬件水平可通过冷藏车等设备保有量增长的数据衡量。根据有关数据统计，在疫情之后，生鲜电商和医药冷链等需求不断增加，冷链物流行业迅速拓展，作为冷链物流的核心设备——冷藏车，其市场销量规模也随之扩大。

2. 冷链物流标准逐步完善

医药冷链物流行业发展逐渐规范化。自 2009 年《医药生物冷链物流运作规范》《医药物流服务规范》等 5 项冷链国家标准获批立项，新医改已实行推进 12 年，多年来一直不断修订。2019 年 8 月 30 日发布了 GB/T 24616—2019《冷藏、冷冻食品物流包装、标志、运输和储存》；该标准于 2020 年 3 月 1 日起实施，对于冷藏、冷冻食品在运输过程中使用的车辆和设备做了具体要求。2019 年 5 月 21 日，全国道路运输标准化技术委员会颁布了《冷藏保温车选型技术要求（征求意见稿）》，该标准规定了冷藏保温车辆的分类、整车要求、车厢要求、专用配置要求、车辆选型与车体标识要求，适用于道路运输冷藏车辆的选用。

（二）医药冷链技术应用的特点和制约因素

医药冷链技术应用的特点主要是目前行业中的应用技术落后、覆盖面少、使用程度不高，行业内大小医药冷链物流企业的冷链技术水平参差不齐，总体来说还未形成一种技术规范与标准，现今医药冷链行业发展迅速，国家及监管部门的要求越来越高，通过完善的冷链技术来规避冷链的风险，提高冷链运作效率和服务水平是一个趋势。

其主要制约因素有以下5点。

（1）国内针对冷链新技术的研发能力薄弱，如制冷技术研发、新型材料的研发等。

（2）运输技术及装备有待进一步改进。目前我国冷藏车制冷方式单一，在新结构、新材料、通风、悬挂、物品固定装置、质量水平等方面还有待提升。在运输过程中依然有冷藏车没有实时监控车内温度数据，进而无法判断药品是否变质。新能源冷藏车的成本较高、车型少、电池技术落后，冷藏车制冷机的耗电量约为1kW·h/km，消耗的是车体电池电量，降低了整车的续航里程，且电池受天气因素的影响较大，在极寒或者极热的天气下使用受限。保温箱与回收式冰袋是我国大多数医药企业冷链物流的工具，有一些企业甚至采用非专业保温箱（如普通泡沫箱），或采用冰块代替专用冰袋。冷链配送的单一、非专业性，会阻碍医药冷链物流水平的提升。

（3）医药冷链物流的信息化程度滞后。我国医药冷链物流各环节中，医药企业、批发商、零售商、药品冷库、医院药房、防疫站药房、卫生所药房等处的计算机之间信息共享仍存在断点。由于面临一些技术问题，某些物流公司在出货和进货时，采用人工测量记录温度，温控数据出现中断。因此，联网实现全程实时温度监测与控制，是将来医药企业在冷链物流管理工作中需要攻克的重点和难点之一。

（4）冷链技术创新意识不强，服务质量不尽如人意，在一定程度上制约了冷链技术的发展。

（5）大多数冷链技术及解决方案没有针对某个节点，全程冷链的方案和整合能力欠缺，针对行业细分的程度化比较低。

二、疫苗领域的医药冷链技术应用路径

（一）三大序列的核心技术研发创新突破方向及分析

当前，冷链市场主要存在以下问题：一是成本不断上涨，人工成本、设备成本等在上涨，企业利润却在逐步下降；二是客户自身对企业的服务要求越来越高，包括对

服务标准规范化、技术、末端配送服务质量、全程可视化等要求不断提升。而要解决这些问题，技术创新成为不可或缺的“王牌”手段。

1. 冷库的优化及创新

众所周知，自动化设备在普通仓库的应用已经比较广泛了，但在冷链物流中的应用还比较少。目前，大多数企业还是采用人工装卸货、人工拣选等运作模式，但往往会出现两个问题：第一，运营出错率较高；第二，冷库环境恶劣，长时间对员工身体会有损害。这就要求我们在技术上不断创新，让智能化、无人化普及到冷库应用中。

2. 冷藏车的优化及创新

医药冷藏车是冷链运输环节中最重要的部分。用于疫苗配送的冷藏车，对底盘、冷机及厢体三部分品质及服务要求更高，尤其是冷机，作为厢体冷量/热量的输入设备，一旦发生故障，将直接影响疫苗的安全性及有效性，甚至可能影响健康；同时，厢体作为疫苗的配送载体，因受组成材料及生产工艺的限制，其保温性能逐渐递减，同时还存在自身重、密封性能差、环保性差、易产生二次污染等问题。行业企业针对这些问题进行了积极探索，例如九州通针对冷藏车的整体配置，底盘方面选用客户认可度较大的国内知名品牌，同时要求其满足硬性的服务质量，以此来降低底盘使用过程中的故障问题和维保问题；冷机则采用两套冷机配置，其中一台为备用冷机，用以解决主用冷机出现问题后的厢体冷量维持问题；厢体采用国际先进开式发泡工艺，具有高保温、高环保、高强度等特点。除此之外，厢内至少配备两套不同品牌的温度记录仪，用以对厢内温度进行真实有效的监测。同时，在医药冷链运输过程中，药品特别是疫苗类产品体量往往达不到整车的装载率，造成厢体空间浪费。国内已有企业研发了可蓄冷式新型冷藏车及便携式空间可调式双温区冷藏车等多功能冷藏车，以保证药品质量及降低运作成本，具体见图 4 – 1 和图 4 – 2。

3. 保温箱的优化及创新

随着医药行业变革，医药行业的配送场景也越来越复杂，客户订单需求碎片化、交付场景多样化，临时需求也不断增加，因此对保温箱的需求越来越大，而保温箱也面临着技术升级的要求。目前均采用蓄冷剂和保温箱进行配送，此模式下蓄冷剂的预处理时间较长、操作复杂，并且容易出现超温现象，不易把控。因此行业企业在不断优化蓄冷剂和保温箱结合的配送模式的同时，还大力发展主动制冷冷藏箱，尽快解决客户的问题。

图4－1　可蓄冷式新型冷藏车

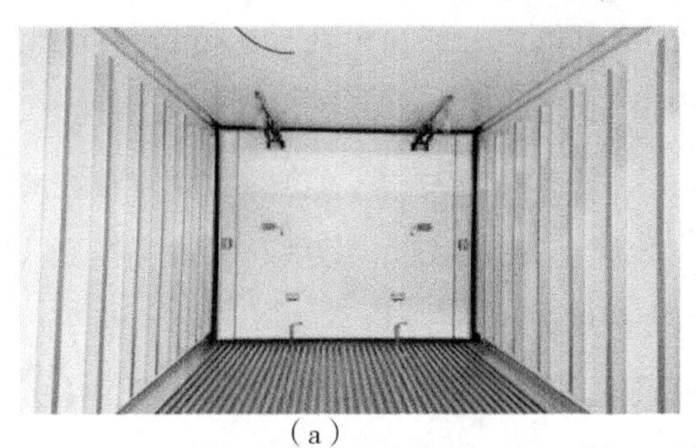

（a）

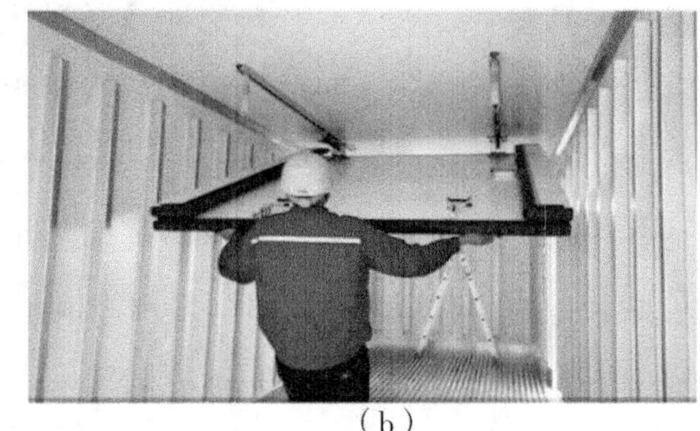

（b）

图4－2　便携式空间可调式双温区冷藏车

（二）医药冷链供应链平台的核心功能

随着医药冷链物流行业规定的逐步完整，国家对于医药冷链物流监管把控力度的加大，客户对于医药冷链物流需求层面变高，企业墨守成规、静待被动改革将会被市场淘汰。

因此医药冷链企业将干线网、仓储网、配送网、信息网四位一体，集成全国范围内端到端的物流信息，局域共享物流需求，打造科技型、网络型、生态型的医药冷链与供应链平台。

（三）疫苗领域的技术要求应用路径

疫苗的储存、运输等设施设备的技术要求包括以下几点。

（1）用于疫苗储存的冷库容积应当与储存需求相适应，应当配有自动监测、调控、记录温度状况的设备，配有备用冷机、备用发电机组或安装双回路电路。

（2）冷藏车能自动调控、显示和记录温度状况。

（3）应当选用具备医疗器械注册证的医用冰箱。

（4）冷藏车、冰箱、冷藏箱（包）在储存、运输疫苗前应当达到相应的温度要求。

（5）自动温度监测用温度计的温度测量精度要求在±1℃范围内。

（四）疫苗细分市场的相应举措

企业在进行疫苗储存、运输时，要低温保存疫苗并快速将疫苗运送到目的地，因此要考虑其储存、运输过程中所使用的设施设备的安全及应急预案。业内企业积极应对，制订相应解决方案。例如九州通针对疫苗配送，特别对自身的软、硬件进行了升级换代，主要表现在以下几个方面。

（1）冷库采用双回路供电系统或备用发电组、备用制冷系统、备用冷库等。

（2）冷藏车采用双制冷机组、双层保温门帘。

（3）疫苗转运采用充气式门封、对接仓等设备。

（4）疫苗配送采用冷藏车和保温箱共同配送。

（5）疫苗温度数据全程可追溯、疫苗冷藏车位置全程可追溯、厢内疫苗状态全程影像可追溯、疫苗配送司机状态全程可追溯等。

三、区块链技术在医药冷链物流中的应用探讨

医药冷链物流的溯源受限于系统服务器、数据库等中心化单元的存在，容易受到数据篡改或恶意攻击，很难完全保证数据信息的准确性与真实性，使得药品追溯失去意义。区块链是比特币的底层技术，因其去中心化、有时间戳、防篡改等优点获得了包括物流业在内的各行业的积极研究与应用，可以有效解决传统中心化溯源方法的各类问题，防止了数据攻击与恶意篡改的行为。区块链技术和医药冷链物流相结合，有望重塑医药冷链物流新模式，提高人们用药的安全性。区块链技术在医药冷链物流中的具体应用会产生以下优势。

一是降本增效。区块链独有的去中心化和防篡改特性给企业营造了一个公平公正的交易环境，降低了人为操控带来的虚假成本、合作伙伴之间的协同成本以及监管部

门的审查成本，大大提高了企业的运营效率，有效解决了物流成本居高不下、企业利润空间压缩的问题。

二是便于追踪。追责难是造成现今药品安全事件的主要因素之一。区块链技术能有效记录从药品原材料采购到最终用户交付的全过程，且记录的数据真实可靠，对温湿度有特殊要求的药品数据也能完整保存。这保证了流通过程中交接数据的可查性，一旦发生问题，可及时根据存储的信息找出问题节点。

三是加强信任。区块链采用的是分布式记账网络，多方共同维护同一个账本，参与的节点越多，维护的账本数据就越庞大，且区块链具有不可篡改的特性，这样的运作模式能给消费者带来更多的数据信任。此外，区块链的追溯体系也有助于企业进行信用贷款，增强企业与银行之间的信任度。

四是防止伪造。利用区块链技术能有效解决医药冷链物流溯源的伪造问题。传统模式下，一些企业为了自身利益修改某个节点上的数据。利用区块链技术的不可篡改和可追溯性，有助于实现“一物一码”的可追踪体系，防止数据伪造篡改现象的发生。

四、未来医药冷链技术的发展趋势浅析

（一）制冷系统的发展重点

目前行业内的制冷系统较为成熟，后续可从以下几个方向进行优化改进。

（1）循环工质对环境友好。

（2）制冷系统节能，追求最高能效比。

（3）设备集成轻量化、结构简单化、噪声最低化。

（4）控制智能化，自动运转和精细调节。

（5）开发深低温制冷系统和设备。

（6）克服跨临界 CO_2 系统安全性问题。

（7）推广普及低成本设备。

（二）包材系统的发展方向

1. 延长保温时效，精准控制温度范围

不同的药品有不同的温度区间，需要严格控制。如何使保温箱保温时间更长，并

且为不同的商品提供适合的温度范围，成为企业对保温箱的重要要求，这也是保温箱技术发展的重点。目前，行业正通过试验寻求保温性能较高的保温材料，调节保温材料的厚度、密度及构造。

2. 绿色环保，减少包装污染

在电商的快速发展背景下，海量的包装带来的环境压力正成为大众关注的焦点，对于保温箱而言同样面临这方面的问题。为了更加绿色环保，医药冷链物流领域也在积极寻找更加环保的保温箱材料，并且将一次性使用的保温箱升级为可周转保温箱。

3. 改变外形，减少空间占用

目前使用可周转保温箱成为行业的趋势，但其回收和储存就面临新的问题——占用储存空间及运输空间，这些都是直接与物流成本息息相关的。为此，企业对可周转保温箱的外形设计进行了调整，使其可折叠、可套装，从而减少空间占用。

4. 打造智能保温箱，实时可追溯

随着大数据时代的到来，利用“互联网＋”大数据思维发展已经成为物流行业共识，保温箱也越来越智能化。

5. 更多规格，满足多种冷链运输需求

目前部分医药冷链企业在小批量冷链运输方面正身处困境：采用普通保温箱运输，单箱装载量有限，运输成本过高；采用冷藏车包车成本太高，拼车运输时限受到制约。因此可以针对医药冷链企业自身的配送情况分析，定制采购多种规格保温箱，以满足多种冷链运输需求。

（三）温湿度传输感应系统的发展诉求

温湿度传感器是一种装有湿敏和热敏元件，能够用来测量温度和湿度，有的带现场显示，有的不带现场显示。温湿度传感器可分为模拟量型温湿度传感器、485 型温湿度传感器和网络型温湿度传感器。医药冷链物流常用的为网络型温湿度传感器，它可采集温湿度数据并通过以太网/Wi－Fi/GPRS 上传到服务器。温湿度传输感应系统目前正朝着高精度、高速度、高辨别力、多功能、总线标准化、高确定性等高科技的方向快速发展。

（四）信息化平台的功能发展

随着 5G 时代的全面普及推广，单一的数据结算以及大数据分析就稍显乏力，解决不了全方位物流节点的运营、管控、预测、调整、结算、处理等多个操作难题，特别是客户的高效配送要求与运营成本控制产生冲突，造成客户需求不能直接满足，需要多点多位的人工转换，在增加成本的同时，监管力度还需加大掌控。

1. 数据矩阵分析、将运维数据进行数据统筹运算

（1）可计算出订单配送路线时效率（依据订单配送路线轨迹），然后经过智能预测、精准布局，可实现零担运输以及部分路线的整车自动排车功能。

（2）将订单信息品规统计核算，计算并量化出品规的运作规律，生成运营报表并指导仓储多年未出库的品规的处理（一盘货管理，达到库存最优）。

（3）淡季、旺季数据统计。根据多年的销售数据，合理进行预测分析，将每天配送的高峰期以及相应的低潮期数据化展示。

2. 智能运输管理、运输数据分析

（1）质量成本透明可视（油费、工资、时间）。

（2）环境因素准确输入、路线机器人学习、智能路线规划、智能车辆匹配。

（3）多维度智能预警，车辆问题应急处理。

（4）交货时长分析、司机能力分析、路线难度分析。

3. 人才培训管理

（1）课程培训、专业分岗、技能考核。

（2）线上教程、线下指导。

（3）要点分析、报告生成。

4. 物流信息共享

（1）建立四方信息平台。

（2）冷链货位资源发布、招商引荐。

（3）线上洽谈、合同定版、资源查询、合同签订。

随着国家医改的深入推进、“两票制”的进一步推行以及各省份医药冷链物流相关政策的实行，医药冷链物流市场不断扩大。通过对目前医药冷链物流现状的分析，预测医药冷链物流未来的发展趋势，提高我国医药冷链物流行业整体的服务水平。

第五章

前沿热点，深入探析

第一节　医药产业园区发展现状及分析

一、我国医药产业园区概况

生物医药产业高技术、高投入、高风险、高附加值、长周期、多学科交叉的特点，决定了其聚集化发展的特性。以园区的形式聚集，可帮助生物医药企业快速获取技术、资金、人才等资源，从而促进其成长。世界各国均高度重视生物医药园区（即生物医药产业园区）的发展，并形成了诸多生物医药集聚区。生物医药园区凭借其在产业聚集方面的独特优势，在汇聚技术、资本、人才资源，促进成果转移转化等方面发挥着不可替代的重要作用，并逐步成为我国生物医药产业发展的重要依托。生物医药产业园区发展历程国内外对比如表 5－1 所示。

表 5－1　生物医药产业园区发展历程国内外对比

时间	全球发展历程	我国发展历程
20 世纪 60 年代	美国主流高校设立生物研究机构，生物医药产业由此在美国兴起	—
20 世纪 70 年代	建立美国北卡三角研究园，也是世界上第一个生物医药园区	—
20 世纪 90 年代	以美国为引领的生物医药园区运作模式逐步成熟；亚洲等生物医药产业开始起步	1991 年开始批准建立国家高新技术产业开发区，生物医药产业园区伴随国家高新技术产业开发区而生
21 世纪 10 年代	世界范围内的生物医药园区蓬勃发展；亚洲生物医药产业园区加速发展，2004 年成立的日本彩都生命科学园和新加坡启奥生命科学园逐渐壮大	国家发展改革委“十一五”期间，分批建设了 22 个国家生物产业基地，生物医药产业集聚效应开始显现

续　表

时间	全球发展历程	我国发展历程
近年来	生物医药产业园区已经形成了美国第一、欧洲第二、亚洲第三的全球分布格局	形成了包括长三角地区、珠三角地区、环渤海地区在内的产业集聚区；北京中关村生命科学园、上海张江药谷、苏州生物医药产业园、武汉光谷生物城、广州国际生物岛和成都天府生命科技园等成为代表

我国生物医药产业园区伴随国家高新技术产业开发区而生。2009 年，泰州国家医药高新技术产业开发区成立，成为我国首个国家级医药高新区。截至 2019 年年底全国共有 168 家国家级高新区和 219 家国家级经开区，共计 387 个国家级产业园区，其中有 193 家将生物医药产业作为重点发展方向，占比高达 49.87%。形成了包括长三角地区、珠三角地区、环渤海地区在内的产业集聚区。此外，中部地区的河南、湖北，西部地区的四川、重庆也呈现出良好的产业基础。从产业园区分布情况来看，我国生物医药产业园区主要集中分布在长三角地区、环渤海地区和珠三角地区。其中珠三角和长三角两个地区园区数量总和占比近六成。国内国家级生物医药产业园区数量占比情况如图5－1 所示，2020 年生物医药产业百强园区区域分布情况如图 5－2 所示。

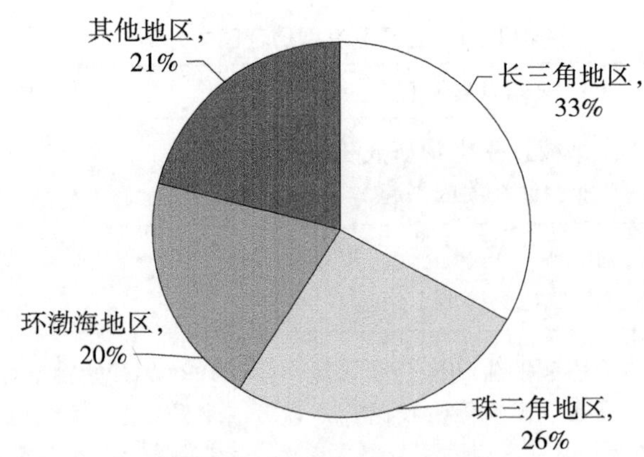

图 5－1　国内国家级生物医药产业园区数量占比情况

为了更好地促进生物医药产业集聚发展，“十一五”期间，国家发展改革委分批建设了 22 个国家级生物产业基地，以促进生物医药人才、技术、资金等产业要素向优势地区集中，产业集聚效应显现。我国“十一五”期间的国家级生物产业基地批准时间如表 5－2 所示。

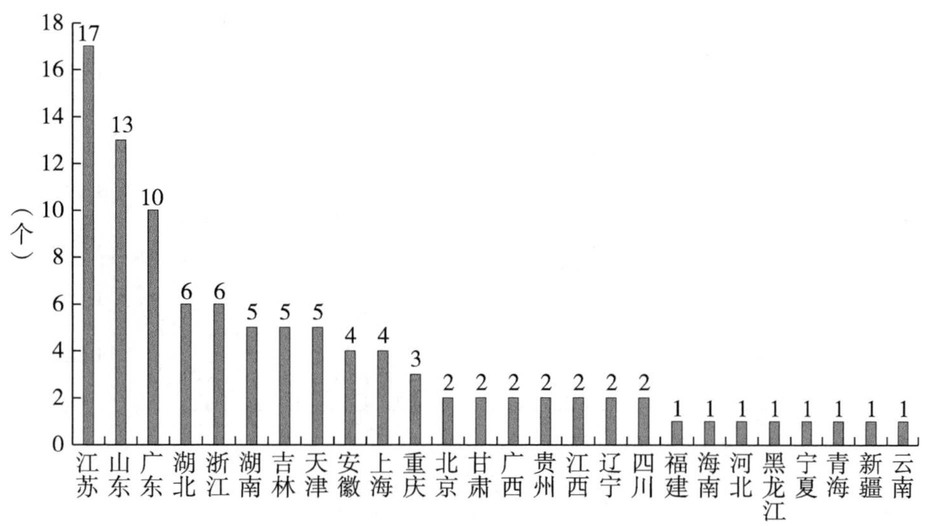

图 5－2　2020 年生物医药产业百强园区区域分布情况

表 5－2　　我国“十一五”期间国家级生物产业基地批准时间

批准年份	数量（个）	基地名称
2005	3	石家庄基地、长春基地、深圳基地
2006	4	长沙基地、广州基地、上海基地、北京基地
2007	15	青岛基地、武汉基地、成都基地、昆明基地、哈尔滨基地、重庆基地、德州基地、泰州基地、郑州基地、通化基地、南宁基地、西安基地、天津基地、南昌基地、杭州基地

生物医药产业集聚化发展，国家级高新区和国家级经开区成为我国生物医药产业发展和技术密集型的产业园区，是发展生物医药产业的天然土壤。国家级经开区作为区域经济发展的引擎，也是发展生物医药产业的重要载体。2017—2020 年我国生物医药产业园区产值规模总体呈逐年增长态势。据 CCID（中国电子信息产业发展研究院）数据，2020 年我国生物医药产业园区产值规模为 2.5 万亿元，同比增长 12.4%。2017—2020 年我国生物医药产业园区产值如图 5－3 所示。

尽管总体上行业发展快速，但我国生物医药产业园区仍存在地区发展不均衡的问题。目前我国生物医药产业园区主要聚集在环渤海地区、长三角地区、珠三角地区三大区域，2019 年产值占比分别为 34.5%、25.8%、17.6%。相比之下，其他区域发展较为缓慢。2019 年我国生物医药产业园区产值占比如图 5－4 所示。

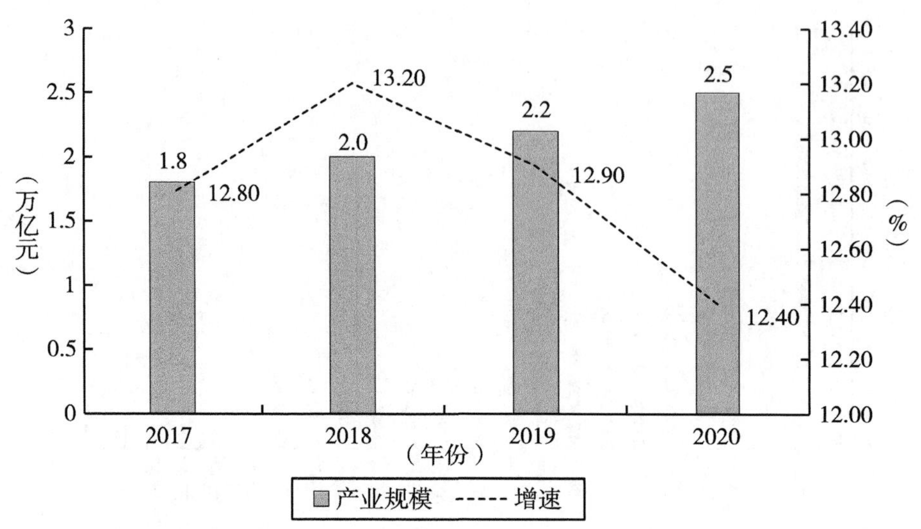

图 5－3　2017—2020 年我国生物医药产业园区产值

注：增速按可比价格计算。

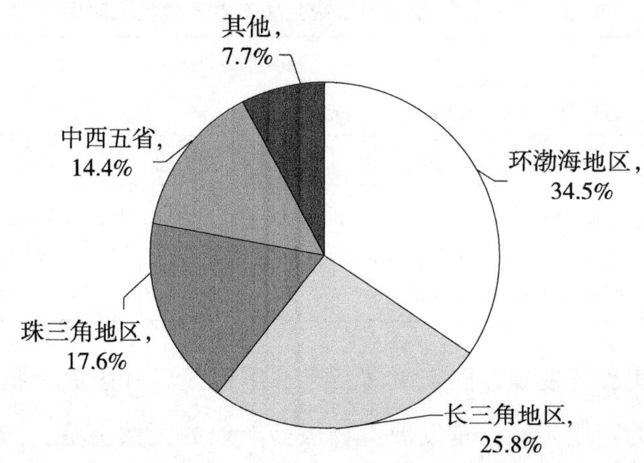

图 5－4　2019 年我国生物医药产业园区产值占比

二、我国生物医药产业集群分类

我国生物医药产业集群主要分为两种类型。一是在现有国家级高新区或国家级经开区内设立的生物医药产业园区；二是单独建设的生物医药产业园区。1991 年以来，国务院先后共批准建立了 56 个国家级开发区。国家级开发区（包括国家级高新区、国家级经开区）数量从 2011 年的 219 家增长到 2015 年的 364 家，年均复合增长率达 13. 5%。国家级开发区数量在 2012—2013 年快速增长后，进入平稳增长阶段。在“四个全面”战略布局大背景下，国家级开发区的审批更为审慎，2014 年共新获批国家级开发区 9 家，增长率仅为 2.8%。2015 年，新获批国家级开发区达到 31 家，增长率为 9.3%。截至 2015 年年底，国家级高新区共 145 家，国家级经开区共 219 家，大多数涉及生物技术产业，我国现有省级以上的生物医药产业园区 400 多个。

近年来，在国家政策及国内市场强大发展潜力的双重推动下，国内药谷热持续升温，各类药谷项目密集上马，目前我国各类药谷数量不下百家，经国家有关部门或地方政府批准的药谷不下 50 家，华西地区有科技部批准的国家中药现代化科技产业（四川）基地；长三角地区有上海张江药谷、浙江杭州药谷、江苏无锡药谷、浙江兰溪药谷、江苏常州三药生产基地等；西部地区有“现代化高科技生物工程工业园”新疆天山药谷；华南地区有号称“南国药库”的海口药谷；华北地区有北京亦庄药谷、北京中关村生命科学园、天津国际创新药谷；东北地区有吉林通化医药城等；其他地区有湖南浏阳生物医药工业园、深圳医药产业园区、广州国际生物岛等。从生物医药产业国家级经开区和国家级高新区的分布情况来看，截至 2014 年 4 月，全国共设立以生物医药产业为重点产业的国家级经开区 103 家、国家级高新区 75 家。其中，长三角地区拥有国家级经开区 20 家、国家级高新区 8 家；环渤海地区拥有国家级经开区 17 家、国家级高新区 14 家。其余生物医药国家级经开区和国家级高新区则分散分布在贵州、云南、湖北、江西、安徽、湖南等地。

目前，中国生物医药产业集群化分布进一步显现，已初步形成以长三角地区、环渤海地区为核心，珠三角地区、东北地区等快速发展的产业空间格局。但区域发展不平衡的问题将进一步凸显，东部沿海地区与中西部地区差距将持续拉大。研发要素有进一步向上海、北京集聚，制造环节加速向江苏、山东集聚的趋势。

从生物医药产业基地的分布情况来看，1997 年至今，国家发展改革委与科技部在全国共确立了 56 家生物医药产业基地。其中，长三角地区 18 家、环渤海地区 12 家、东北地区 8 家，三地区产业基地的数量占总量的 68%；中南地区 11 家，西部地区 7 家，比重分别只有 20% 与 12%。此外，国务院分别于 2009 年 3 月和 2013 年 12 月正式批准江苏泰州和吉林通化成立国家级医药城，哈尔滨和厦门于 2014 年 10 月凭借生物医药战略性新兴产业区域集聚发展试点方案成功入选国家首批十个战略性新兴产业区域集聚发展试点城市。

在国家顶层设计战略的要求与指导下，我国生物医药产业逐渐呈现集聚发展态势，生物医药产业园区也逐渐形成了一定的发展特点。

一方面，国家不断选择产业基础好、创新能力强、营商环境优、开放度高的区域，扶持建立生物医药产业园区；另一方面，各地政府逐渐加强顶层设计，规划先行，通过制定产业规划、产业政策，引导产业集聚发展，促进各地形成具有特色的生物医药产业园区，如泰州中国医药城、上海张江药谷、武汉光谷生物城等。

生物医药产业园区创新能力驱动因素呈现生态化、网络化发展趋势。“十一五”期间，国家大力支持重点实验室、工程研究中心、企业技术中心、中试基地、博士后流动站等科技创新平台的发展，这些高端研发平台构成了生物医药产业园区的技术创新体系。经过多年的发展，生物医药产业园区逐渐加强与高校、医疗机构、龙头企业、CRO（合同研发组织）等社会优质资源的整合，并不断创新产学研合作机制，促进科技成果转化。

三、我国生物医药产业园区政策分析

政府及宏观政策的支持，是促进生物医药行业规范发展的前提。“十二五”时期，北京、上海、天津等地纷纷出台生物医药产业政策，逐步将生物医药产业培育成区域主导产业。“十三五”时期，工业和信息化部等六部委联合发布《医药工业发展规划指南》，明确提出各级政府需根据行业发展需要，结合各地资源禀赋和环境承载能力，科学规划产业集聚区。

随着近年来各地出台的“人才新政”，海外人才成为推动各地产业发展的加速器。此外，前沿生物技术的不断突破，新业态、新模式的相继出现，吸引了越来越多的社会投资机构加入，共同助力企业加大研发投入，不断打造创新里程碑。北京中关村生命科学园、上海张江药谷、苏州生物医药产业园等园区逐渐形成由政府、高校、风投机构、基础研究机构、医疗机构等组成的创新网络，为园区产业规模化与集聚化发展、园区乃至区域创新水平的提升提供了关键支撑。

生物医药产业是颇具发展潜力的高新技术产业之一，在应对新冠肺炎疫情的过程中，生物医药产业成为抗击疫情的先锋，推动着各方重新审视其战略价值。2019 年 12 月印发的《长江三角洲区域一体化发展规划纲要》中，明确将生物医药作为长三角区域新一轮高质量发展十大聚焦产业领域之一，将建设一批国家级战略性新兴产业基地。生物医药行业的特点包括高风险、高投入、高技术、周期长等，这决定了其集聚化发展的优势；以园区的形式集聚，可帮助生物医药企业快速获取人才、资本、研发和企业资源，从而促进其成长。生物医药产业园区正逐步成为我国生物医药产业发展的重要依托。

我国生物医药产业园区从20世纪90年代发展至今，行业规模越来越大，产值从2013年的0.6万亿元增长到2020年的2.5万亿元，得益于国家宏观政策的支持。一方面，国家不断选择产业基础好、创新能力强、营商环境优、开放度高的区域，扶持建立生物医药产业园区；另一方面，国内各地政府逐渐加强顶层设计，规划先行，通过制定产业规划、产业政策，引导产业集聚，促进各地形成具有特色的生物医药产业园区。

园区的基础属性是为企业提供适合自己当前发展的空间。园区提供的空间面积、配套设置、价格、政策扶持力度都会影响到入驻企业的积极性。而影响最大的，莫过于当地对产业的政策扶持。国内头部园区大多是顺应本地高度支持的政策走向，并且政策一直在根据本地产业发展情况进行更新。例如，上海在2018年发布了《促进上海市生物医药产业高质量发展行动方案（2018—2020年）》；成都在2019年印发了《成都市人民政府办公厅关于印发促进成都生物医药产业高质量发展若干政策的通知》；苏州在2020年3月召开会议，专题研究完善打造生物医药产业地标政策等。

四、我国生物医药产业园区运营模式分析

园区运营管理是指对园区主要运营系统进行设计、运行、评价和改进，不仅仅是指园区的招商引资以及物业管理。目前管理模式主要分为政府主导、企业投资开发两种类型。

政府主导型的生物医药产业园区，大多采用“政府为主导、企业为主体”管理体制和运行机制，发挥行业协会的作用。由政府投资开发，专门成立园区管委会负责管理运营，通过创新型企业孵化、重点企业培育等形式，推动园区产业集聚，并为园区搭建包括科研机构、公共服务平台等在内的创新资源。由于政府主导型模式的生物医药产业规模较大，通常一个市只有一个大型的生物园区建设基地，其启动运营资金也大部分来源于园区落地政府的税收收入。可以看出这种类型的园区资金实力相较企业

投资开发的园区要雄厚得多，因此从市场上运营的生物医药产业园区的模式占比情况来看，政府主导型占比较大，为68%。

企业投资开发型的生物医药产业园区又分为国有企业投资开发与民营企业投资开发两种形式。园区采用市场化运作模式，大多采取“政”“园”分开形式，其特点为市场化程度高、运营机制灵活。通过土地一级和二级开发运营、产业服务、产业投资等业务布局，实现盈利，典型代表有上海张江药谷。资本运作模式主要包括园区运营平台公司与政府通过共同设立产业基金或与社会资本合作成立投资基金，以及园区运营平台公司长期股权投资等模式。两种类型生物医药产业园区运营管理模式对比分析如表5－3所示。

表5－3　两种类型生物医药产业园区运营管理模式对比分析

对比项目	政府主导型	企业投资开发型
管理方式	由专门成立的园区管委会来管理，并成立园区有限公司负责园区的招商和运营工作	企业自主管理
园区形式	由政府划地独立建园，依托重点企业以园区产业联盟的形式成立	独立建园的较少，主要以“园中园”的形式存在
特点	大多数采用“政府为主导、企业为主体”的管理体制和运行机制，发挥行业协会的作用	“政”“园”分开，市场化程度高，运营机制灵活
规模	规模较大，通常一个市只有一个大型的生物园区建设基地	一般规模较小，产业链也不够完整
盈利	盈利来源主要体现在当地财政税收上，园区管理公司的盈利方式比较单一，主要集中在物业管理上	创新型企业的效益、产业链的成本效益，盈利性高于政府主导型
典型案例	泰州中国医药城、长春国家生物产业基地、重庆国家生物产业基地	北京中关村生物医药园、上海张江生物医药基地、上海张江药谷

五、我国生物医药产业发展面临的问题

综观我国生物医药产业园区的发展，还存在以下问题。

（1）顶层缺乏统筹规划，导致园区布局分散，产业同质化现象严重。国家层面，

缺乏统筹的空间布局规划，导致全国范围内出现大量产业定位与产业发展方向相同的生物医药产业园区。地方层面，由于缺乏全省、全市或者全县层面的空间布局，园区数量众多、分散且规模较小，园区产业定位、发展方向和发展模式缺乏明确的区分，在招商引资、引进人才时出现区域内部与周边区域低水平重复，甚至导致恶性竞争等问题。

（2）园区产业准入、退出与考核机制不完善，导致产业发展后劲不足。产业准入层面，缺乏明确的产业审核机制，导致园区招商方向与园区产业定位不符。此外，中西部某些不发达区域在承接东部沿海地区产业转移时，由于产业准入门槛低，易产生承接环保要求不达标的问题，产业退出层面缺乏明确的退出期限与退出条件。以孵化器为例，根据科技部《科技企业孵化器管理办法》规定，在孵企业孵化时限原则上不超过 48 个月。技术领域为生物医药、现代农业、集成电路的企业，孵化时限不超过 60 个月。但很多在孵企业在规定时间内并未及时从孵化器迁出，由此造成资源不能合理配置，孵化器源头活力不足。产业考核层面，政府在对园区考核时，并未基于园区的定位与发展导向，而是以园区产值、税收贡献等指标为导向，缺乏对产业创新能力、服务能力、产城融合效果等指标的考量。

（3）园区创新要素联系不紧密，影响园区创新网络绩效。目前，我国生物医药产业园区发展不均衡，大部分园区创新能力不强，园区内医药企业、科研机构、高校、医疗机构以及中介服务机构之间缺乏有效的合作交流，创新要素联系不紧密，影响创新网络在专利、科技成果转化率等层面的绩效水平。此外，企业存在科研投入不够、创新认识不足、创新能力不强等问题，产学研合作机制尚未健全，进一步影响了企业和生物医药产业园区的原始创新能力。

（4）产城分离，出现“只有产业没有城市”的发展窘境。部分园区在规划之初，并未关注产业与城市的融合发展，大都着眼于区域建设，出现“只有产业没有城市”的发展窘境。城市化功能的生活性公共设施建设和社区的配套服务力度不足，对产业区的支撑性不足，影响了园区的可持续发展。

（5）国内绝大多数生物医药产业园区创新产出较弱，仅有少数园区 1 类新药申报活跃。

2019 年 1 类新药申报数量在 10 个以上的生物医药产业园区仅有 11 个（见图 5 -5），园区之间 1 类新药申报数量差距悬殊。2019 年新药申报数量较为突出的生物医药产业园区主要为苏州工业园区、上海张江高新技术产业开发区和连云港经济技术开发区，申报数量均超60个。

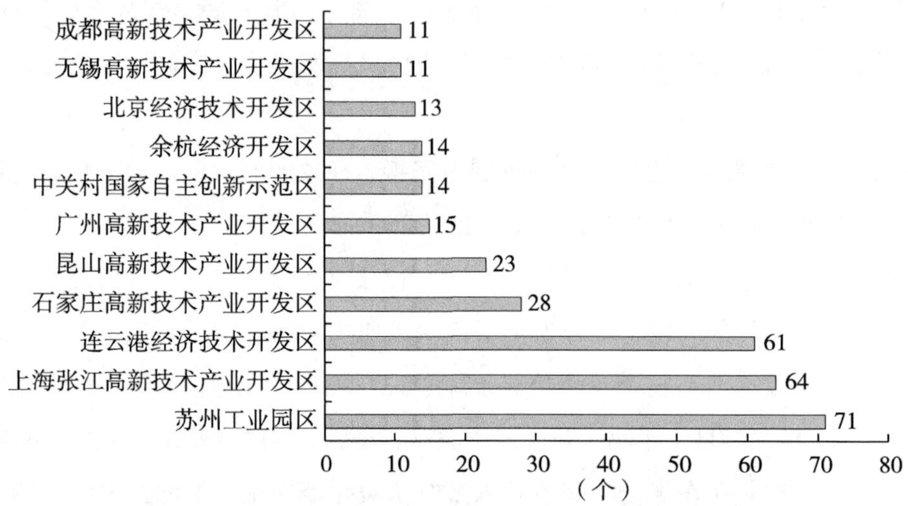

图5－5　2019年1类新药申报数量在10个以上的生物医药产业园区

据《2020中国生物医药产业园区竞争力评价及分析报告》可知，综合竞争力排名前三的产业园区分别为中关村国家自主创新示范区、苏州工业园区、成都高新技术产业开发区。单项竞争力包括环境竞争力、产业竞争力、技术竞争力、人才竞争力、龙头竞争力5个方面。其中，环境竞争力前三分别为中关村国家自主创新示范区、上海张江高新技术产业开发区、深圳高新技术产业开发区，产业竞争力前三分别为苏州工业园区、中关村国家自主创新示范区、成都高新技术产业开发区，技术竞争力前三分别为中关村国家自主创新示范区、苏州工业园区、成都高新技术产业开发区，人才竞争力前三分别为苏州工业园区、中关村国家自主创新示范区、武汉东湖新技术开发区，龙头竞争力前三分别为中关村国家自主创新示范区、深圳高新技术产业开发区、苏州工业园区。

六、我国生物医药产业园区未来发展趋势

基于我国生物医药产业园区发展现状，未来的发展方向和趋势如下。

（1）统筹规划，重点扶持几大优势特色产业集群，提升产业核心竞争力。

生物医药产业具有高投入、高风险、高回报、周期长等特点，集聚发展是提升产

业竞争力的有效路径，因此，要重点扶持几大优势特色产业集群。立足国内生物医药产业集聚区基础，重点在新药创制、高端医疗器械等领域扶持 3 ~ 5 个顶尖产业集群，瞄准世界前沿技术趋势，差异化布局各产业集群产业定位，同时给予各类政策和资源倾斜，快速提升产业集群的国际竞争力。

（2）完善产业准入退出标准，建立科学评价体系。

首先，加强产业管控与审核，明确审核流程，杜绝不符合产业定位的企业入园。同时，构建招商“黑名单”，将具有失信记录的企业纳入“黑名单”，防止引入园区。

其次，明确企业退出机制。在国家政策的基础上，设立刚性出孵期限；针对达到出孵期限却不够“毕业”标准的企业，通过设立加速器，承接转移。此外，动态化监测园区企业外迁扩张需求，将具有迁址意向的企业纳入预警体系。

最后，建立科学的评价考核体系。以园区定位为导向，构建考核指标体系。例如，以产业原始创新为定位的产业园区，要以产业发展和科技创新作为考核导向，加大对园区研究与试验发展投入情况、园区企业研发活动情况、园区高层次人才数量等指标的考核力度。

（3）打造产业创新服务平台，推动创新要素集聚与网络化、协同化发展。

构建产业数字化生态系统，打造产业创新服务平台。通过产业数字化生态系统，了解区域生物医药创新要素和创新实力，同时能掌握全球生物医药产业创新资源的最新分布，实现创新要素的全球链接，精准掌握全球创新人才、创新技术和创新资本等资源。基于产业数字化生态系统，以产业创新要素的数字化为抓手，推动产业创新服务资源的集聚，由政府发起构建市场化运作、服务于双边市场模式的第三方产业创新服务平台，实现产业创新服务的精准匹配。

（4）加强产城融合，打造国际生态宜居环境。

美国硅谷产城融合发展模式值得借鉴。硬件环境方面，园区内要建设高档住宅、大型购物中心、超现代化的基础设施等，这是实现产城融合的基础，也是园区演变为科学城的前提；软件环境方面，园区内不仅要引进一流的医疗、教育、休闲娱乐等资源，还要着重培养社会人文气息，通过举办各种富有地方特色的文化活动，增强人才对本地的认同感。在知识经济深入发展的背景下，园区的成败在很大程度上取决于人才的竞争，尤其是对全球优秀人才的竞争。因此，国内生物医药产业园区在打造人才高地的系统工程中，必须着重解决园区宜业不宜居、产业网络发达而社群发育不足等问题，推动产业建设与城市功能建设并重、产业发展和城市建设并重。结合城市国际化要求，合理布局生产、生活和生态空间，将高端产业区域和现代社区有机结合，打造生活实验室，建设生命科学、健康生活示范城，并不断提升自主创新能力。

第二节　“互联网 +”医疗背景下处方外流物流模式研究

一、国家政策导向

1. 疫情突发，“互联网 +”医疗优势凸显，国家政策走向更明朗

新冠肺炎疫情突发并在全球大肆蔓延，我国启动重大公共卫生事件响应，全国人民居家抗疫。为避免普通患者出门交叉感染的风险，互联网医疗平台纷纷推出在线问诊。据不完全统计，疫情期间，个别第三方互联网医疗平台的诊疗咨询量同比增长了20多倍，处方量增长了近10倍。“互联网 +”医疗加持下无接触式服务优势凸显。

2020年，国家连续出台《关于推进新冠肺炎疫情防控期间开展“互联网 +”医保服务的指导意见》《中共中央 国务院关于深化医疗保障制度改革的意见》等政策，大力鼓励开展互联网医疗服务，并将互联网医疗服务纳入医保支付范围，且允许医保在线支付，打通了互联网医疗多年来的流量瓶颈，助推互联网医疗更进一步发展。

2018年以来，国家在互联网医疗方面的政策密集出台，互联网医疗的发展逐步走向明朗化，社会化的互联网医疗平台逐渐发力。

2018年4月，国务院印发《国务院办公厅关于促进“互联网 + 医疗健康”发展的意见》，第一次明确了“互联网 +”在医疗领域的发展方向，从诊疗服务、家庭医生签约，到药品供应，再到新技术的应用、行业监管等，发展方向清晰，为参与各方提供明确的路径。

2018年7月，《互联网医院管理办法（试行）》《互联网诊疗管理办法（试行）》《远程医疗服务管理规范（试行）》的发布，进一步将“互联网 +”诊疗服务下的互联网医院、互联网诊疗及远程医疗进行明确定义与区别指导。“互联网 +”医疗政策如表5－4所示。

表 5－4　　“互联网＋”医疗政策

时间	政策	主要内容
2018 年 1 月	《关于印发进一步改善医疗服务行动计划（2018—2020 年）的通知》	提出建立预约诊疗制度、远程医疗制度等五大医院工作制度，发展多学科诊疗、智慧医院等十大创新医疗服务模式
2018 年 4 月	《国务院办公厅关于促进“互联网＋医疗健康”发展的意见》	发展“互联网＋”医疗服务，创新“互联网＋”公共卫生服务，优化“互联网＋”家庭医生签约服务，完善“互联网＋”药品供应保障服务，推进“互联网＋”医疗保障结算服务，加强“互联网＋”医学教育和科普服务，推进“互联网＋”人工智能应用服务，加快实现医疗健康信息互通共享，健全“互联网＋医疗健康”标准体系。确定发展“互联网＋医疗健康”措施，明确要求进一步完善医保支付政策，建立费用分担机制
2018 年 7 月	《互联网诊疗管理办法（试行）》 《远程医疗服务管理规范（试行）》 《互联网医院管理办法（试行）》	明确了互联网医疗的定义，对互联网诊疗活动准入、执业规则、监督管理做出了规范。对医疗机构进行互联网医疗健康服务的准入程序、医务人员信息管理、医务人员进行互联网医疗健康服务的规范和监管机构做出要求。 明确远程医疗的定义，对开展远程医疗服务的基本条件、流程、管理和监管做出要求。 互联网医院必须依托实体医疗机构不得对首诊患者开展互联网诊疗活动
2018 年 10 月	《关于规范家庭医生签约服务管理的指导意见》	推进“互联网＋”家庭医生签约服务，加快区域智能化信息平台建设与应用，搭建家庭医生与签约居民交流互动平台
2018 年 9 月	《关于印发国家健康医疗大数据标准、安全和服务管理办法（试行）的通知》	明确健康医疗大数据的定义、内涵和外延，以及制定办法的目的依据、适用范围、遵循原则和总体思路等，明确各级卫生健康行政部门的边界和权责，各级各类医疗卫生机构及相应应用单位的责权利，并对标准、安全、服务三个方面进行规范
2019 年 6 月	《国务院办公厅关于印发深化医药卫生体制改革 2019 年重点工作任务的通知》	明确提出要重点解决看病难、看病贵等问题，有序发展医联体促进分级诊疗，促进“互联网＋医疗健康”发展，推进国家组织药品集中采购和使用试点，推进高值医用耗材改革，巩固完善国家基本药物制度等

续 表

时间	政策	主要内容
2019 年 8 月	《国家医疗保障局关于完善“互联网 +”医疗服务价格和医保支付政策的指导意见》	服务价格形成机制，明确“互联网 +”医疗服务的医保支付政策。定点医疗机构提供的“互联网 +”医疗服务，与医保支付范围内的线下医疗服务内容相同，且执行相应公立医疗机构收费价格的，经相应备案程序后纳入医保支付范围并按规定支付
2019 年 9 月	《关于印发〈促进健康产业高质量发展行动纲要（2019—2022 年）〉的通知》	提出要加快发展“互联网 +”医疗、积极发展“互联网 + 药品流通”、加快医药电商发展等政策目标
2020 年 2 月	《国家医保局 国家卫生健康委关于推进新冠肺炎疫情防控期间开展“互联网 +”医保服务的指导意见》	互联网医疗机构为参保人在线开具电子处方，线下采取多种方式灵活配药，参保人可享受医保支付待遇
2020 年 2 月	《中共中央 国务院关于深化医疗保障制度改革的意见》	将符合条件的医药机构纳入医保协议管理范围，支持“互联网 +”医疗等新服务模式发展。加强区域医疗服务能力评估，合理规划各类医疗资源布局，促进资源共享利用，加快发展社会办医，规范“互联网 +”医疗等新服务模式发展。大力推进大数据应用

2. 医改深化，医保进入主导地位，“互联网 +”成为必然趋势

2018 年 3 月，国务院发布《深化党和国家机构改革方案》，国家医保局作为首个国家层面的独立医疗保障机构进入公众视野，2018 年 5 月正式挂牌。国家医保局管理数万亿元的医保资金，是医疗服务和药品的“超级采购方”，还对医保类服务拥有监管权力。其既要保证资金使用的合理、安全，同时要兼顾资金使用的效能。

“互联网 +”可优化医疗服务，提升效率，有效连接患者与医生，且能打通医疗、医药和医保的数据连接，为医保的监管提供有力支持，同时促进医疗、医药的合理付费，通过支付端的互联网化，增强“三医联动”。

3. 疫情催化，在线医保支付政策落地，互联网医疗加速发展

医保在线支付一直是制约互联网医疗发展的最大瓶颈，无法在线医保统筹支付，就无法有效获取线上流量。此前即使部分区域启动的医保在线支付试点，大多数以问诊费为主，药费并未纳入。

经过此次疫情催化，医保在线支付政策从国家到地方层面迅速落地，天津、浙江、广东、江苏、四川等地区将常见病、慢性病的线上复诊纳入医保，这将显著提升居民选择线上问诊积极性，促使居民就医习惯的转变，互联网医疗需求加速增长，反过来刺激更多的实体医疗机构建设互联网医院。行业供需双增，互联网医疗行业高成长再加速。

二、"互联网+"医疗行业发展趋势

（一）用户流量红利到来，互联网医院建设加码

1. 慢性病患者复诊是互联网医院最大流量

国家统计局数据显示，2019 年我国 65 周岁及以上人口为 17603 万人，占总人口的 12.6%，预测 2030 年将超过 20%，老龄化进程显著加快。

我国慢性病患者数量较为庞大，据不完全统计，慢性病患者中糖尿病患者有 1.1 亿人，高血压患者有 2.7 亿人，血脂异常患者有 1.6 亿人，而罹患各类急慢性疾病的老年人占比较高，且部分人群同时患有多种慢性病（见图 5-6）。

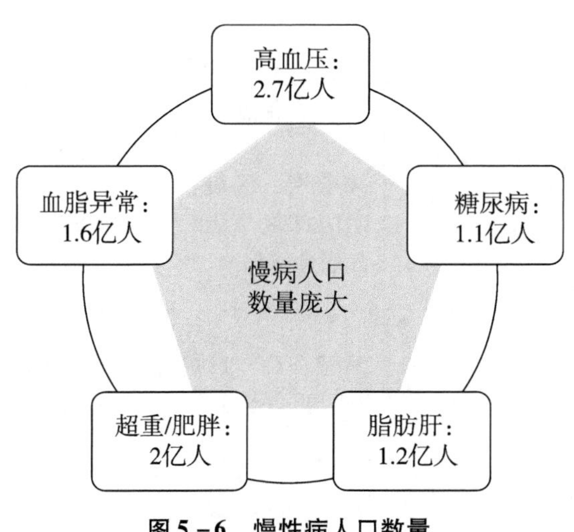

图 5-6 慢性病人口数量

如糖尿病、高血压、冠心病等慢性病一般病情较为稳定，患者需长期服药，互联网医院线上复诊，为长期周期性去医院问诊的慢性病患者带来实质的便利，既可有效解决慢性病患者的"三长一短"的看病难题，同时节约宝贵的医疗资源，提高

社会效能。

当前互联网诊疗服务、在线药品等纳入医保，并可在线统筹支付的新政，将会促使慢性病患者网上复诊，固化患者习惯。

2. 互联网医院会带动医疗资源的“下沉”和医疗服务“上浮”

当前，围绕着医疗资源配置以及医疗服务流程再造，互联网对医院场景的渗透以及对人的整个生命周期的介入越来越深。互联网医院建设的参与主体不仅有实体医院、也有互联网巨头及社会化机构。按照建设机构分类，可分为自建模式、共建模式、平台模式。互联网医院三种模式如表5－5所示。

以公立医院为主体的医联体，通过互联网医院的建设，不仅可突破政策首诊限制（基层医院首诊），而且通过线上复诊，实现优质医疗资源下沉共享；通过互联网医院，可实现慢性病复诊、在线上诊疗常见病、轻症等并线上处方，线下医疗机构更专注于疑难杂症、手术等医疗服务，实现线下医疗服务水平“上浮”；平台型互联网医院，将医生的碎片化时间有效利用，且使得外地患者无须奔波，即可实现“不出门，看名医”，有效连接医患，实现医疗需求的“上浮”。互联网医院带动的医疗资源“下沉”和医疗服务“上浮”，将极大颠覆以往医疗体系“以治病为中心”的商业模式，改变传统医疗资源不平衡、信息不透明、总体服务水平不高的现象。

表5－5　互联网医院三种模式

模式	特点	优点	缺点	代表
自建模式	医院建设自己的互联网医院，为患者提供线上及线下服务，为其他医疗机构提供远程诊疗等服务	互联网、医院、医生的深度绑定，医疗服务有保障	服务意识不高	仁济互联网医院
共建模式	通常为医联体或医共体与企业共建，构建区域互联网医疗生态体系	强强合作，形成良好的业务生态	运营目标不一致、分工协作不够紧密	银川互联网医院
平台模式	由互联网企业发起，通过与线下实体医疗机构合作，以多点执业集聚各地医生资源，在平台为全国各地的患者提供服务	有强大的流量资源或流量获取能力；可连接医疗资源不受限制	医疗服务的深度受限、用户黏性差、变现渠道单一	乌镇互联网医院、微医

3. 互联网医院建设加速

互联网医院是由线上轻问诊模式过渡而来，由于线上轻问诊未能真正切入诊疗服务，未能解决医患的实际问题，故此商业模式注定不会有长足发展。在互联网与实体医院结合的背景下，通过更深层次地与传统医疗结合，逐步将部分医疗服务场景迁移至线上，并将诊前、诊中及诊后连接在一起，将以往医院为中心向居家、社区服务延伸。

在新冠肺炎疫情期间，以互联网医院为代表的“互联网+”医疗展现了其在新场景下，有效缓解医疗资源供给压力、满足医疗服务新需求的能力，获得患者、医院、医生及政府部门认可，同时也引导并培养了患者习惯。

后疫情时代，医疗机构特别是公立医院会转变意识，主动拥抱互联网，重视互联网的作用，加紧互联网医院的建设；同样以BAT为代表的互联网巨头，也会加快互联网平台型医院的建设和改造进度，为不具备自建能力的中小医疗机构赋能，特别是向基础医疗机构赋能；而蛰伏多年的资本巨头会加大民营医院互联网改造投入，分享互联网医疗红利。

在5G、AI、物联网等新技术的推动下，互联网医院将正向3.0阶段过渡，新一批的智慧生态型互联网医院即将出现。互联网医院发展阶段如表5－6所示。

表5－6　　互联网医院发展阶段

互联网医院1.0	医疗服务信息化： 预约挂号、缴费、查询、线上图文咨询； 连接医院和患者
互联网医院2.0	医院互联网化： 推进医联体、医共体，开启在线诊疗服务； 分级诊疗，优化就医
互联网医院3.0	智慧医院： 线上线下一体化，诊前诊中诊后全程管理，医疗健康全场景服务

（二）处方外流，院外增量的医药市场进入新零售时代

近年来“医药分家”一直是深化医改探索的方向之一，根据国办发〔2000〕16号文规定，“医药分家”的目标是要解决以药养医问题，切断医疗机构和药品营销之间的

直接经济利益联系。

根据国外“医药分家”的经验，一般存在三个形态（阶段）：第一个形态为形式分离；第二个形态为准实质分离；第三个形态为实质分离，这三个形态也可理解为三个阶段。“医药分家”三个阶段如表5－7所示。

表5－7　“医药分家”三个阶段

第三阶段实质分离	医疗和药品彻底分离，医院仅配备应急药品，处方药品以通用名开出，PBM机构将占据主导，PBM机构除审核处方和慢性病管理外，同时也会经营药品的邮购
第二阶段准实质分离	在医疗信息化和大数据的支持下，所有医疗机构可开具电子处方，并且电子处方在处方平台可自由流动，连锁零售药店和电商平台将逐渐承接医疗机构外流处方
第一阶段形式分离	互联网医院采用线上诊疗、线上处方、线上支付的模式，第三方物流承担云药房功能，负责线下药品分装、配送到家

在公立医院药品零差价、控制药占比等政策及互联网医院的推动下，销售药品无法为医院带来收益，且处方电子化后，将加速推动医药走向形式分离，最终实现实质分离。因区域差异性等，这三种形态会同时存在。

传统模式下，患者在医院就诊后，因无法自主选择，只能直接在医院购买处方药。在医药分家、分级诊疗等政策驱动以及互联网技术加持下，处方外流将会加速。电子处方外流驱动因素如图5－7所示。初步预估，2023年处方外流规模可达5000亿元。

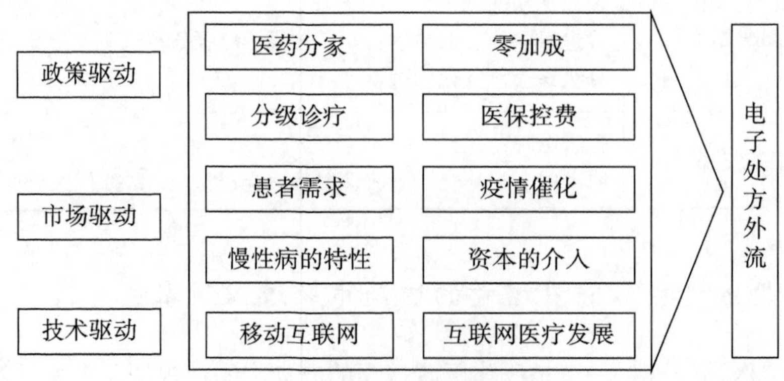

图5－7　电子处方外流驱动因素

伴随着消费者需求的改变以及各种利好政策的鼓励，加之新技术应用，医药正式驶入新零售快车道，医药的新零售模式主要有以下几种。

（1）零售药店 O2O 模式：零售药店对接处方流转平台，实现线上处方订药，线下取药或配送的 O2O 模式。

（2）实体药店或电商平台的即时送药模式：本地生活的快速发展，为解决 C 端消费者“紧急送药、夜间送药”等需求，消费者线上下单，实体药店或电商平台采用即时配送的模式完成配送。

（3）流通企业云药房模式：互联网医院与医院流通企业合作，由医院流通企业承担其药房功能，负责线上处方的分拣、包装及配送等，药品无须进入医院。

（4）药品无人零售模式：在药店或社区设立无人零售柜、自提柜等设备，实现药品 24 小时自助购买，或是在线购买、柜内自提。

（三）防治结合，“以健康管理为中心”的医疗管理生态圈成形

一直以来，中国的医疗体系是以治疗为中心、公立医疗体系为核心，核心价值是治病救人，即解决“已经发生的问题”。

随着社会经济的快速发展，人民群众的收入大幅提高，对健康的认知水平呈现飞跃式提升，医疗健康需求也发生了转变。根据国家 2016 年发布的《“健康中国 2030”规划纲要》，要落实预防为主，推行健康生活方式，减少疾病发生，强化早诊断、早治疗、早康复，实现全民健康。中国医疗体系的核心价值向防治结合，以“健康管理为中心”转型。

借鉴利用数字化、智能化设备，融合线上线下一体化的新型零售生态体系的经验，医疗行业在新政策、新技术的推动下，互联网与医疗服务、药品服务、医保支付、商保应用等积极结合，外加横向或纵向向外延伸，联合互联网平台、医疗机构、医保机构、医药供应商、医药厂商、智能设备厂商等，构建起覆盖诊前、诊中、诊后全流程的闭环生态圈。微医、平安好医生等企业均在依据自身核心优势，加速布局和完善医疗闭环生态圈，演化出覆盖全生命周期的新的商业模式和新的服务场景。“互联网 +”医疗生态组成如表 5 – 8 所示。

以前，医疗信息化标准是依据单个医疗机构的财务标准进行系统架构的搭建，往往很少关注医疗本身的诊疗数据的收集、使用与汇总，医疗、医药、医保等存在信息

孤岛。随着“云大物移智”新技术推广应用，“互联网+”推动医疗行业向前快速发展。数据爆发式的增长，必然会带来医疗服务各环节大数据的产生、收集、存储、使用、传输、共享、交换和销毁等问题。2018年9月《关于印发国家健康医疗大数据标准、安全和服务管理办法（试行）的通知》发布，为数字化医疗提供了发展方向和规范标准。

表5-8 “互联网+”医疗生态组成

医疗	保险	医药	院外管理
互联网医院、 在线问诊平台、 智慧医疗	医保在线支付、 新型商业健康保险	O2O、 B2B、 B2C、 处方外流	慢性病管理平台、 智能穿戴健康监测、 健康检查、 患者自诊

医疗数字化的推行，必然会改善在医疗活动中由于信息不透明出现的重复检查、诊疗标准不统一、诊疗结果不被认可等问题，最终人们可以享受到高质低价的医疗服务，向价值医疗迈进。而要做到这点，需要做到包括患者、政府监管部门、医疗机构、医保机构、药品供应方等广泛合作与共享；通过数据集成、整合、分析，形成个人电子健康档案，进一步对数据评估与建模，提升数据的应用。

从数字化发展趋势看，未来医疗行业必然会从大数据时代走向建模时代，医疗数据不仅可用于支付标准的建立、评估、监管，也可用于诊疗方案建立、诊疗后评估、用药监控、药效评估，同时也可用于医药企业新药研究开发、药品适应证研究，而且也会对药品供应链的优化、响应、决策提供支持。应用数字孪生、AI等新兴技术，将构建起精准化、个性化、智能化、可预测的健康服务体系。

三、医药供应端的商业模式创新

“互联网+”与医疗服务各环节结合，加之横向或纵向的服务延伸，可创造出新的服务场景，主要有以下几个。①医疗服务：包括全流程网上诊疗服务（预约、导诊、挂号、问诊、处方等），“互联网+”家庭医生，远程诊疗。②医药服务：包括零售药店O2O模式，医药电商B2C模式，城市中心云药房的集中分拣配送模式（B2B2C），医院药房B2C模式。③支付：医保在线支付与结算。④院后管理：包括线上线下一体化的慢性病管理服务，O2O自我检测。⑤信息服务：包括处方共享平台，线上健康教育，医患药等社群平台。

1. 医院药房 B2C 模式

该模式是将原线下诊疗中患者取药的过程互联网化，由医院药房分拣、包装后，委托符合资质的第三方物流送药入户。当前部分区域医院（如海南省人民医院）的常规药品开具，以及部分中医院的中药代煎均采取该模式。此模式仅为医疗互联网下的被动变革，未真正实现效率提升、效能优化，仅为单纯的过渡模式，必然会被其他模式所取代。

2. 城市中心云药房的集中分拣配送模式（B2B2C）

在公立医院零加成、诊疗服务互联网化等加持下，“线上诊疗、线上处方、线下配送到家”的就医模式，将对原有“医药工业企业—医药商业企业—医院—患者”的药品流通模式重造。患者在线就医，医生开具电子处方并完成审方结算后，医院将电子处方直接传给医药商业企业，由医药商业企业根据患者处方进行药品调剂和终端配送。行业内一般将医药商业企业代替医院药房进行患者处方调剂的模式称为“云药房”或“城市中心云药房”，这种模式不仅减少了药品流转次数，节约了药品流通成本，同时为医院药房减轻了压力。

此模式实质是互联网化的医药电商 B2B2C 模式，医药商业企业可借此模式触及 C 端患者，通过对 C 端数据的再利用，优化供应链决策，提升供应链柔性（见图 5 -8）。但医药商业企业的物流体系也需从原来的城市化点对点配送向快递化转型，当前上海“1 +1 +1”医疗服务试点是此模式的积极探索的实践案例。

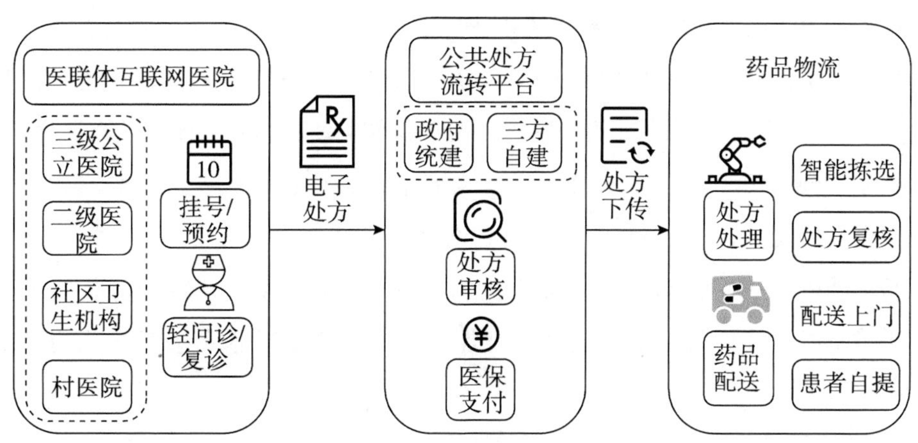

图 5 -8　医药电商 B2B2C 模式

上海医药的“益药·云药房”是上海“1+1+1”模式中医疗机构的合作方之一，上海医药通过打造“益药电子处方”公共处方流转平台和“益药·云药房”智能化药品服务仓，成为医疗机构的“云药房”。当患者线上或线下就诊后，医生开具电子处方后上传到处方平台，然后流转至“云药房”，经审核后患者完成支付，“云药房”负责处方级的药品分拣与配送。患者可选择送药上门，也可选择自提点自提的模式。“益药·云药房”2019 年为 162 家社区医院、28.5 万名患者，提供了 134 万人次送药到家服务。“益药·云药房”模式如图 5－9 所示。

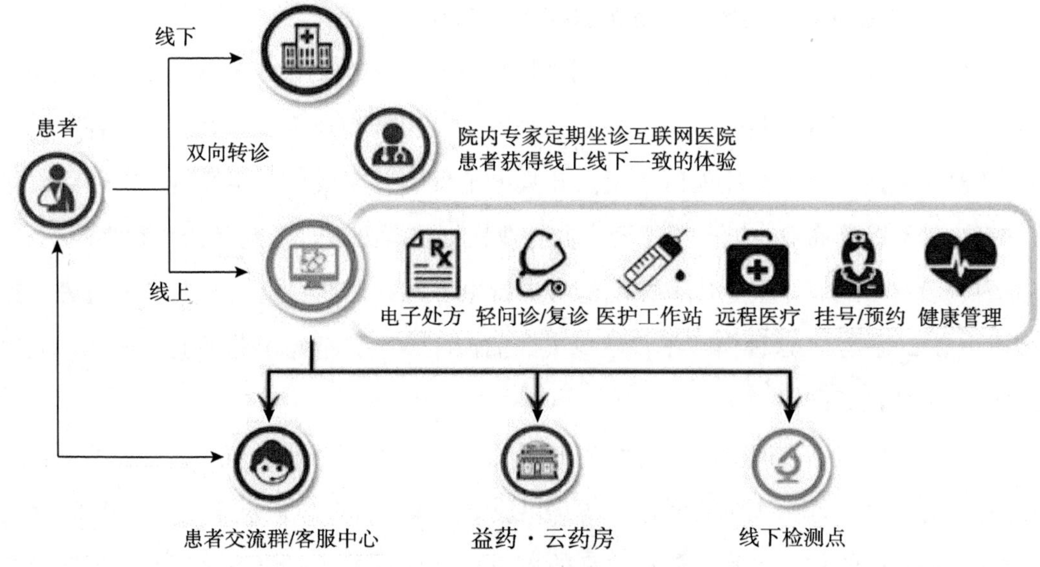

图 5－9　“益药·云药房”模式

当前，医联体互联网医院更希望统筹医疗、医药、医保支付等一体化的服务，提升患者的黏性，故处方更多在体系内外流，医药实质上未分离。此模式在慢性病医保“结余留用，超支不补”的人头付费方面权责分明、操作简便、监管方便，社会效益更好。

未来随着分级诊疗落地，基层医疗机构流量将会快速增长，原有药房硬件、药师人员等均会发展受限，“云药房”是经济、合理的方式。

市场实践中单体互联网医院（如天士力模式）、垂直领域互联网医院（如丁香医生）也采取此模式，通过互联网化的医疗服务、药品服务、院外管理，为慢性病患者提供一体化服务。

3. 零售药店 O2O 模式

在“互联网+”浪潮中，聚焦 3 公里的本地化生活圈异军突起，服务线上化拓展了线下实体店的服务半径，为用户提供线上自主下单、在家收货的便利，同时线下的强体验增强了客户的忠诚度，线上线下一体化融合的 O2O 生态已基本成型，餐饮店、超市、便利店等均积极拥抱 O2O，扩大服务渠道。

“互联网 +”能够帮助零售药店快速切入新零售，一方面，以互联网技术重构上游供应链，依托大数据平台，帮助门店提升经营能力，控制上游入口资源；另一方面，以互联网等新技术赋能线下药店，提高其效益和效率，守住线下流量入口。

以往，零售药店通过与电商平台合作，或者自建电商平台，实现医药电商化。在处方外流趋势下，零售药店要实现 O2O，不仅是要将原有的会员线上化，还需积极进行互联网化改造，为电子处方的接收、支付、结算、调剂状态、配送情况、信息回传等提供信息化支持，同时为监管方的在线监管提供便利，也需在“网订店取”“网订店送”等便利化的物流服务模式同步升级。零售药店 O2O 模式如图 5 – 10 所示。

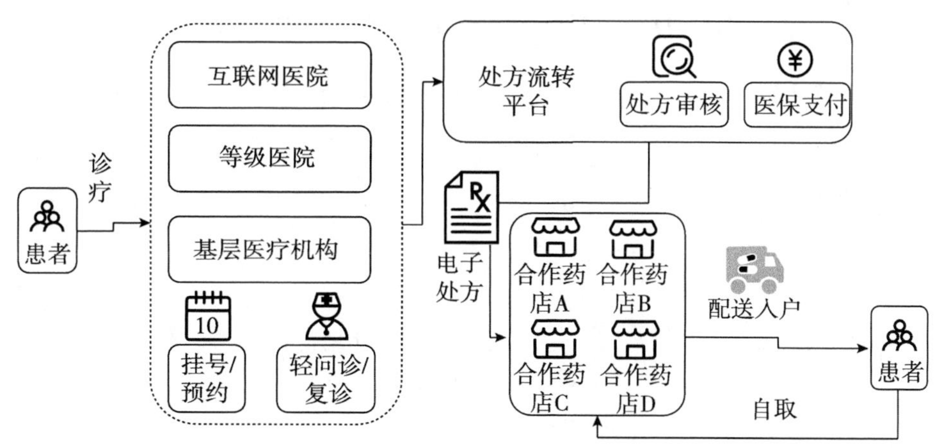

图 5 – 10　零售药店 O2O 模式

传统零售企业开展处方外流 SWOT 分析如图 5 – 11 所示。

传统零售企业开展慢性病处方外流需要解决的问题如图 5 – 12 所示。

近年来，新疆、郑州、杭州等地积极开展慢性病处方线下药店取药或配送上门的试点工作，广西、山西、山东等地推进公共处方平台对接药店，连锁药店均是试点的首要选择，反观其因服务标准程度高、管理更规范、监管更方便、结算更便利的特点，更易获得医保授权与合作。因此，未来在处方外流份额的争夺中，连锁药店更易分得蛋糕。

正是基于爆发式增量市场的预期，阿里、京东等互联网巨头近年来在实体药店端动作频频，积极通过入股、控股、并购等方式，提前布局连锁药店；微医、丁香医生、平

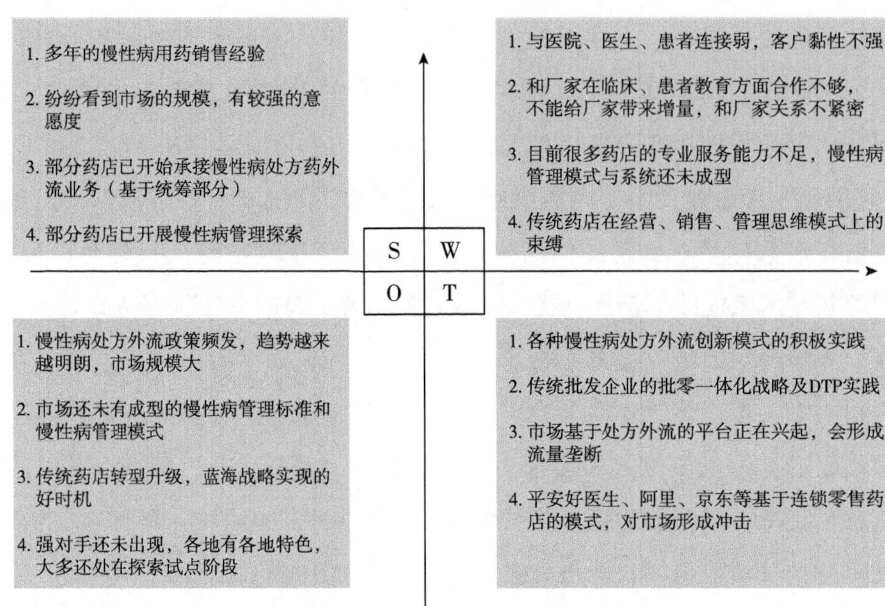

图 5－11　传统零售企业开展处方外流 SWOT 分析

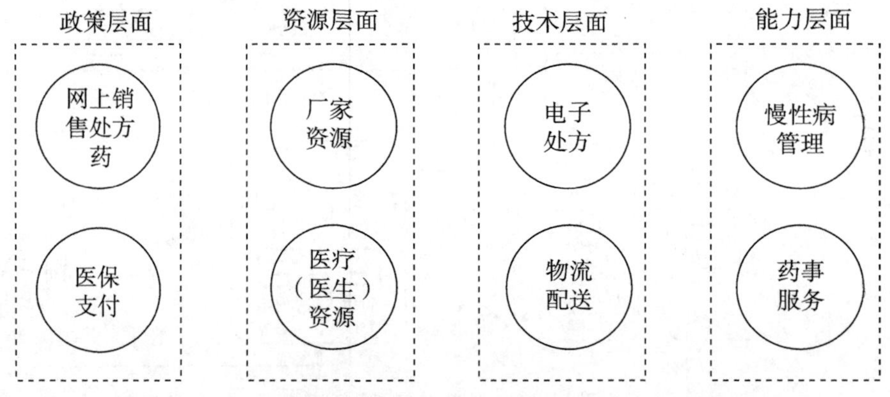

图 5－12　传统零售企业开展慢性病处方外流需要解决的问题

安好医生等医疗方也通过不同方式直接或间接介入连锁药店，构建起就医和购药的闭环生态。饿了么、美团等本地化生活平台通过实体药店的入驻，争夺线下配送的流量。

该商业创新模式的典型案例是微医，起步于挂号网，经过近十年的数据积累和场景连接，微医互联网医院平台通过互联网和人工智能技术，帮助医院、医生、医药企业、保险企业等产业链主体实现云化，微医的业务体系由三大共享模块构成：互联网医院为核心的平台共享模块、团队医疗为支点的医生共享模块、区域医疗卫生信息平台为主的数据共享模块。微医业务体系如图 5－13 所示。

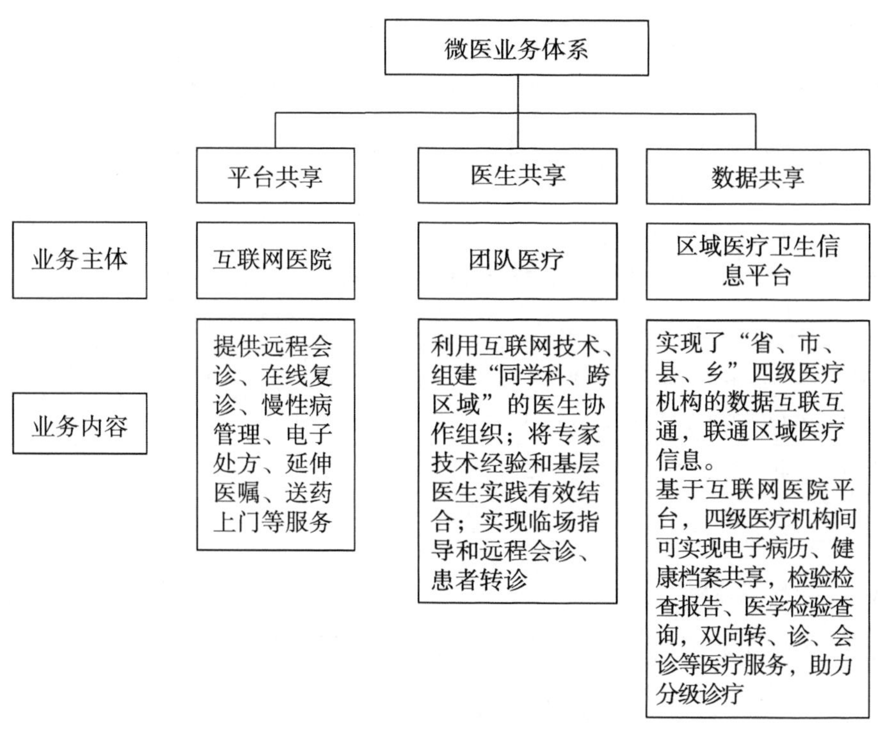

图 5-13 微医业务体系

微医互联网医院平台致力于打造在线诊疗与医药销售一体化的互联网平台，通过大量整合线下药房，将处方导入线下药房，用户可就近选择药房取药，也可选择药店送药上门服务，实现线下药店的 O2O。

O2O 的基础是大数据，实体药店必须积极利用大数据等先进技术，在经营品类上进行优化，同时也需要在店内开展并强化健康增值服务，如血压检测、慢性病管理、快诊等，向零售、健康、服务相结合的新零售迈进。当前，平安好医生通过“一分钟快诊”的导入，对零售药店赋能增值服务。

4. 医药电商 B2C 模式

目前传统 B2C 市场中几家龙头企业为 1 药网、康爱多、健客网等，主要以 OTC、保健品、医疗器械等销售为主营业务，而大部分在 B2C 渠道购买药品的消费者均为慢性病患者。

随着移动互联网的发展，用户对疾病认知水平提升，部分患者采用自诊断等方式治疗，医药电商 B2C 模式业务量在 2021 年增长明显，且头部平台均实现盈利。

由于网售处方药受限，医药电商的前景不明，需通过服务创新来提升销量。

综上分析，基于“互联网+”的医疗服务创新，是处方来源由封闭化走向共享化、处方由纸质向电子化转变的过程，在医保在线支付、医保多种付费体系的加持下，其在医、药、增值服务等方面将会有更为丰富的组合，医药电商 B2C 模式如表 5-9 所示。

表 5-9　　医药电商 B2C 模式

模式	上海“1+1+1”	易复诊	新疆药店模式	国药西南 DTP	微医
处方来源	社区卫生服务中心	各级医院	定点医院	定点医院	互联网医院
处方平台	政府公共平台	处方共享平台	无	无	自有
处方流转	电子处方	电子处方	纸质处方	电子处方	电子处方
医保结算	医院	药店	药店	药店	医院
商业模式	医疗、送药	医疗、药店、在线复诊	医疗、药店	医疗、药店	医疗、药店、在线复诊
医药分家	否	是	是	是	是
药品分拣	分拣中心	药店、分拣中心	药店	中心药房	分拣中心、药店
取药方式	店取、上门	店取、上门	店取	上门	店取、上门

四、医药物流模式变革

基于医药供应模式的变革，未来医药物流将会有如下挑战：订单碎片化会更明显；行业利润率将走低；订单交付多场景化；京东、顺丰等巨头进入，竞争白热化。医药物流挑战如图 5-14 所示。

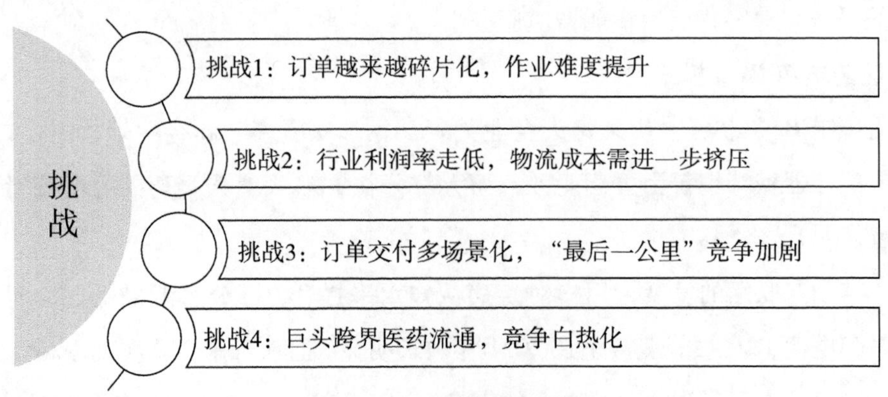

图 5-14　医药物流挑战

当然，有挑战就会倒逼加速变革，参照近年来其他行业新零售物流的变革，我们认为，商业模式变革下医药物流将向三方面转变：一是供应链更短，医药商业集中度更高，深度连接 C 端用户，如国药集团、华润等已在 C 端进行尝试；二是供应链更敏捷，服务响应度更高，物流一体化趋势明显，仓配一体化、店仓一体化等模式将全面推广；三是跨区域建仓政策松动，商业跨区域建仓可以提升配送服务响应速度，因此多级别区域共享分仓、共享配送成为新的需求点。医药供应链新机遇和医药物流新变化如图 5－15 和图 5－16 所示。

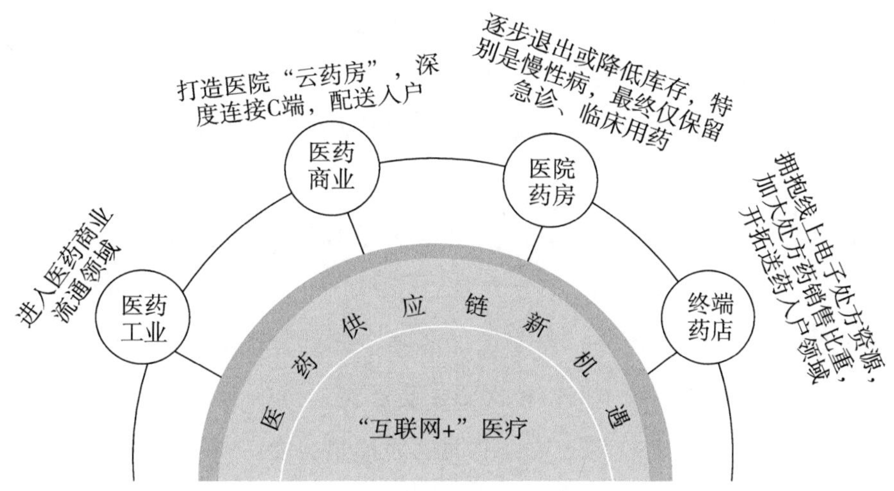

图 5－15　医药供应链新机遇

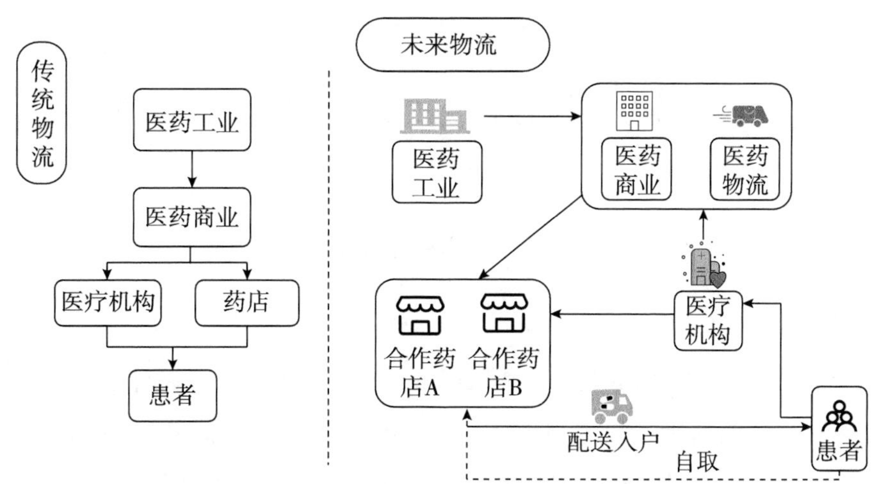

图 5－16　医药物流新变化

结合商业模式的变化趋势，在仓储、配送的规划设计时，传统的仓储规划、运营模式、配送管理等均会有新的变化，以下从城市中心云药房的分拣规划、O2O 零售药店的物流分拣规划、“最后一公里”配送服务分别展开。

（一）城市中心云药房的分拣规划

随着互联网医院建设的加速，原有以医院为服务对象的配送中心的设施设备、作业模式、信息系统等，已无法满足处方级订单的爆发式增长，国药集团、华润医药等多地的配送中心已开启升级改造。

城市中心云药房的实质是承担药房的处方处理功能的配送中心。因此在改造、升级、新建等的规划设计时，既需要考虑传统配送中心的功能模块，也需要规划患者处方的物流、信息流的流转与处理。本部分着重对患者处方的仓储环节的相关作业展开阐述。

与传统拆零作业流程相似，仓储作业也是从订单环节处理开始，经过药品拆零分拣、复核包装、集合配送等环节，但处方级的订单，具有以下特点：100% 拆零，最小拣货单位是盒或支，客单价不高；需要增加药师审核处方环节，部分商业模式下前置在处方流转平台；不同于传统电商，批次要求更严格；订单无规律性，波峰波谷明显；随货单据不同；时效性要求较高。基于不同的规模量，在订单处理、药品拣选、复核包装、分拣出库等方面也会采取不同的策略。作业流程如图 5－17 所示。

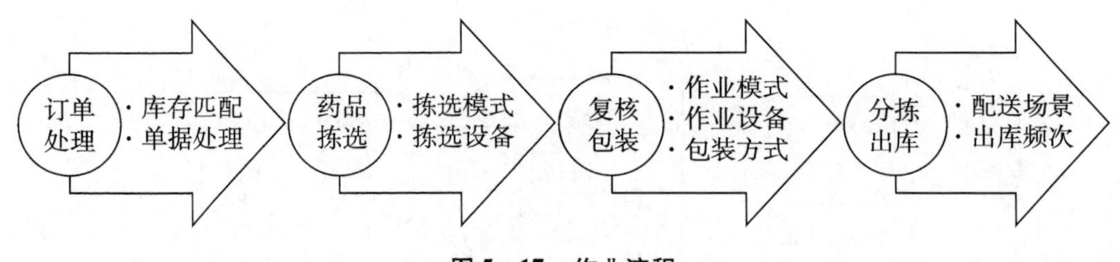

图 5－17　作业流程

（1）订单处理。

仓储作业的订单处理过程，主要是将患者处方转换为仓储作业任务单，一般由 WMS 系统自动化处理，自动匹配库存，分波次生成仓储作业拣货单、出库单等，直至出库交接。一般存在一人对应多个处方的情况，故在处方级订单处理时，会先进行订单合并再进行任务分派，这样可有效减少仓储和配送的时间，提升客户体验。

一般订单处理过程，会伴随着作业单据生成与打印，特别是面向患者的单据的打印。根据商业模式的不同，单据一般有以下几类：药品出库、患者处方、发票、结算清单、配送单及其他类单据。

单据的打印需根据订单流转模式、仓储作业流程规划等，综合评估打印设备、打印方式和打印环节等。单据打印方式一般有人工干预的手工打印以及系统根据任务触发的自动打印。订单规模量较大时，自动打印可以避免因纸质单据处理不及时导致的作业等待，同时作业过程人工干预较少，作业较为流畅，管理难度低。另外，打印设备选型上须注意设备与整体作业设备的匹配度，如自动打印时，打印速度是否会影响拣货速度等，其他设备及耗材的成本也是需要考虑的地方。针式打印机与激光打印机的整体比较见表 5 - 10。

表 5 - 10　　针式打印机与激光打印机的整体比较

项目	针式打印机	激光打印机
首页打印耗时	15s/页	8s/页
连续打印耗时	8 ~ 10s/页	2 ~ 3s/页
耗材	色带	硒鼓
耗材价格	70 元/个	黑白 1000 元/个 彩色 2000 元/个
打印页数	4000 页	10000 页
纸张	单联/多联打印纸	复印纸
纸张价格	80 元/600 张	20 元/500 张
打印成本	0. 15 元/张	黑白 0. 14 元/张 彩色 0. 24 元/张
打印机价格	3000 ~ 9000 元/台	黑白 7000 ~ 12000 元/台 彩色 10000 ~ 15000 元/台
打印机选型	EPSON 1600/1900/3500	HP M652dn、HP E65050dn
优点	一次多联打印，清单连续	打印速度快、清晰
缺点	容易卡纸，二维码打印不清晰	无法多联打印

（2）药品拣选。

拣选作业既是仓储作业的重要环节，也是传统物流管理的难点。在电商发展过程中，传统仓储中拣选环节需要的人力已占到整体仓储的 60%，成为现代物流重点研究的一个方向。更快、更好、更经济的拣选方式，可为物流竞争乃至整体商业竞争带来不可忽视的优势。

拆零拣选是仓储拣选中难度最大的一类，须拣选到最小包装，且商品包装规格千差万别，自动化难度也最高。按照拣选类型来分，主要有三类。①人到货拣选，由人去找货，并由人去拿需要的数量，拣选设备有电子标签、RF 等；②货到人拣选，人不动，由机器将货传到人，由人完成拣货，拣选设备有 KAVA 机器人等；③智能拣选，由机器自动找货，并自动完成拣选，拣选设备有自动发药机、A 形架等。

针对处方级的药品集中拣选，依据订单量不同，可选择的拣选设备、拣选方式、拣选效率、设备投入及作业优缺点分析如表 5 - 11 所示。

表 5 - 11　　不同拣选类型的优缺点分析

拣选类型	拣选设备	拣选方式	拣选效率	设备投入	优点	缺点
人到货拣选	纸张	人工	50 ~ 80 笔/（时·人）	—	作业流程简单易懂； 仓库投资少，可靠性高	作业效率低下； 准确率低； 分货作业时间长
	RF、PDA	人工	60 ~ 100 笔/（时·人）	0.5 万 ~ 2 万/台	拣选准确率高； 出库作业效率高	需要软件系统支撑； 需要条码支持
	电子标签	人工	150 ~ 200 笔/（时·人）	150 万/套	出库作业效率高； 拣选准确率高； 降低管理难度与复杂度	需较大投资； 设备维护及可靠性要求高
货到人拣选	KAVA 机器人	人工、设备	300 ~ 400 笔/（时·人）	100 万 ~ 200 万/套	优化整合作业环节； 减少作业人员，差错率低	投资较高
智能拣选	自动发药机	自动	400 ~ 600 笔/（时·人）	300 万/套	效率高，差错率低	投资高
	A 形架	自动	1000 ~ 1500 笔/（时·人）	80 万 ~ 150 万/套	可靠性高，维护便捷，准确率为 99.99%	投资高、柔性差

（3）复核包装。

因药品的特殊性以及拆零作业的特性，在订单完成拣选后须核对品名、批次等关键性信息，并进行扫药监码等操作，复核 100% 合格，方可进行包装作业。一般物流作业中，复核与包装作为一个环节进行处理。

随着现代机器视觉识别技术的发展与提升，使用机器识别与比对药品的品名、批次等关键信息成为可能。根据复核包装过程的人工干预程度及自动化程度，可分为人工复核、人工包装，人工复核、半自动化包装，自动复核、自动包装。复核包装中不同自动化程度优缺点分析如表5－12所示。

表5－12 复核包装中不同自动化程度优缺点分析

分类	复核效率	设备投入	优点	缺点
人工复核、人工包装	600行/（天·人）	—	投资小	复核速度慢；差错率无法控制
人工复核、半自动化包装	1300行/（天·人）	20万/台	作业效率高，可自动完成	机器效率未最大化发挥
自动复核、自动包装	30000行/（天·组）	500万～800万/套	全方位视觉识别与扫描，差错率低，效率高	投资较大，维护成本高

基于不同的药品特性，不同的配送方式、配送距离等，在包装材料、包装方式上可选择多种方式，优缺点如表5－13所示。

表5－13 复核包装中不同包装方式优缺点分析

包装方式	封口方式	作业模式	优点	缺点	配送范围
马甲袋	扎带等	手工	包装简单，设备投入小	包装不美观、安全性低	同城
纸箱	胶带	半自动化/手工	包装规范、安全性高	包装成本高、效率低	异地
连券袋	热压	自动化	包装规范、安全性高	设备投入高	同城

综上，在城市中心云药房的新建、升级改造规划时，既要考虑当前资金一次性投入，也要放眼未来，充分考虑业务的发展趋势，预留未来增量规划投入等。成本核算如表5－14所示。

随着互联网医院的建设，医药流通企业将掀起一轮城市中心云药房的升级与改造，城市中心云药房将成为行业焦点。

表 5-14　　成本核算

日均单量（单）	单据打印	药品拣选	药品复核	药品包装	分拣出库	软硬件投入（万元）	单均折旧（元/单）	人力投入（人）	单均人力成本（元/单）	单成本合计（元/单）
0~500	人工	PDA	扫描器、PC	手工	手工	30	0.33	4	4.27	4.6
500~1000	自动	PDA	扫描器、PC	手工	手工	40	0.2	13	4.16	4.36
1000~2000	自动	电子标签	扫描器、PC	半自动	手工	350	0.75	16	2.56	3.31
2000~5000	自动	机器人/自动发药机	扫描器、PC	半自动	全自动	1000	0.73	22	1.41	2.14
5000~10000	自动	A 形架	全自动	全自动	全自动	2000	0.7	11	0.35	1.05
10000~20000	自动	A 形架	全自动	全自动	全自动	2000	0.35	22	0.35	0.70

（二）O2O 零售药店的物流分拣规划

相较于城市中心云药房来说，零售药店的服务半径较小，店内自提客户半径为 1~2 公里，需送药上门的客户半径可拓展至 3~5 公里，订单量相对要小，升级改造主要是对现有的零售系统进行改造，再配备简单的物流工具或自助型智能设备等，不建议布置规模化的物流设备。

1. 系统升级改造

现有的零售系统基于线下购买场景而开发，对线上场景需要从处方接收渠道、处方审核、处方结算与支付、处方与店内库存的精确匹配、客户配送需求、配送结果、退货管理等进行综合升级改造，并形成服务管理闭环。

2. 店内陈列改造

在传统零售药店，商品的陈列是按照品类等规则货架分层陈列，没有物流配送中心的货位标识。O2O 模式下，店仓一体化是基本趋势，店铺陈列上需仓储化改造，可借助零售电子标签等先进设施，实现货物的线上与线下销售一体化、库存的可视化、盘点的实时化等。

3. 拣选模式

药店面积一般不大，拣选路径较小，一般采用人到货的按单拣选，可以使用传统纸质分拣单，也可采用电子化的 PAD 拣选，或采用 RF 智能终端和零售电子标签结合的方案等，提升拣选的效率。

据测算，按照现有零售药店的人员配置，除维持现有的线下接待外，单店还可完成 80 ~ 100 单的线上订单。若订单量较大，可考虑连锁药店配送中心按处方集中分拣，再配发至门店或直接送药上门的模式，实现店与中心仓联动。

4. 无人零售

目前市面上已有各种药品自助零售机，主要以销售 OTC 药品及保健品为主，方便患者 24 小时的自助用药需求。未来，随着处方电子化提升，可处理电子处方的药品自助零售机、无人药店等均会到来。

（三）“最后一公里”配送服务

1. 处方级“最后一公里”配送特点

基于药品“治病救人”的特性，特别是处方药品不得有半点差池，故在“最后一公里”服务上不仅是对药品简单的交付，同时还有以下特点。

（1）配送体系绝对安全。

由于药品特殊的功效，要求从出库至交付患者的全过程必须安全可控，既保证药品在配送过程中不被污染、质量稳定不发生变化，同时要保证 100% 的配送准确率，避免患者用药错误造成风险，更须保障配送过程中药品不被调包、不替换为假药劣药等，避免对患者生命构成威胁。故处方药品的配送要选择专业化、专门化的配送团队来保障。

（2）配送全程可追溯。

根据 GSP 相关要求，药品的流通过程须全程可追溯，作为流通过程中的配送环节，也必须做到全程可追溯。故需要建设专门的配送管理系统，记录配送起止时间、配送人员、签收信息等完整的资料。

（3）冷链管理全程合规。

冷链运输的药品需要有全程精准化的温度控制，虽然不像 B2B 的药品冷链配送时当场提供在途温度，但作为事后监管，更需要全程温度合规，记录完整可追溯。在 C

端医药冷链配送体系建设时，不仅需要考虑冷链运输工具与患者处方的对应关系，同时更需要考虑在冷藏车或冷藏箱多次开关时，如何保持温度的稳定。冷链配送的配送员，必须通过定期化的专业培训与实地考核，掌握过硬的冷链操作技能和冷链应急能力后，方可上岗。

（4）医保上门结算/代收货款。

因各商业模式中医保支付环节不同，在部分场景中配送员必须上门医保刷卡或代收患者自付部分，故配送员兼有收银的功能。

（5）定制化的客户服务。

因慢性病的患者群体以老年人为主，且配送的重复性较高，需要在配送过程中对患者的特殊性信息进行积累，如一般在家时间、收货的标准、付款方式、活动便利性、延误容忍度等，以提前做好预案，为客户提供稳定的定制化服务，提升客户的体验，从线下提升客户黏性。

（6）其他相关增值服务。

因网络的虚拟性，外加老年群体对手机等工具应用不熟练，需要配送员在线下配送时负担起如简单的药事服务、协助客户网络订药、协助客户数据采集等专业化增值服务。

2. 自建还是外包

物流自建与外包，一直以来都是行业的焦点性话题，即使是社会化物流充分发展的今天，仍然是决定商业模式成败的关键。对处方药品的配送来说，自建和外包的优势各有千秋。处方药品配送自建和外包优劣势如表 5－15 所示。

表 5－15　处方药品配送自建和外包优劣势

	自建配送	外包配送
优势	1. 可提供特殊化服务 2. 灵活性较高 3. 服务可拓展性强	1. 标准化服务 2. 成本相对低，无须投入资产成本
劣势	1. 成本较高 2. 资产投入较大	1. 服务灵活性差 2. 不适合新业务拓展

目前社会化物流在 C 端的医药冷链上基本为空白，企业会更多考虑自建，提前占据赛道，建立商业壁垒。例如天士力等通过自建配送团队，培养专业的配送人员，打

造智能化、可视化、数字化的配送管理平台，为患者提供安全、便捷、全程可控的送药上门服务。同时社会化物流也在逐步介入处方药配送领域，它们通过成本补贴，快速拓展新兴市场，如顺丰与微医展开战略合作等。而在药店端，众包配送模式满足患者的即时用药需求。

在国家集采时代，药品大规模降价、物流配送成本下降成为企业生存或商业模式能够成功的关键，外包配送、企业间合作配送将会成为未来趋势。

（四）配送策略及配送服务布局

随着药品区域限制的松绑、智慧物流的升级迭代，原来医药物流“一城一公司一仓库”模式将被颠覆，全国一体化的多级分仓体系将助力医药物流快速发展，为终端提供高效、安全、标准、低成本的物流服务。

全国多级分仓体系中各级分仓功能大致有：区域配送中心负责区域药品储备、区域内的省级云仓的调转；省级云仓负责省内2B业务的支撑、城市前置仓的供应；城市前置仓负责城市2C配送。

城市配送体系，则是由城市前置仓（城市配送中心）和配送站点构成的，根据城市面积、配送服务项目、服务客户密度、配送策略的不同，进行相应的城市配送中心、配送站点布局规划。以城市配送中心为起点，使用微型货车进行配送，假设配送站点的房租、人工、固定资产等边际成本为0，假设客户均匀性分布，进行配送站点布局的数学建模。

$$C = \frac{t_s}{t_{per}} \times c_{per} \times k + d_s \times c1_o \times k - D \times c2_o - c_l$$

式中：t_s——配送车辆到达第一个客户时间；

t_{per}——单均配送时间；

c_{per}——单均配送成本；

k——配送车辆数；

d_s——配送车辆到达配送站点的距离；

$c1_o$——配送车辆每公里油耗费用；

$c2_o$——干线运输车辆每公里油耗费用；

D——物流中心到配送站点的距离；

c_l——人工成本。

使用 MATLAB 进行数学仿真，设定部分常量如车辆油耗 0.6 元/km、人员成本 300 元/（天·人）、单票配送时间 10min 等，微型货车城市 C 端药品上门配送最佳配送半径约为 10km，区域单量约为 430 单即可达到成本的盈亏平衡。距离与单量关系如表 5－16 所示。

表 5－16　　距离与单量关系

距离（km）	单量（单/户）
5	1901
20	500
40	200
60	100
80	70
100	50

根据配送站点布局大致可分为以下几种类型。

（1）单个城市配送中心或单个配送站点覆盖城市配送，管理上相对简单，可实现扁平化管理，但客户响应度低、作业成本相对高，适合业务初期发展阶段。

（2）单个城市配送中心、多个配送站点覆盖城市配送，根据数据模拟，一般微型货车的配送半径为 10km，服务响应度相对较高，若客户密度较大，则需进一步缩小半径；考虑各城市拥堵、限行等因素，建议采用电动微型货车；实践中，可通过设置环形班车的干线模式，覆盖多个配送站点。

（3）多个城市配送中心、多个配送站点覆盖城市配送，对于超大城市或超级城市群，可选择多个城市配送中心互补的策略，提升订单出库响应速度，缩短城市配送干线运输路径。

以上三种模式一般是逐步演进的，初期配送规模量较小，基本以单个配送站点或城市配送中心起步，逐步发展至多个城市配送中心或多个配送站点。

（五）配送交付模式

在配送交付模式方面，借鉴目前基本成型的社会化快递模式，处方药的“最后一公里”解决方案包括直接送药上门、社区点自提、智能药柜等。

1. 直接送药上门

随着中国老龄化社会进程的加快，很大一部分处方药的送货对象为老年人，患者存在行动不便、取药困难的问题，送药上门成为其必选项。按照社会化快递的推算，送药上门的需求占比会超出 50%。当前，送药上门主要以人力为主，新冠肺炎疫情催生了无接触配送，部分城市试点智能机器人派送服务。

2. 社区点自提

患者门店自提不仅可以提升配送效率，同时也为门店带来引入流量，增加了与患者的互动，提升了患者的体验感。此模式下可选择的自提点有以下几类。

（1）零售药店：网订店取或合作药店自提。

（2）健康服务中心：企业自建的慢性病管理中心、健康监测机构等。

（3）社区服务中心：社区卫生服务中心、居委会等。

（4）配送点：快递点、配送服务点。

3. 智能药柜

为满足患者在小区内随时自取药品的需求，推出了类似于智能快递柜的处方药（含冷链药品）智能药柜，其不仅可以实现温湿度的精准控制，也可进行电子签收管理，同时可实现多渠道的在线支付服务，为患者提供安全、便利的用药服务。

第三节　跨境医药电商新模式新业态显现

一、国内跨境电商政策在医药产品方面“破冰”

2018 年 5 月，国家药监局会同国家卫生健康委发布《关于优化药品注册审评审批有关事宜的公告》，大幅简化境外上市新药审批程序。截至 2019 年 8 月 30 日，中国已批准进口药品总体数量为 3739 个（按文号计），品种数为 1341 种。2019 年 12 月 1 日正式实施的新《药品管理法》对假药劣药的范围作出重新界定，其中包括未经批准进口的药品不再按“假药”论处。对未经批准进口少量境外已合法上市的药品，情节较轻的，可以减轻处罚。需要强调的是，从境外进口药品必须经过批准，违反药品管理秩序的行为仍要进行处罚。

此前医药产品是跨境电商的禁区，虽然消费者对境外优质、廉价、个性化的医药产品仍有很高的需求，但在政策的桎梏之下，部分消费者只能通过代购等非正规渠道进行购买。非正规渠道之下，消费者常常处于被动的一方，无法对产品进行甄别，也无法全程追踪，更不能享受不满意退货等服务。消费者的权益不能得到更好的保障。

北京市药监局会同北京市商务局、北京海关、北京天竺综合保税区管理委员会制定的《北京市跨境电商销售医药产品试点工作实施方案》（以下简称《方案》）于2019年12月30日发布，这是国内跨境电商政策在涉及医药产品方面的一次“破冰”。《方案》明确试点企业应当是注册在北京市行政区域内、具备企业法人和医疗器械网络交易服务第三方平台资格的企业，相关跨境医药产品应当在北京口岸通关，并在天竺综合保税区内具有符合跨境医药产品存储要求的仓储能力（可以委托符合条件的物流仓储企业）。

针对《方案》，专门成立了跨境电商销售医药产品试点工作推进领导小组（以下简称试点领导小组），小组成员单位包括北京市药监局、北京市商务局、北京海关、天竺综合保税区管理委员会，并建立成员单位联席办公机制。四个单位各司其职，覆盖跨境医药产品的遴选、追溯、存储及配送标准的制定，营销服务机制的完善，通关运行管理工作，以及全流程的管理工作等。

试点企业的主要职责包括组织制定质量管理制度，指导、监督制度的执行，并对质量管理制度的执行情况进行检查、纠正和持续改进；负责对入驻企业和跨境医药产品进行审查；负责对跨境医药产品购销过程和追溯进行管理；负责跨境医药产品质量投诉和质量事故的调查、处理及报告；负责实施跨境医药产品召回的管理；其他应当由试点企业履行的职责。试点企业还负有追溯义务，应当以“一物一码、物码同追”为基本原则建立跨境医药产品追溯体系，实现跨境医药产品境内最小包装单元可追溯、可核查。鼓励试点企业将跨境医药产品境外生产流通环节纳入追溯体系。跨境医药电商“北京模式”未来的发展，将彻底满足消费者对海外长尾、优质、价廉、个性化医药产品的强劲需求，并将对标发达国家和地区的市场，大幅提高我国药品医疗器械种类丰度。跨境医药产品可以通过试点企业的电商平台，直接向境内个人消费者销售，但不得向境内任何企业、其他单位销售（即“北京模式”）。“北京模式”也被认为是我国跨境电商政策涉及医药产品方面的首次破冰。

根据我国《药品管理法》以及财务部等十三部委联合发布的《跨境电子商务零售

进口商品清单（2019年版）》的有关规定，凡是在我国境内已经取得进口注册许可的以及清单内的药品和医疗器械，均可以通过“北京模式”直接进入国内。目前，列入清单的医药品种主要为家用日常药品和医疗器械。

2020年年初，阿里健康率先成功申请开展跨境电商医药产品试点业务并获公示。在政府部门的指导下，阿里健康入驻北京天竺综合保税区，通过菜鸟的全球化物流能力，与科园信海合作，不断完善提升药品的质量保证和物流体验。阿里健康北京菜鸟跨境药品保税仓的非处方药品主要集中在一些家庭常备外用OTC药品上，其他品类用药也正在陆续引进中。2020年天猫“6·18”中，阿里健康跨境非处方药品自营业务同比增长100%以上，显示用户对进口非处方药品的诉求越来越强烈。

按照《北京市药品监督管理局关于加强北京市跨境电商销售医药产品试点相关工作管理的通知》（京药监发〔2020〕331号）的要求，北京市药品监督管理局组织跨境电商销售医药产品试点工作。依据《北京市跨境电商销售医药产品试点企业仓储物流管理规范》的规定，2021年1月29日，药兜（北京）国际医药有限公司作为国内首个跨境医药零售试点三方仓储资格获批，为跨境医药电商企业提供仓储物流第三方服务。本次获批的跨境医药仓储中心位于北京天竺综合保税区一区，建设有3200平方米符合GSP认证的专业跨境医药仓储中心，可以为各类需求企业提供药品仓储物流、国际贸易转运、药品进口代理等服务。

二、医药跨境电商新业态快速健康发展

北京海关顺应跨境电商新业态快速、健康的发展趋势，充分发挥北京市医药产业基础优势，努力提高利用国际国内两个市场、两种资源的能力，第一次打通了我国跨境医药产品零售进口的合法正规路径。在保证严密监管前提下，推动消费结构优化，拉动境外消费回流，促进消费升级，满足国内群众对于提升生活品质、便捷购买境外优质医药产品的诉求，实现不出国门、足不出户，即可享受更先进、更安全、更实惠的正规国际医药产品保障。

2020年以来，北京海关推出全国首创且唯一的跨境电商医药进口试点，以及免税、保税、跨境电商政策叠加的特色监管模式，推动北京跨境电商网购保税进口业务爆发式增长，验放清单量同比增长19倍，成交金额同比增长近80倍。“十四五”期间北京

将加快培育商业新模式新业态，深入推进“互联网 +”流通行动计划，持续推进跨境电商创新发展，加快协调开展跨境电商进口医药产品试点，网购保税、线下自提和B2B 出口试点等新模式新业态。

三、医药跨境电商是行业发展的重要方向之一

相关统计数据显示，2020 年中国医药市场网上销售额为 1956 亿元，增速持续增长。对于医药电商这一涉及医药特殊商品的行业，政策风向是行业的生死线。长期以来政策的不明朗，让医药电商发展步履缓缓。近些年政策的积极向好为医药电商的蓬勃发展迎来了机遇期。“健康中国 2030”“4 +7”带量采购、“两票制”、新药品管理法等政策为医药电商发展提供了强力的政策支持。随着下沉市场的市场价值被开发和重视起来，发力下沉市场也成为医药电商角逐的重点。医药电商通过全域布局和辐射全域的物流配送体系，让药品的可及性可以延伸到区域末端。在我国大力开放创新药进口的大背景下，医药电商布局跨境业务成为未来行业发展的重要方向之一。

第四节　国际医药冷链物流发展情况探讨

为保证药品质量，在其生产、加工、储存、运输、配送、销售一直到消费者的各个环节中处于特定的温度范围的过程称为医药冷链物流。医药冷链物流伴随着整个社会对物流的需求和物流行业的发展逐步兴起，需要在低温环境中运输、储存的药品流通都可以属于医药物流。医药物流有着质量要求高、物流成本高、信息技术要求高等特点。医药物流的对象包括生物制品、疫苗类、血液制品、部分活菌制剂、部分眼用制剂以及部分抗肿瘤药物等。冷藏药品类型以及部分冷藏药品如表 5 – 17 所示。

表 5 – 17　　冷藏药品类型以及部分冷藏药品

类型	药品
抗微生物药物	注射用头孢哌酮钠

续　表

类型	药品
维生素类	注射用水溶性维生素
胰岛素类	中性胰岛素注射液、精蛋白锌胰岛素注射液
甲状旁腺及钙代谢调节药	鲑鱼降钙素注射液、鲑鱼降钙素鼻喷剂
抗肿瘤药物	注射用异环磷酰胺、多西他赛注射液
免疫调节功能药	注射用重组人白介素 -2
神经系统用药	巴曲酶（降纤酶）
消化系统药物	多烯磷脂酰胆碱注射液
循环系统药物	前列地尔注射液
泌尿系统药物	醋酸去氨加压素
血液系统药物	人凝血因子Ⅷ、重组人红细胞生成素注射液
眼科用药	重组牛碱性成纤维细胞生长因子眼用凝胶
妇产科用药	地诺前列酮栓
生物制品	破伤风抗毒素、人血白蛋白注射液

药品需要储存的温度范围如下。

（1）0℃以下——一些疫苗，如麻疹疫苗，可以储存在 -20℃（世界卫生组织，2006f：2）

（2）2℃ ~8℃——大多数疫苗必须在此范围内保存（世界卫生组织，2006f：2）

（3）20℃ ~25℃——根据 FDA OTC 标签数据库的审查确定（Dailymed，2011）

（4）15℃ ~30℃——根据 FDA Rx 标签数据库的审查确定（Dailymed，2011）

澳大利亚气象局（BOM）将全球人口分布划分为五个气候区（根据全球气温），如表5 -18 所示。

表5 -18　　　　五个气候区（根据全球气温）

区域	该区域占世界人口百分比（1990s）	具有代表性日温度分布的城市	温度平均值（℃）
热/干旱地区	17	德里	25.0
温暖/潮湿地区	21	清迈	25.3
温带	44	阿姆斯特丹	9.6

续 表

区域	该区域占世界人口百分比（1990s）	具有代表性日温度分布的城市	温度平均值（℃）
寒带	14	奥斯陆	5
极地	0.2	—	—

对比气候带与药品所需的温度范围的关系，很明显，温度可能是主要的关注点。如表5－18所示82%的世界人口居住在气候区域的平均温度高于9.6℃，这意味着82%的世界人口，所需药品储存温度在2℃～8℃。

一、国外医药冷链物流发展现状

近几年来，全球药品冷链行业获得了较快发展，医药冷链市场规模稳步增长。统计资料显示，全球医药冷链物流支出不断增加。2018年全球医药冷链物流支出为150亿美元，2020年全球医药冷链物流支出为169亿美元，增长12.6%。医药行业被称为“永不衰落的朝阳产业”，世界范围内医疗行业的总体费用支出数额较大，IQVIA（人类数据科学研究所）刚刚发布了最新报告《展望2024：全球药品支出和使用趋势》。该报告指出，到2024年，全球药品支出净额每年预计将从2%增长到5%，而过去五年为4.2%。到2024年，全球医药支出预计将超过1.1万亿美元。但是世界卫生组织数据资料显示，各国医疗费用支出比重具有明显的差距。同样地，各国医药冷链物流费用支出的差距较大。总体来看，欧洲冷链物流产业最为发达，2018年冷链支出达到58亿美元，亚洲、北美洲分别为44亿美元、37亿美元。预计到2022年，三个地区的冷链支出将分别达到66亿美元、59亿美元及47亿美元。在世界医药冷链物流的发展过程中，美国、日本、德国、加拿大等发达国家处于世界领先地位，这些国家不仅具有完善的医药冷链物流体系，还掌握着医药冷链物流的先进技术。发展中国家医药冷链物流发展水平参差不齐，存在着管理体系不完善、基础设施不足、信息系统缺乏等问题。

总结现阶段医药冷链物流的发展现状，有以下六个特点：①医药冷链物流市场前景广阔；②全球范围内医药冷链物流的发展出现明显的不平衡，不同国家发展差距较大；③医药冷链物流新技术及装备不断涌现；④冷链物流标准逐步完善；⑤第三方物流企业进军药品冷链物流；⑥与互联网的联系越来越密切。

（一）主要发达国家发展现状

1. 行业和国家标准

目前，国际组织与部分发达国家已出台了相对成熟的医药冷链物流标准指南。例如世界卫生组织出台了 *The Blood Cold Chain*（《血液冷链》），并在血站组织指南中制定了极为严格的血液温度界限。

美国联合血液中心对血液成分制品冷链运输的温度控制、制冷剂品种、运血箱规格也有严格规定，并明令冷链物流各环节都要配备详细的追踪表单。对于超过冷链控制范围的血液，联合血液中心将进行严格的召回处理。同时，美国冷链协会也发布了《冷链质量标准》，涵盖了冷藏药品包装、温度控制、冷链设施配备标准等内容，用以准确测试医药冷藏、冷链包装、医药冷链运输的标准性，为美国医药冷链运输的标准认证提供了基础。

加拿大卫生健康安全部也颁布了《温控药品储存运输指南（0067 号）》，并由加拿大社会各界人士监督其执行力。在医药冷链物流认证方面，加拿大以医药规范 GAP、医药生产规范 GMP 等标准制度为执行基准，严格控制医药冷链物流标准。在严格的医药冷链物流标准把控下，加拿大冷藏运输率高达 90%，医药冷链物流安全系数极高。

2. 基础硬件设施

在进行药品的冷链物流活动时，不仅要保证运输中最低成本化，而且要最大限度地保证药品的质量，实现面向客户的高效率服务。国外政府重视医药冷链物流发展，积极地打通物流通道，为医药冷链物流发展提供了良好的基础运输环境。

加拿大建立多式联运交通体系，铁路、海运、航空、公路等各种运输方式相互衔接，形成了综合型冷链物流交通网络，建立三大冷链运输走廊，分别是西海岸运输走廊、东海岸运输走廊及南北运输走廊，贯穿大西洋和亚太地区国家以及美国的冷链业务。形成了沿美加边境、贯穿东西，畅通发达的铁路运输通道与高速公路运输网络，为加拿大医药冷链物流的跨国贸易提供了极大的交通便利。

美国是当前医药市场规模最大、物流水平最高的国家，其医药流通费用率为 3%，销售利润率为 2. 4%。在美国，药品隔天配送的响应率高达 95%，准确率达到 99%，每个订单条目的配送成本仅有 0.3 美分。强生公司在新泽西州建有 3 个自动化立体仓库，负责 149 亿美元药品的订单处理和药品配送，员工仅有 160 人，配送成本仅占药品销售收入的 0.5%。调查显示，美国的药品冷链物流运输成本仅占销售额的 2.6%，这都得益于美国完善的冷链物流基础硬件设施。美国的部分高速公路系统较完善，美国区域铁路与公路交通网络由长岛延伸至纽约州、新泽西州和康涅狄格州，是世界上较大的交通网络之一。同时，美国的州际高速公路系统全长 68500km，可实现 1000km 范围内医药物品冷链物流的及时送达。在铁路冷链物流运输中，美国采用火车温控集装箱，用于 48 个州之间医药的即时运载。美国的“快运走廊”与“冰冷快线”冷藏快运通道，为东西海岸的医药冷链运输提供了无缝衔接，极大提高了医药冷链运输速度，且运输成本比公路低 5% ~15%。此外，美国铁路运行通常以始发直达车的单元列车运行方式为主，运输时间易于把控，准时率通常在 95% 以上。依托于便捷的运输网络系统，美国医药冷链物流得以迅速发展。

欧洲以德国为代表，联邦政府首先统筹交通干线和运输枢纽，再考虑各种运输方式的连接，在全国范围内对物流园区进行布局。各州、市政府统筹物流园区的规划建设，企业自主经营和建设物流中心和配送中心，共同组成物流节点各层次的布局。通过物流园区、配送中心等物流节点及立体交通网络，实现了不同运输方式的高效转运和有序衔接。

国外医药冷链市场发展规模的完善，主要得益于冷链基础设施设备水平。国际冷藏仓库协会（IARW）的数据显示，2018 年全球冷藏仓库总容量为 6.16 亿立方米，比 2016 年统计的容量增长 2.67%。2018 年全球冷藏仓库容量 top 3 国家：印度、美国和中国。具体来看，印度是单一最大的国家市场，有 1.5 亿立方米，其次是美国的 1.31 亿立方米和中国的 1.05 亿立方米。2018 年全球冷藏仓库容量如图 5－18 所示。

中国仓储绝对量较大，但人口数量较多，故中国人均仓储容量目前仍处于较低水平。与发达国家相比，中国冷库行业仍有较大成长空间。2018 年，中国人均仓储容量仅为 0.132 立方米，日本为 0.315 立方米，美国为 0.490 立方米，加拿大为 0.316 立方米。2018 年中国、美国、日本、加拿大人均仓储容量对比如图 5－19 所示。

3. 物流信息技术

在医药冷链物流中，硬件设施和信息技术的应用极其重要。在埃塞俄比亚，由于温度控制不当而造成的疫苗浪费每增加 1%，将导致 800 万美元以上的疫苗损失。所以

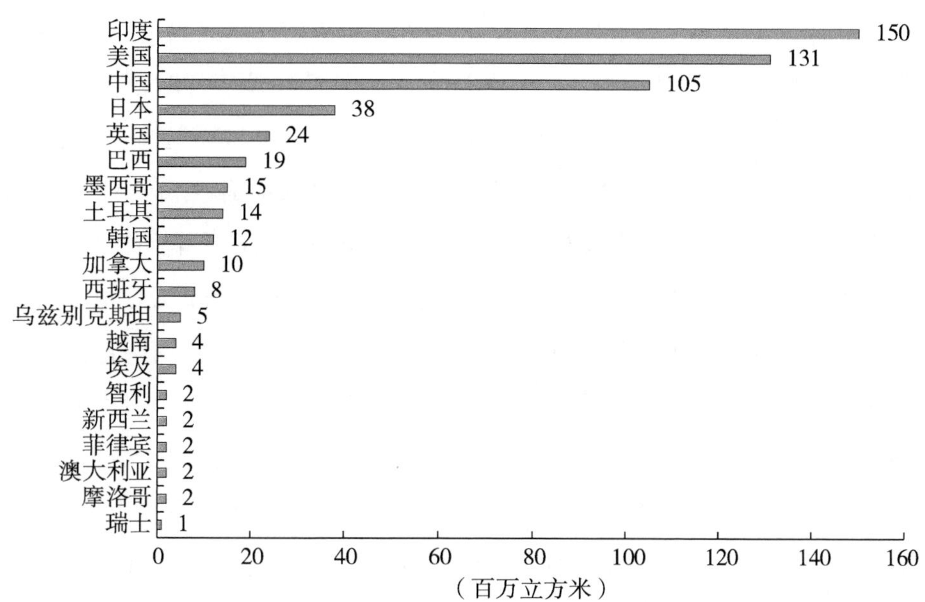

图 5－18　2018 年全球冷藏仓库容量

资料来源：国际冷藏仓库协会。

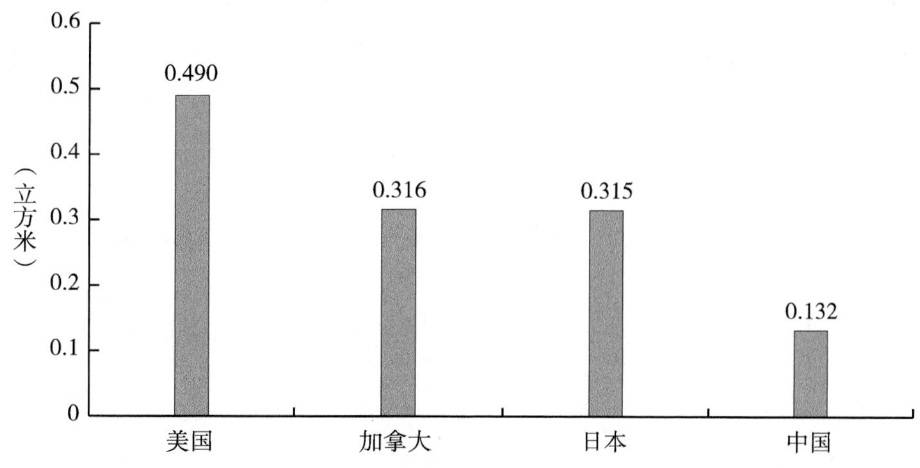

图 5－19　2018 年中国、美国、日本、加拿大人均仓储容量对比

资料来源：国际冷藏仓库协会。

在医药冷链物流中，为实时了解冷藏设备各方面情况，需要广泛应用先进信息技术，如 GPS、温度传感、无线通信技术等。除此之外，在医药冷链物流系统方面，还尽可能融合无线射频拣货技术、全自动堆垛技术及二维码识读技术等，让医药冷链物流的各个环节都实现信息化和智能化。在医药冷链物流运输方面，美国、英国、日本的物联网技术应用率较高。

美国医药冷链物流技术的发展较为成熟，药品制造商在药品出库时就会在冷藏箱中放置带有温度传感器的 RFID 标签，把货物信息包括药品温度实时地存储在 RFID 芯片中。同时，每台运输车安装 GPS 无线传输系统终端。冷藏车辆运输全程中，车厢内的 RFID 温度标签将车厢内温度变化的数据信息，定时或实时通过 GPS 网络传送到企业的冷链信息管理系统平台。一旦运输途中温度出现异常，企业终端的信息系统就会自动报警。货物到达后，由手持终端批量读取货物及温度信息，降低人工成本及出错率。同时，美国药企还大量使用电子交换技术（EDI），以电子数据输入代替人工数据录入和交换。美国医药市场几乎所有企业均愿意和支持使用 EDI 进行作业，将订货周期、产品供应、分销和分布等信息通过 EDI 共享，共同形成结构化的报文数据或事务处理格式，最终消除信息处理的延迟。除此之外，美国药企各类信息系统也很完善，包括管理信息系统（MIS）、企业资源规划（ERP）、制造资源计划（MRPⅡ）、客户关系管理（CRM）、供应链管理（SCM）、运输管理系统（TMS）等。在仓储上，自动化立体仓库系统（AS/RS）的应用也相当普及。同时，美国拥有世界最先进的“三段式”冷藏运输车，可同时满足三种不同冷藏医药品的温度需求。UPS 在北美有超过 22 家保健配送中心，中心内配备有自动分拣机、制冷机、温度监控器等基本的设备。美国医药冷链物流技术构成环节分析如图 5－20 所示。

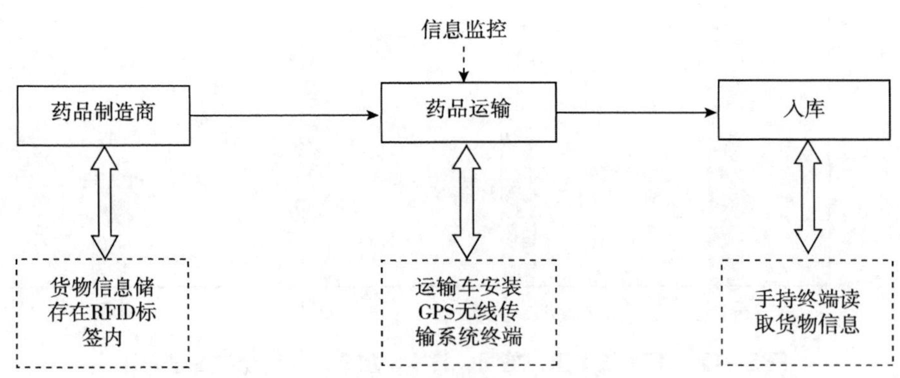

图 5－20　美国医药冷链物流技术构成环节分析

英国 C. R. England 冷链服务运输公司拥有电子数据交换、卫星定位系统、远程控制平台等先进辅助技术，并为每辆冷藏车配备了冷链 GPS 定位、网络跟踪设备和网络账单功能，可实时追踪每辆冷藏车的运输信息，做到有据可查，保证医药冷链运输过程的质量安全。

日本拥有最先进的条码技术与温度传感器技术，可实时监控医药冷链物流服务质量。同时，日本还引入车载地图系统，为医药冷链配送车辆规划物流配送路线，极大减少物流在途消耗时间，医药冷链物流配送效率较高。国外医药冷链物流过程的技术分析如图 5 –21 所示。

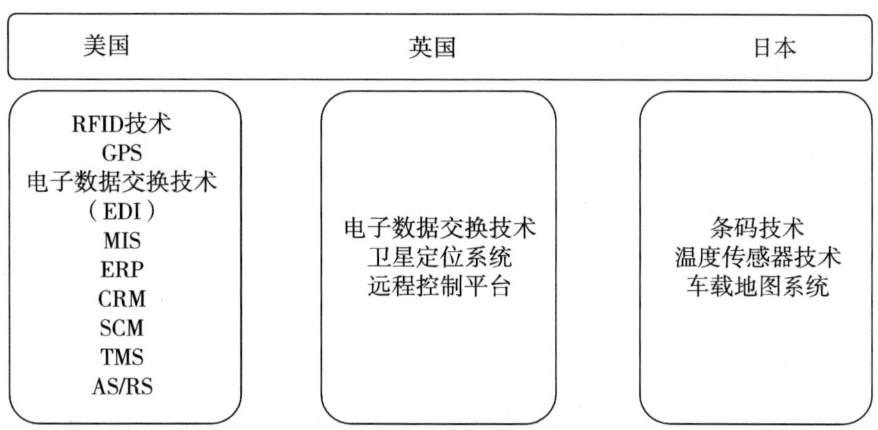

图 5 –21　国外医药冷链物流过程的技术分析

4. 健全的管理体系

国外医药企业市场集中度高，相关管理体系更加完善健全。

美国等发达国家的医药物流业具有典型的产业垄断化、企业寡头化和经营规模化特点，其中美国的医药物流市场集中度尤其高，大型的医药批发企业约 100 家，而排名前三的大型药品批发企业，其总销售额占到美国总销售额的 95%；药品零售市场则由 RiteAid、Walgreen 和 CVS 三家公司垄断，市场份额占 60% 以上。美国的医药冷链物流以大型制药企业和药品批发企业为中转枢纽，药品由制药企业集中到批发企业的物流中心，各医院和医药零售连锁店直接向批发企业提出配送要求，并由物流中心为各销售终端进行最终配送，资金的结算则由总公司和批发企业统一完成。同时批发企业还为客户提供“库房到库房”配送和“直接配送”的服务。这种模式下，批发企业的配送中心负责为药品生产和销售企业提供经济合理的流通和销售方式，避免企业直接面临小额订单，降低了流通企业的管理成本和运营成本，有利于提高市场集中度。除此之外，美国通过无线冷链监控平台，实时监管、逆向追溯医药冷链物流的整个过程。在高度市场化催化下，美国 80% 以上药品通过三家大型药品批发企业进行配送，美国药品分销网络层次分明、分工明确。值得注意的是，美国 FDA 要求制药企业承担供应链的管理责任，要求医药产品必须储存在 7℃ 及以下，克服了美国所有州监管脱节、责任不易界定的困难。由制药企业选择优质的冷链物流服务商、采取适宜的包装措施确保冷链药品不会在出厂后的储运过程中劣化。

日本低温药品流通市场的区域性强，国内的药品批发企业数量多、规模小，使得其服务半径短、配送可控性较强，药品制造商和零售商所面对的是一种多渠道的商业流通模式。批发企业在供应链中需要承担部分非流通领域的职能，如管理信贷业务、收取资金等。日本冷藏药品市场有独特的流通体系和准入制度，国内基本没有进口药品，成熟的供应链管理思想促使大部分药品的进货直接面向制造商，收发货周期的可控性强。此外，日本医院医生和药房药剂师在选择药品和生产企业时有较大的选择权，生产企业通过雇用医药代表为医院和药房提供精准化的配送服务，保证了冷链药品储运安全。

欧洲国家冷链药品销售的主要渠道为批发企业—零售药店—患者。在法国，药品的销售中近85%要通过药店，其余部分则由制造企业直接面向医院。药店销售的药品中，批发企业分销部分约占90%，其余由厂家销售给药店，制造企业和批发企业的药品销售不针对普通患者。药品在生产、批发、零售环节的价格和利益分配大体由政府规定，一般情况为生产企业占55%、批发企业占6.3%、零售企业占25%，剩余部分为税收。企业整合是促进欧洲医药物流市场发展的根本动力，冷链药品流通作为医药物流的重要组成部分，与整个行业的发展道路相同，先后经历了三个阶段：第一阶段为医药企业和药店、药房等销售终端的内部整合以及销售企业的品牌化经营；第二阶段为医药企业向物流企业的转型，并构成了利润和成本两大中心体系；第三阶段为VMI模式的广泛采用，重点在于信息的全方位整合。目前，欧洲的医药冷链物流依靠企业标准化操作、先进的技术手段以及遍布各市场区域的分销网络，实现了物流系统的高效率运作。

5. 独立的冷链系统

在发达国家，医药冷链物流发展较早，因此在长期的市场竞争中不断改进、优化选择，进而发展得愈加完善。由于已经形成较大规模且趋于系统化，在这种规模的前提下，药品的生产、配送、分销和医院的供应链等均实现了一体化。同时又因为互联网技术的发展，使医疗电子商务系统形成了一个巨大的信息处理平台，数据处理能力不断提高，真正实现了供应链的集成。一些数据显示，美国的医药冷链物流成本占物流总成本的3%，仅为我国的1/4。

（二）典型发展中国家的发展现状

1. 东南亚地区

东南亚地区是一个不断增长的药品市场，拥有约6.2亿人口，总面积约450万平方公里，包括马来西亚、新加坡和泰国，这三个国家也是PIC/S药物检验合作计划的成员国，PIC/S药物检验合作计划的其他7个东盟国家分别是柬埔寨、老挝、缅甸、越南、印度尼西亚、菲律宾和文莱，这些国家都在朝着具有“重大监管”的单一市场发展共同努力。

随着这些国家市场经济状况的改善和国家教育方案的推出，东南亚地区的人民健康意识不断提高。医药冷链运输与道路基础设施的完善程度紧密相关。目前，虽然高速公路和城际公路已经开发，但在季风季节会对运输产生影响，甚至对公路造成破坏，而且偏远农村地区公路基础建设不完善，连接不畅通，对交通运输服务产生不少影响。此外，东南亚地区能源价格居高不下，电力供应不足，缺乏备用电力，这些因素限制了东南亚地区医药冷链物流的发展。

下面以越南为例对医药冷链物流的发展阻碍因素进行分析。

（1）缺乏专业人员。

阻碍发展中国家冷链发展的因素之一是缺乏冷链系统的专业知识。医药冷链物流涉及一系列复杂的活动：收集、包装、加工、储存、运输、销售、温控等。此外，冷链领域管理流程复杂，基于客户运营、技术等的需求快速演变。这些因素产生多种不断变化的需求，都要求专业人员需要具备专业工作技能。

（2）国家层面缺乏质量和安全控制措施。

国家层面缺乏质量和安全控制措施，企业投资开发冷链业务营商环境不佳。药品的流通过程长、节点多，要求每个节点都采取有效的质量控制措施，包括具有质量保证的冷链设备，统一的运行模式和适当的信息系统。

（3）供应链密度。

越南的供应链非常复杂，这种复杂性阻碍了冷链的发展，因为整合冷链中所有重要参与者需要大量的资源。为了完成药品从制药厂到消费者的流通全过程，许多中间公司都参与了这一过程，导致供应链环节较多，比较混乱。

（4）基础设施不足。

糟糕的基础设施阻碍了企业投资冷链。越南是一个分散的国家，农村地区有70%的人口居住（根据越南国家统计局的农村和城市人口普查估算）。与基础设施完善的地区相比，越南的偏远地区缺乏基础设施和物流系统，这阻碍了企业有效地运输药品和送至消费者。

越南的冷链断裂程度中等且杂乱无章。正如一位冷链物流负责人所说："由于冷藏车无法在狭窄的道路上通行，因此我们被迫手动搬运产品并将其暴露在环境温度下。"另一位冷链物流负责人透露，"不可靠的电源使冷却器难以维持恒定的温度。"因此，由于断电，冷链运输在此类区域中难以实现。

（5）安装和运行费用高。

制冷装置的高启动资金成本和高运营成本是越南冷链发展的主要障碍。许多工业设备和技术是从外国进口，为了避开应有的国内关税影响，这些进口商或代表在越南储存了数量有限的设备，设备的高成本加上高额的进口关税，往往使企业不愿安装各种制冷及相关控制系统。

据研究参与者称，一辆普通的1.5吨卡车的成本约为4亿越南盾，而配备制冷功能的成本将翻一番。除了巨大的资本投资外，由于电力、燃料等的工业费率，运行冷链设备的成本也很高。

（6）标准化不足。

冷链或温控产品需要全部供应链公认的标准。在冷链的各个环节都需要制定标准，涵盖加工、包装、温度、物流、运输时间以及信息技术系统。整个链条都需要符合标准，才能达到最终消费者所需的产品质量、保质期和安全性水平。在越南，医药冷链物流存在的很重要的问题是缺乏标准化，行业无标准可依。

（7）缺乏政府对本地企业的支持。

越南政府已针对冷链基础设施的建立引入了积极的财政激励措施，以吸引外国投资者。但是，越南政府对国内企业的激励措施很少。对冷链行业采用正常的工业电价待遇，这导致冷链企业高昂的运营成本。缺乏政府支持在一定程度上减慢了冷链发展的速度。

2. 非洲

非洲的部分大城市中，医药物流基础设施已建设，一级分销商/批发商符合高标准。但是，二级批发商的基础设施和储存条件非常差。原因是二级批发商的利润空间有限，通常不会在整个供应链上严格执行合规性监控。最近几年，非洲公路运输条件大幅改善，因此，通过区域枢纽进入非洲市场并通过公路运输进一步向内陆分销变得更加可行。Imperial 和 Bolloré 就是物流服务提供商在其自身的基础设施（如港口和铁路网）中进行大量投资以控制运输链的真实例子。这使它们能够在非洲一些主要国家提供主动的温度控制运输服务。

非洲的电力供应不稳定。频繁断电加上冷链设备和数据监测不佳，限制了向偏远地区运送疫苗等药品。非洲电力远景计划正着眼于利用太阳能和风能等可持续能源发电。“激励疫苗链”已在津巴布韦和加纳启动了疫苗冷链可持续解决方案项目，这些项目将制冷站与非洲的信号塔放在一起，因为后者有多余的电力。

非洲药品监管协调规划（AMRH）正在努力改善这种状况，2016 年通过了《非盟示范法》。目前还在开展相关工作，以遵守世界卫生组织的制造业资格预审等全球标准。撒哈拉以南非洲的人民确实深受假药之害，假药导致数千人死亡。为了推动非洲的药品监管工作，该领域多次开展行业会议。医药公司在非洲市场面临的挑战如图 5－22所示，非洲疾病模式的长期发展预测如图 5－23 所示。

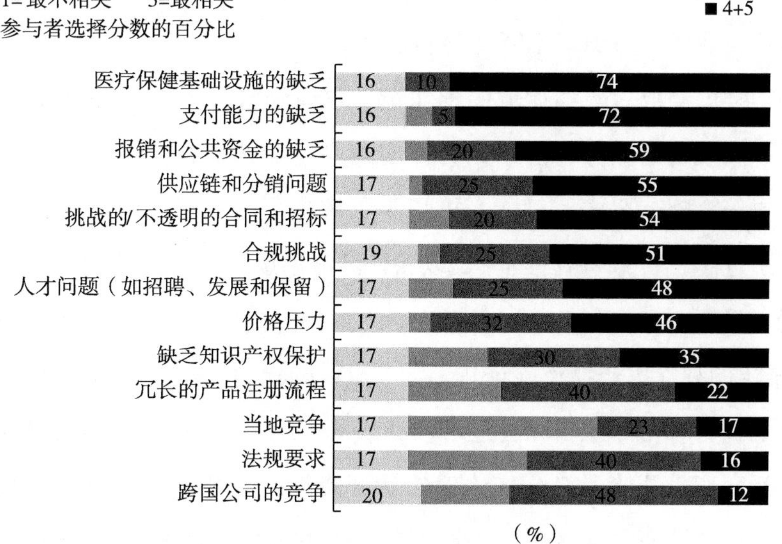

图 5－22 医药公司在非洲市场面临的挑战

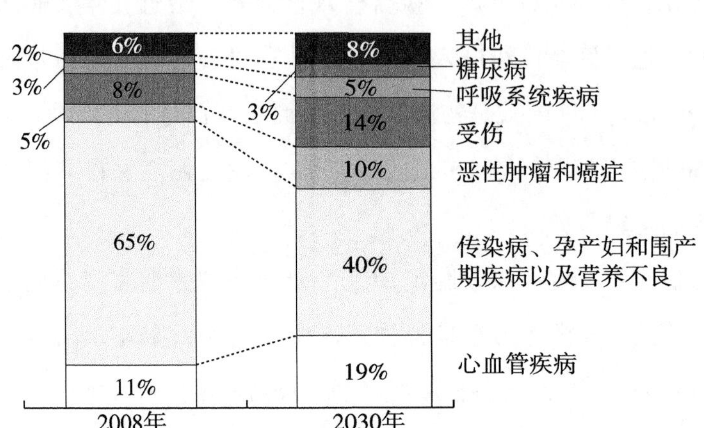

图 5-23 非洲疾病模式的长期发展预测

资料来源：战略分析。key challenges in the outbound pharmaceutical cold chain by Sarantis Kosmas，October 2016。

注：由于四舍五入的关系，百分比总和可能不等于100。

3. 迪拜

中东地区气候炎热，迪拜虽然气候条件不利，但采用了严格的制度和先进的冷链技术，成为医学产品运输航空枢纽。

2016 年 9 月，阿联酋航空货运公司在迪拜的两个机场（迪拜国际机场和迪拜世界中心）推出药品运输服务，并获得“药品优良运销规范（GDP）”认证。随着其他航空公司参与其中，业务也得到了不断完善和扩大。

现在，迪拜已经成为药物运输的枢纽港。尽管迪拜并不是药品的主要来源地和目的地，不具有直航运输优势，但还是有许多药品企业选择在此中转，主要原因是这里的运输条件更符合规范要求。例如，机场为了解决药品从机舱到库房，以及飞机间的转运，专门引进了“冷藏货物推车”，以保证药品温度不变。该技术目前也为其他地区的许多机场所采用。

IATA 推出的独立医药物流验证中心（CEIV Pharma）药品认证，意味着航空企业内部不仅需要拥有合格的设施和经过培训的人员，也要确保合作伙伴达到同样的要求。所以，目前运营商也开始了对合作伙伴的认证审计。另外，运营商也要对运输过程进行风险管理，即“全程风险评估”。这也是考虑到药品的特殊性，要求运输链的每一个环节都必须符合要求，工作人员具有高度的责任感。现在药品运输还可通过视频技术全程持续监控及掌握药品状态。阿联酋航空货运公司药品运输正是有合格的人员和合规的操作程序才确保了冷链运输环环相扣。现在，迪拜的药物运输领域更为发达，阿联酋航空货运公司的药品运输目的地已有160多个。

（三）医药冷链物流发展中存在的问题

当今世界，医药冷链物流发展呈现出不平衡的现象，不同国家之间医药冷链物流发展具有较大差距。目前美国、日本等发达国家医药冷链物流发展处于世界领先地位，冷链物流体系建设较为完善，经历了完整的冷链探索历程，涌现了一批现代化的冷链企业，例如Lineage、NewCold、Kloosterboer等，并且在冷链物流技术应用方面也较为先进。但是在某些国家，例如老挝、越南等的医药冷链物流领域发展缓慢。总体来看，存在着政策制度不够完善、成本费用较高、专业技术人才匮乏、运输技术及装备落后、市场化程度较低、管理水平良莠不齐等问题。

1. 部分国家政策制度不够完善

标准能否统一是保证企业和相关行业顺利发展必不可少的一环。同行之间对标准不同程度的把控，不同地区对标准的不同理解等都在一定程度上干扰着国家冷链物流标准的统一和发展。

政策支持有两种情况，一种是规定约束政策，此种政策是用标准来约束医药冷链物流行业，使整个行业规范化，责任落实到个人，杜绝推卸责任。另一种是扶持优惠政策，此种政策是国家给予一定的引导方向供企业选择，如制定一些减免税的优惠政策、奖励政策等，加大对医药冷链物流行业的支持，从而使相关企业可以有意愿投入该行业，使行业得以良性发展。

2. 成本费用较高是全球普遍存在的问题

冷链物流对于温度有着严格特殊的要求，如果发生温度上的差错，会使货物产生很大程度上的损失。医药是用于治疗疾病的特殊物品，一旦产生质量问题，后果是无法预估的。因此，冷链物流对于基础设施的建设，技术手段的提高，运输过程中对货物的管控都有着极为苛刻的要求。而医药冷链物流的特殊性要求更加严格的物流运输，技术和包装的难度直接导致了物流成本的增长。减少医药冷链物流中的成本并保证药品的质量也成了一个必须解决的问题。物流成本的高低往往会影响着一个产业的发展。药品对物流要求更高，讲究全程冷链，全程低温。这也使得其从生产到消费者的整个环节中，涉及的技术、设施设备更为复杂，成本会更高。

3. 专业技术人才匮乏

药品是有着高要求、高技术、高标准的物品。尤其是需要冷链运输的药品更是对环境有着绝对的敏感性。要能安全准确地在包装和运输过程处理好药品就必须有专业化的物流人才。医药企业对冷链药品投入的成本较高，同时对于配送的要求也比较高。基于此，医药企业的冷链物流管理所涉及的工作岗位也比较多，从物流系统设计规划人员、操作人员到配送人员，都需要具备更多的专业知识。随着冷链物流行业的快速发展，其对于人才的需求量也在不断攀升。

4. 运输技术及装备落后

许多发展中国家的运输技术及装备落后，以中国为例，目前我国冷藏车生产企业仍普遍采用20世纪90年代引进的德国湿式制法和意大利干式法，工艺水平改进效果不明显，制冷方式单一，在新结构、新材料、通风、悬挂、物品固定装置、质量水平等方面存在差距。在运输过程中依然有很多冷藏车没有实现实时监控车内温度数据，进而无法判断药品是否变质。

5. 市场化程度较低

对于是否让第三方参与，医药相关企业对第三方市场持有一定的怀疑及否定态度，不愿也不敢将物流业务交由第三方企业完成。但由于企业自身无法整合最优的资源，技术支持不到位，实则造成冷链物流成本增加，资源浪费。企业与企业之间的合作还有待提高，协同合作能力还有待提升。

6. 管理水平良莠不齐

实际上，法律法规并没有深入实际工作中，各地区的医药物流管理体系仍然有待完善，一线城市与乡镇地区医疗技术仍然呈现出了较大的落差，尤其是一些偏远山区的医疗技术仍然较为落后，在医药冷链物流的运输、仓储等环节经常是漏洞百出。而在一些规模较小的医疗机构，配送员无视医药冷链物流管理制度，经常在暴露的环境下进行药品的配送，长此以往，势必会对药品的质量造成很大的影响。

二、新冠肺炎疫情下国际医药冷链物流的发展

1. 疫苗全球冷链运输面临巨大挑战，企业积极改善

据国际物流巨头敦豪与麦肯锡公司联合发布的白皮书，预计全球范围内新冠疫苗

的需求量将超过100亿剂，这需要约20万次托盘装运、约1500万次冷藏箱运送。伴随全球多国开展新冠疫苗接种工作，疫苗安全运输成为摆在全球面前的关键问题。

当前疫苗航空冷链运输体系有待进一步完善。

第一，受新冠肺炎疫情的影响，海外航班锐减，密度减小，航空冷链运输的运力、运能出现不足。

第二，疫苗要求全程可追溯，全程温控，但部分航空公司不承运含有锂电池温度计的冷藏箱，或者在拆、装冷藏箱过程中，由于专业性不足导致失温、复温等现象产生，这都不利于温控管理。

第三，一些经济欠发达的发展中国家的基础冷链设施设备能力不足，对疫苗国际航空冷链运输支撑极度缺乏，“最后一公里”仍是面临的最大难题。

第四，各国和各地区之间转关流程标准不统一的问题也很突出，时间过长的转关流程和繁杂不一的手续会使疫苗的冷链运输风险增加。

第五，不同技术路线的疫苗对温度环境要求不同，尤其是mRNA所要求的-70℃~20℃的冷链运输难度较大，相应的物流解决方案亟待建立。

2. 国际疫苗冷链物流企业动作频出，加强基础设施建设

当前，一些知名的国际国内大型航空公司、货代公司、物流公司、机场公司等企业纷纷投入资金建设冷链基础设施，以扩大自身冷链物流能力，适应新冠疫苗的大批量国际运输需求。大型企业加强疫苗运输基础设施建设如表5-19所示。

表5-19　大型企业加强疫苗运输基础设施建设

部分企业	重要信息	基础设施能力建设
深圳宝安国际机场	正式获得由国际航空运输协会（IATA）颁发的独立医药物流验证中心（CEIV Pharma）药品认证	新建了350平方米的药品专用冷库，并专门配备了冷链驳运车，用于机坪与货站间的物资运输
上海浦东国际机场	成立上海浦东国际机场货运站有限公司	目前拥有3个不同的温控区域，分别为2℃~8℃、15℃~25℃、-20℃~-12℃，能够满足绝大多数疫苗的温控运输需求
顺丰航空	根据国家出台的相关文件要求进行准备	在硬件方面，顺丰医药新增了70辆医药专用冷藏车，同时新增可用于疫苗储存的GSP仓。在软件方面，顺丰医药自主独立开发了丰溯信息系统，实现与国家药品监管平台的对接

续　表

部分企业	重要信息	基础设施能力建设
国航、东航、吉祥航空等	—	储备冷柜、干冰
达美航空	在全球拥有 49 个获独立医药物流验证中心（CEIV Pharma）药品认证机场	在美国亚特兰大、底特律、洛杉矶、纽约、西雅图拥有较大仓储空间和冷链设施
汉莎航空	提供新冠疫苗临时保费	计划用其 18 架货运飞机运输新冠疫苗，此外还可以利用其客机腹部的容量裕度；新建慕尼黑药品中心面积近 1000 平方米，可为 2 种不同温度的散货、96 个货盘和 1 个冷冻库提供储存空间；新建芝加哥药品中心面积为 750 平方米，可容纳多达 54 个货盘、102 个有 2 种温度控制的集装箱和 1 个冷冻库
阿联酋航空	在迪拜创建全球第一个疫苗专用空侧货运中心	位于迪拜世界中心（DWC）机场的阿联酋航空 SkyCentral 货运中心拥有面积超过 4000 平方米的药品专用温控储存区域，可用于潜在疫苗的大规模储存和发货
UPS	—	在美国、荷兰建设两个工厂，将拥有共计 600 个深度冷冻箱，每个冷冻箱可存放 48000 支疫苗，温度最低可达 -80℃
DHL	—	美国印第安纳波利斯耗资 160 万美元建设了一个新工厂
联邦快递	—	增加冷冻箱、冷藏卡车、传感器和保温毯

3. 大型物流企业协同共建新冠疫苗全球冷链物流解决方案

UPS、联邦快递和 DHL 等公司协同开展疫苗运输。达美航空与法航 - 荷航集团旗下的马丁航空货运和维珍航空货运合作，明确了运输新冠疫苗的具体要求，从而在设备、监测和运力方面及时作出调整。

此外，目前有 18 家物流相关企业与世界经济论坛（WEF）和联合国儿童基金会（UNICEF）签署了协议，提供新冠疫苗全球物流配送服务。这 18 家企业包括马士基、地中海航运、达飞、赫伯罗特、DSVPanalpina（DSV 泛亚班拿）、安特卫普港、DP World（迪拜环球港务集团）、新加坡国际港务集团、巴拿马运河管理局等。

4. 全球新冠疫苗冷链运输保障体系建设重点

（1）加强超低温冷藏箱等设施设备的技术优化。

部分疫苗的运输有超低温环境需求，通过技术优化可以延长温控时效、降低冷链成本，形成专业化、定制化的疫苗超低温环境冷链物流解决方案。

（2）探索多样化的冷链运输模式。

公路运输、航空运输模式日趋完善，未来将探索高铁快运、公铁联运等运输新模式，研究冷藏箱公、铁、水多式联运可行性。

（3）疫苗全球冷链运输中应加强行业间合作。

新冠疫苗运输是一项复杂的系统工程，需要各环节作业的企业共同合作，制订一体化的物流解决方案。如共同编制疫苗全球航空货运标准，以实现新冠疫苗的安全、高效运输。

目前来看，我国的疫苗冷链运输某些环节还有进一步提升的空间，这也为我国医药冷链物流行业的高质量发展带来契机。

第六章

科技赋能，创新引领

第一节　专业第三方医药冷链企业以技术创新驱动行业高质量发展

——北京盛世华人供应链管理有限公司服务案例

盛世华药冷链云平台的设计源于医药企业对冷链产品的高标准温度追溯，也是企业间长期战略合作的必然产物。该平台建设经历了质量风险评估、流程优化、物流节点系统化、系统化整合等多个环节，集管理创新与技术创新于一体。该平台的推广将有利于医药冷链物流行业的高质量发展，助力管理部门实施更加有效的智慧监管，并将成为应急物流体系搭建、高效运转的有力支撑。

一、基本情况

1. 公司介绍

北京盛世华人供应链管理有限公司（以下简称“华人供应链”）总部设在北京市经济技术开发区，是集冷链设备设施研发验证、物联网技术应用与现代供应链管理于一体的专业化第三方物流企业。华人供应链为客户提供销售物流、应急物流、临床物流、SPD 院内物流等多项服务，可提供符合 GSP 标准的综合物流解决方案，包括医药产品的运输、温控包装设计、运输验证、温度数据管理等一站式解决方案。作为唯一参与医药及医疗 GSP 法规修订的第三方物流企业，华人供应链深耕医药物流领域达 17 年，不断用技术创新引领行业发展，2017 年获得高新技术企业认定；2019 年被评为中国医药商业协会认证的涉药运输服务评级双五星单位；2020 年因新冠肺炎疫情期间表现突出，被评为北京市级模范集体。2020 年及 2021 年，中国物流与采购联合会医药物流分会对医药冷链运输企业进行排名，华人供应链连续两次位列第一。

2. 医药行业冷链物流高质量发展需求迫切

药品属于特殊商品，关系到人们的身体健康和生命安全。在流通环节中，遇到的最大挑战就是如何保证药品储存和运输的温度。一旦在物流中出现药品温度控制管理失败，不符合药品的温控安全标准，就会产生质量风险。因此，建立完善的药品流通过程中的温度控制保障体系，对确保人们用药安全至关重要。

自 2010 年以来，药品流通过程中的温度管理不透明的情况一直存在，已经造成了严重的不良影响，损害了公众对于疫苗和冷链药品供应质量的信心。为推动中国医药行业高质量发展，贯彻落实习近平总书记提出的“最严谨的标准、最严格的监管、最严厉的处罚、最严肃的问责”要求，《药品管理法》《疫苗管理法》相继颁布实施。

3. 冷链药品运输温度无法及时获取

冷链药品配送区域广，涉及多种运输方式，整个过程需要遵守极为严格的温度控制质量标准。因此冷链物流企业对于药品流通全程温度控制可视化和数据可追溯有着迫切需求，这将成为能否保证冷链药品安全有效、增强公众对冷链药品安全信心的关键要素。

4. 需要解决的问题

在国内外医药生产企业对医药冷链物流高质量标准的追求下，盛世华药冷链云平台建设完成。该平台意在推动温度数据全程可视化，使其符合智慧监管的要求。通过不懈努力，该平台已经为多家医药企业实现了医药冷链物流全程可追溯，帮助用户实现温控药品提货、包装预冷、装箱、出库到运输交付的全程温控实时可视化，给用户带来了精准化、实时化、可视化、智能化的追踪新体验，有效地提升温控药品运输服务质量，大大降低了上游生产企业的管理成本。

二、经验总结

1. 典型做法和经验

（1）国内物流企业向外资医药高质量标准看齐。

作为一家国内物流企业，华人供应链向医药生产企业高质量标准看齐，建立了一套符合医药生产企业质量要求的高标准物流管理质量体系，形成了健全的运输冷链风险评估体系，按照 ICH Q9 提出的 FMEA（失效模式与影响分析）方法，对风险进行识别、控制并进行定期回顾（见图6－1）。

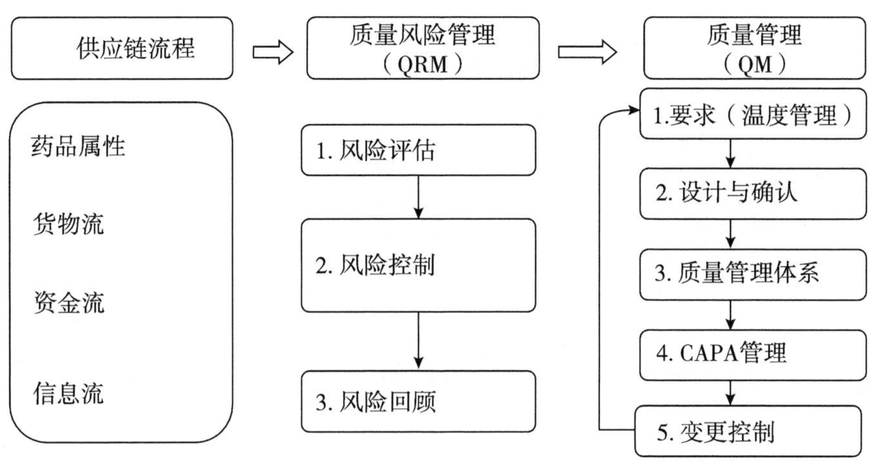

图6－1　基于风险管理的药品冷链供应链质量管理

（2）冷链药品质量控制融入业务流程。

要实现冷链药品流通全程温度监控可视化和数据可追溯，需要对药品运输全程关键节点的风险进行识别，做好节点控制是保证运输质量的关键。华人供应链通过对风险进行识别，制定了配套的防控措施。为此，华人供应链根据用户需求的特点，对可能产生断链风险的节点进行风险控制，并建立了一个全天候的监控团队，负责对冷链运输全流程进行监控、应急响应。

业务流程全程可视化后能够方便用户追溯整个运输过程，包括从订单受理到客户签收全程订单状态以及每个过程中使用的车辆、设备、人员信息。运输全程温度可追溯包括提货、入库中转、在途、签收每个过程中使用的冷链设备的过程温度，具备超温风险预警功能。

（3）物流节点进行系统化管理，降低人为操作风险。

通过流程优化以及系统的迭代，2019年6月盛世华药冷链云平台诞生，其主要由外部温控设备（硬件层）、业务作业（作业层）、界面展示（展示层）三个核心模块组成，图6－2为盛世华药冷链云平台系统架构。

现在已经构建的系统体系包括运输调度系统、微信跟踪系统、客户自助平台、温度计管理系统等，接下来将构建的系统可以与现有的多套系统数据进行EDI交互，做到数据互通。此外，系统还会与温控硬件对接，包括易流车辆GPS、库房温湿度监测、德图温度计等，实现冷链运输全过程透明管理。

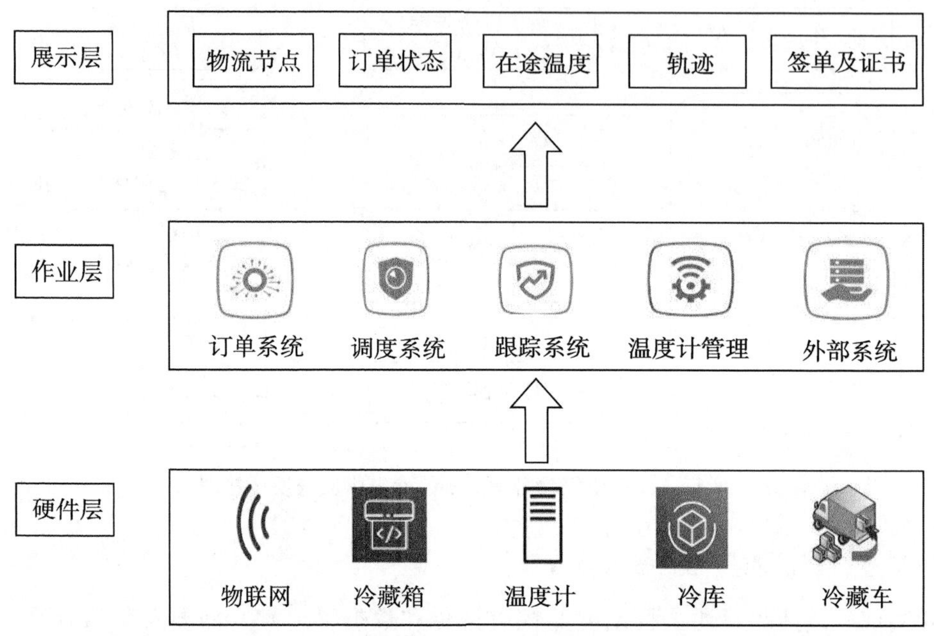

图 6－2　盛世华药冷链云平台系统架构

2. 案例创新点

（1）管理创新。

冷链物流全程温度数据的开放需要一套健全的质量保障体系，考验了公司的质量管理水平。经过多年的发展，华人供应链已经培育了一个健全的质量团队，搭建起了一个符合中国药品 GSP 标准的体系，华人供应链的管理模式和经营理念发生了根本性改变。

（2）技术创新。

通过技术团队的不断努力，盛世华药冷链云平台实现了多项技术资源的整合、创新与突破。通过多系统融合方式，盛世华药冷链云平台打破了传统药品运输尤其是多段运输过程中，跨组织协调管控难以避免的信息断层瓶颈，使用互联网对服务端与客户端降低耦合，加强复用性。此外，实现与第三方系统平台（如码上放心平台）对接，自动上传过程温度。还运用了冷链包装管理系统，将扫描枪替换为指环扫码枪，使用 ADAS 智能人脸识别技术，进一步提升智慧化程度。

创新是企业发展的核心竞争力。盛世华药冷链云平台的相关研发成果获得了国家及行业内的高度认可，近年来累计获得12项专利和超过18项知识产权。

3. 应用效果

（1）经济效益。

在供应链质量安全风险评估体系下，通过流程优化与关键节点控制，大幅避免了人为因素造成的失误；实现了作业流程的精确记录，从提货、预冷、包装、出库到运输交付，任何一个环节发生异常情况都可以进行追溯，提高了公司管理的精益水平，让整个供应链的人力成本及管理成本都有所降低。根据统计，经过系统性流程优化，华人供应链的冷链运输稳定性提高了5%～8%，冷链产品的超温率得到有效控制。

（2）社会效益。

2020年2月初，多家医药企业需要华人供应链紧急运输疫情防控物资，支援武汉。华人供应链为此成立抗击疫情指挥小组，借助盛世华药冷链云平台，物流信息可以实时查询、可追溯。

华人供应链在多个部门的支持下，协助拜耳医药、罗氏制药、西安杨森、国药集团、华润医药、上海医药、广药集团等客户，运输药品、防护用品等产品价值逾15亿元，派车300余次。运用盛世华药冷链云平台，客户对这些货物进行了全程追溯，并实现全程温控实时可视化。

该系统平台以智能的操作方式实现了药品的全程温控实时可视化，通过与医药企业TMS、WMS数据交互，实现企业数据信息共享。

盛世华药冷链云平台顺应物流行业发展的趋势，通过行业信息化手段提升行业温控管理水平。在此基础上，华人供应链配合中国医药（中国医保）与工业和信息化部的“调度监测电子地图”系统对接，确保工业和信息化部等更及时有效地了解防疫物资的供应情况。华人供应链的运力保障如图6－3所示。

三、借鉴意义

1. 助力医药行业实施有效的智慧监管

从行业角度看，盛世华药冷链云平台使药品在冷链运输流程中有据可依、有据可查，提升了药品温度监控的透明性与可追溯性，有效地保障了运输过程中药品的质量安全；提高了医药行业对温控药品的管理水平以及医药流通企业对药品温度的管控能

图 6－3　华人供应链的运力保障

力；增强了医药行业人员对药品温控严格要求的意识，在医药行业，尤其是医药流通行业发挥了重要作用。

2. 成为应急物流体系建设的有效支撑

一体化平台管理系统是对人、物、信息等资源进行整合，对业务流程进行优化，是企业日常管理的精细化、科学化的表现。这种药品追溯的新模式，是信息化、智能化发展的产物。

第二节　医改政策背景下医药物流运输管理模式创新

——上海科箭软件科技有限公司服务案例

此项目是对北京泰德制药股份有限公司传统手工模式的升级，依托科箭 TMS 云和 TOS 云，从运输调度、运输在途监控、数据分析、运输路径优化几个环节对原运作模式进行了完善和升级。

一、公司介绍

北京泰德制药股份有限公司（以下简称“泰德”）成立于 1995 年，坐落于北京经济技术开发区，是专注于国际领先高端靶向制剂技术和生物制药领域的高科技制药企业，是中国最大的靶向药物、现代外用透皮膏贴剂药物研发和产业化基地。公司已连续 7 年入选国家工业和信息化部中国医药工业百强榜。

创新是企业未来发展的核心竞争力。泰德每年将销售收入的 8% 用于研发创新，因此成为全国医药研发的佼佼者。公司围绕创新药、生物制品、高端制剂、高端医疗器械四大业务板块，开发创新型系列产品，聚焦研究微循环、镇痛、呼吸三大领域，拥有 300 项发明专利申请，其中 PCT 国际专利申请超过 100 项。

目前，公司拥有总占地面积近 15 万平方米的两个药品生产基地和位于沧州地区的现代化原料药生产基地，打造从原料药研发生产、药品和高端医疗器械研发生产、专业市场营销到大数据医疗的完整医药产业链，覆盖药品全生命周期的国际化主流医药健康企业。

二、项目背景

1. 政策背景

（1）“两票制”推广。

全国范围内的“两票制”推广，使串线发货的情况增多，运输路线多变，给医药企业物流调度造成了较大压力。

（2）动态检查力度加强。

随着 GSP（药品经营质量管理规范）、GMP（良好生产规范）认证的取消，未来动态飞行检查将取代静态监管，系统化、信息化、可视化的系统更能适应动态检查要求。

（3）“4 + 7”带量采购。

“4 + 7”带量采购公布后，2019 年凯纷在中标后市场需求大大提高，同时进一步加大了物流运作压力。

2. 业务背景

（1）传统手工模式弊端凸显。

原有调度模式为手工操作，费时费力，且过于依赖调度员个人经验，无法形成标准。不同环节间的信息传达滞后，缺乏信息共享和协同，不便于沟通管理。

（2）运输过程监管力度薄弱。

目前物流环节由第三方物流企业提供产品运输服务，物流干线至末端环节的运输监控力度薄弱，运输执行过程无法及时采集信息，存在较大的风险隐患。

（3）多数据源导致数据失真。

目前作业中存在手工操作，用到很多纸质单据，资料来源不能统一，极易造成数据失真，从而影响决策。

三、项目目标

泰德期望通过科箭 TMS 云和 TOS 云两大产品打造自己的运输管理与优化云平台项目，能够运用互联网协同作业理念，搭配先进的信息化技术和管理工具，协助企业高层战略的落地和实施。运输作业数字化之后，可以“货品—订单—交货信息—运单”的维度实现模块间的信息关联，达到药品的线上信息可追溯。

四、解决方案

基于科箭 TMS 云与 TOS 云打造的泰德智能物流调度系统是对泰德传统模式的升级，同时优化了运输管理及运输计划，从运输调度、运输在途监控、数据分析几个环节对原模式进行了完善和升级。

1. 装箱计算与装箱 App

泰德的凯时产品包装分为两联箱和六联箱，因此一个订单可能有多行包装。原有的装箱算法是一个订单一个包装行，和实际装箱的结果会有差异。实施科箭 TMS 云后，在生成正式运单时，科箭装箱计算功能可得到大箱套小箱的明细，做到“大箱—货品—批次号”关联信息可追溯。同时科箭的装箱 App 支持由仓库人员进行扫描装箱，解决与承运商结算的实际箱型和数量核对问题。

2. 自动计划与调度

在运输调度环节，科箭 TMS 云通过系统对接的方式接收 SAP 销售订单数据，系统智能算法依据装载量、运输路线、运输成本、时效多维度进行智能运算，然后自动生成运输计划并下发承运商端，以便承运商及时准备发运资源。泰德共有 2 家在北京的工厂及 1 个在合肥的外仓，每个订单都可能从不同地方发货，原先调度人员按照订单凭经验进行调度，现在科箭 TMS 云可自动按成本、时间等条件确认订单的发货地点，确认运输方式，并根据货品体积推荐车型。

3. 线路优化 TOS 云

科箭 TOS 云依据装载量、运输路线、运输成本、时效多维度进行智能运算，比对不同承运商合同费率，最终完成运输计划，下发承运商端，以便承运商及时准备发运资源。系统内的地图可展示优化后的路线，调度人员或承运商仍可方便地在地图上临时调整节点。

4. 智能调度算法

与人工处理时按照筛选整车，然后考虑拼车并选择空运和零担的思路不同，智能调度算法为全局算法，通过构建方案然后对不同方案的总体成本进行比较，并在算法收敛的过程中，判断是否存在更优化的结果，然后结合算法的终止条件获取整体运输方案的近似最优解。

在配载过程中，如果遇到单一商品订单货量超过最大可用车型的情况，会优先使用最大可用车型配载，将订单拆解到最大可用车型的承载上限，分拆出来的同一商品订单从同一个仓库发货。

算法处理逻辑如下。

步骤一：根据可用运输资源、仓库可发商品矩阵信息和仓库可发地区矩阵等数据为每个订单生成可行的组合作为组合的备选项，同一个订单的备选项为互斥，只能选择一种。

步骤二：按照算法的搜索方法，将订单分配，形成一个运输方案。

步骤三：检查当前的运输方案是否有违反约束的情况，如果有的话，则废弃当前构建的方案，回到步骤二。具体的约束包括装载约束（总载量与运输资源的能力比较）、时间约束（临时路线的时效与订单要求的到货时间和可提货时间差比较）。

步骤四：如果运输方案满足步骤三的约束，则计算当前方案每条临时路线的成本，并汇总得到整体方案的成本。

步骤五：如果当前没有暂存的最优方案，则将当前方案保存为暂存的最优方案。如果已有暂存的最优方案，则比较当前方案与暂存的最优方案的成本，如果新方案的成本低于当前暂存的最优方案，则更新暂存的最优方案；否则进入下一步处理。

步骤六：判断是否满足算法的终止条件，如果不满足终止条件的话，则继续循环步骤二到步骤五的操作；如果满足终止条件的话，则进入步骤七。

步骤七：如果满足优化终止的条件，则退出优化运行，返回算法输出数据到用户界面。

5. 运输监控环节

物流组在系统设置相关数据的预警阈值，并监控车辆运输在途情况，实时掌控车辆位置、路线、车速、车载温湿度数据等情况，对超出阈值的报警及时进行响应。承运商或调度人员可通过科箭 TMS 云实时查询运单轨迹、查看订单状态，实现全流程可视。运输管理系统如图 6 - 4 所示。

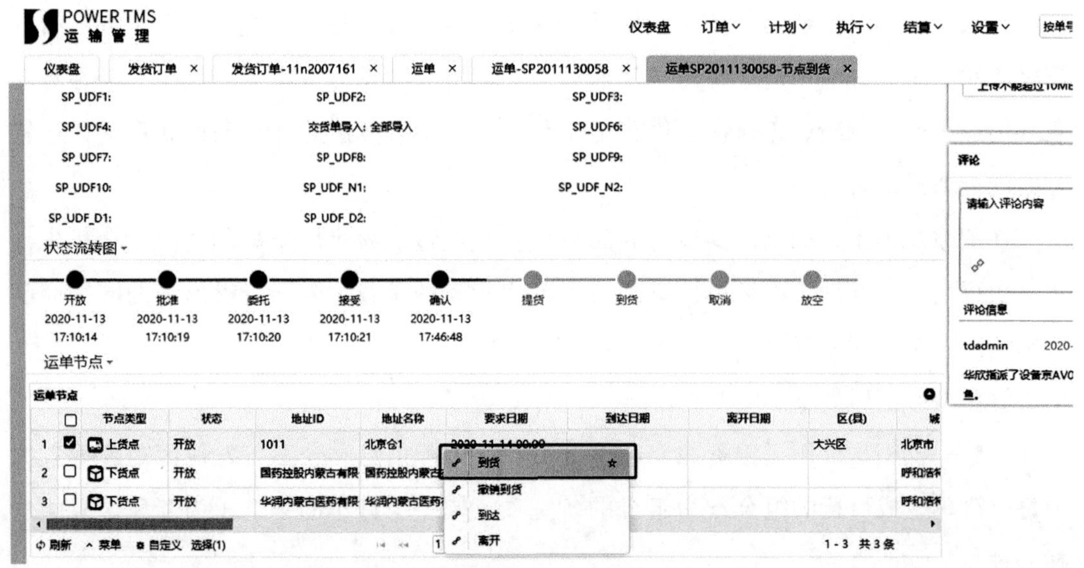

图 6 - 4　运输管理系统

司机在运输过程中需要全程开启 App，在 App 中进行提货操作后则开始记录实际轨迹，进行到货操作后则停止记录实际轨迹。

科箭 TMS 云中的电子围栏可实现到货自动提醒，提醒方式可灵活选择邮件、短信、微信，客户签收后可以拍照回执单并上传系统留存。签收信息回写运输发货记录，形成完整运输发运记录。如有异常产品则拍照上传，交泰德进行质量判断。

6. 数据分析

整个运输流程完成后，系统将留存运输过程中的全部数据，用于后续分析和决策。如基于当期物流业务从多个维度对数据进行统计，与历史某期对比分析，生成分析报表。

五、项目成果

1. 操作自动化

科箭 TMS 云上线后有效地减少了操作工时，消除经验壁垒，智能调度及固定算法也有利于减少人为操作隐患。

2. 运输可视化

科箭 TMS 云可以通过物流看板的方式，对在途车辆的路线、位置、车速、车载温湿度等数据进行实时监控，及时处理问题预警，有效降低车辆事故延误处理的风险。

3. 运营数字化

科箭 TMS 云作为物流环节唯一数据源，保证数据的准确性和有效性，为领导的正确决策提供有效的数据支持，也为后续建立数据库提供了保障。

4. 管理精益化

有效地减少物流环节操作工时，精简操作环节，弥补管理漏洞，实现人员成本的降低和工作效率的提升，同时系统化的智能算法也进一步优化调度排线计划，提高满载率，减少使用车辆，进一步降低物流成本。

5. 部分收益数据

泰德医药运输管理 TMS 云及优化一期上线后，获得了可见的收益与回报，如排线工时从原先 2 小时降到现在的 20 分钟，运费在优化一期项目后就降低了 5%，车辆满载率提升了 5% ~10%。

第三节　医药冷链信息管理系统提高物流运行效率

——上海康展物流有限公司服务案例

一、企业介绍

上海康展物流有限公司（以下简称“康展”）为国家 4A 级物流企业，是中物联医疗器械分会副会长单位、中物联医药物流分会常务理事单位，是国家标准《药品冷链物流运作规范》示范企业。2020年被评为全国十强的医药运输企业。

目前自建有10个分公司及25个办事处，在全国搭建配送网络，通过冷藏箱航空运输、冷链公路零担、冷链整车等方式以实现覆盖全国。公司按照GSP相关标准，在全国各地设立符合医药、医疗器械等相关要求的仓库面积达50000平方米（含6000平方米符合GSP标准的冷库），通过无缝衔接、内置平台等，有效地解决了冷藏车与冷库间的货物转移问题及温度偏差问题。自有车辆200辆以上，其中符合GSP要求的冷藏车辆70辆（全部配置车载温度监控系统及主动安全系统），冷机采用独立机组。科技驱动高效医药物流，康展与九州通合作开发康展智慧云平台，打造智慧冷链医药物流互联网平台，展示订单温度及路径信息。公司主要提供以下服务。

1. 冷链包装服务

按照客户需求，提供多温度段、全程72小时的冷藏箱运输解决方案；提供通过验证的多型号冷藏箱；冷藏箱配置外显设备，可随时定位和查看温度数据；提供查看温度数据的监控平台的对接或者监控授权。

2. 冷藏整车服务

提供全国多温度段（如2℃~8℃、0℃~25℃、-30℃~-10℃）门到门、沿途多点派送运输服务。

3. 医药温控零担服务

提供上海至西南沿线（含武汉、长沙）、成都至上海沿线（含武汉、长沙）、上海至南宁的华南线（含浙江、福建、广东）、上海至京津的华北线（含济南、石家庄、太原）、上海至华东、广州至华东、广州至西南等多路线的温控零担运输服务。

4. 空运服务

提供各地始发、覆盖全国的多时效航空运输方案。

5. 多式联运综合一体化冷链运输方案

提供全程温控等多式联运解决方案。

二、康展智慧云平台

1. 信息监控平台建设

医药物流的核心是参照GSP等法规要求，结合医药物流运营体系并使用专业的冷链全过程信息监控系统，以满足客户对信息全程可追溯的需求。康展智慧云平台完美整合了传统的信息管理与监控系统。

按照目前医药物流环节分工，冷链企业将重点关注医药运输在途的位置、温度等信息的记录与管理，并实现与上下游客户数据信息的互动。信息监控平台建设如图 6－5 所示。

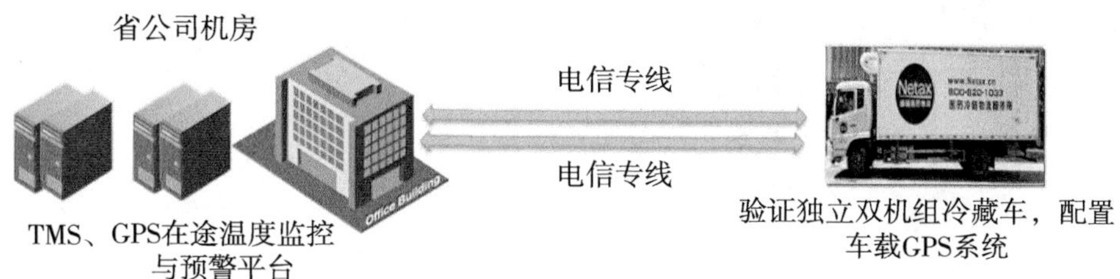

图 6－5　信息监控平台建设

康展所有冷藏车都是经过验证并配置独立机组，具有高效的温控保障能力；配备车载 GPS 系统，实现实时的温度监控。针对冷链包装运输，康展的冷藏箱配置外显设备，可实时查看箱内情况，车载设备及远程监控平台实现及时预警和远程温度监控。

司机可以通过车载监控设备关注温控，如出现异常及时启动应急响应。远程监控平台也设置专人关注在途温度，可远程进行车辆及冷藏包装的监控、异常反馈与处理跟进。

订单全程温度、位置、物流状态监控，可以让客户实时查看车辆当前位置、冷藏箱内温度并下载，可以查看电子回单。

2. App 管理

在运输过程中，“最后一公里”的数据及时收集与管理，将是整个信息平台高效化管理的重点。

管理员可在系统中进行权限设置，分配不同员工相对应的模块访问权限，如图 6－6 所示。

司机可以登录 App 进行车辆绑定，以便线上完成扫码提货、在途反馈、车辆接驳、货物签收、回单上传等功能操作。

三、项目评估

信息系统的搭建，推动了整个公司运营管理水平的提升，日常运营数据与绩效考

图 6－6　权限管理

核更细化与多维度。

对企业而言，通过建设信息平台，可以实现运输全过程的监控与管理，脱离依靠人工进行数据的收集与整理的手工操作模式，避免人工操作出现的差错，在时效与准确度上也得到大幅度提高。

对客户而言，承运商可以与其进行直接的信息对接，满足客户出库、在途状况、到货、签单等信息的及时查询，保证信息的准确性、时效性、及时性。

第四节　人工智能驱动企业物流数智化运营

——上海讯轻信息科技有限公司服务案例

一、公司介绍

上海讯轻信息科技有限公司（以下简称“讯轻科技”）创建于 2017 年 7 月，作为全国领先的人工智能驱动的物流科技服务商，应用核心动态蜂窝算法、凹凸算法、智能优化引擎、人工智能，提供智能调度和路径优化的配送优化整体方案。“懂调度”智能调度 SaaS 系统从时效、成本、服务多层面推动企业物流的数字化、智能化运营，打造智能调度控制塔，帮助客户管理创新。

“懂调度”智能调度 SaaS 系统已广泛服务于医药、快消、生鲜、服装、化工等多个行业，国药集团、华润医药、上海医药、高济医疗、光明领鲜、益海嘉里、顶通物流、空气化工等企业均与讯轻科技有合作。

“懂调度”智能调度 SaaS 系统的四大核心价值如下所示。

一是增效：项目经验线上化，延长截单时间，提前开始仓储作业。

二是降本：智能排线，全局优化，提升效率，降低成本。

三是服务：提升配送及时率和异常处理及时率，数字化管理提升客户满意度。

四是管理：打造调度中心，实现运输全程监控。

讯轻科技短时间内连续获得 5 家资本青睐。2019 年年初完成由梅花天使、铭笙资本合投的天使轮融资，以及银河系创投投资的 pre – A 轮融资；2019 年 7 月，完成由蓝湖资本和光速中国合投的 A 轮融资。

二、项目案例介绍

1. 项目背景

某大型医药客户上海配送中心概况如下。

在订单方面：合计超过 20000 家客户，日均下单超过 1000 家；订单波动大，月初和周初订货量翻倍；要求一日多配。

在客户方面：从医院，到社区服务中心，再到药店，覆盖医药流通全渠道；重点客户有严格的收货时间窗要求；客户所在地区较为分散。

在车辆方面：拥有 7 种不同规格的货车，总数多达 70 辆，需满足城市限行限高要求，收货点对车型也有限制。

因此，在运营中存在路线考虑因素多，调配排线难度大；配载率低，配送成本高；调度环节无信息化运营数据，决策和管理无数据支撑的问题。

2. 具体应用效果

在引入“懂调度”智能调度 SaaS 系统之后，各方面都有显著改善。

在使用前，业务波峰波谷时，订单量变化快导致排线时长不可控，影响后续整个供应链的工作效率。

在使用后，智能算法辅助人工，大幅缩短排线时长，提升整体运营效率。

（1）增效方面：促进业务量增长，提升配送时效性和配送能力。

节约时间：缩短排线时长，有助于企业全链条的优化。

促进业务量增长：可延长截单时间促进业务量增长，提升行业竞争力。

提升配送时效性和配送能力：智能排线，优化配送路线，全程可控可查。

（2）降本方面：智能排线、全局优化全面提升效率，降低成本。

智能排线：在保证交付前提下，通过凹凸算法，实现相邻区域的智能拆并线，提升配载率，从而整体上优化运营成本。

全局优化：提前协调车辆资源，提升车辆使用率，车次得到优化。车辆装载率从63.9%提升至72.4%。

一日多配：车辆在途时间提前预知，可提升车辆使用率。

（3）服务方面：提升配送及时率，客服中心缩短异常处理周期。

配送及时率：服务和交付的核心指标，全程自动化统计。

客服中心：缩短异常处理周期，提升客户体验及满意度。

客服中心异常处理如图6－7所示。

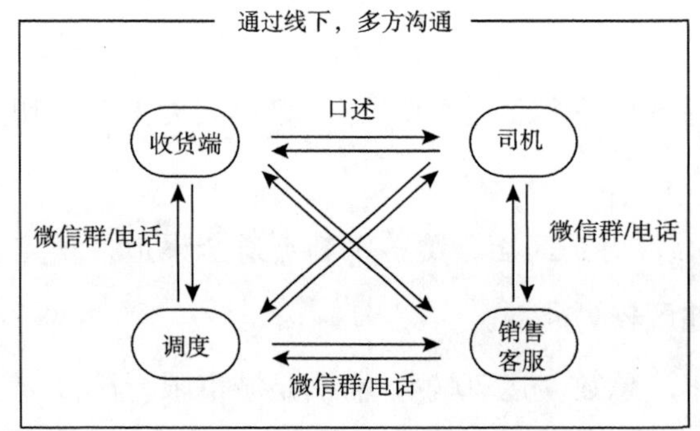

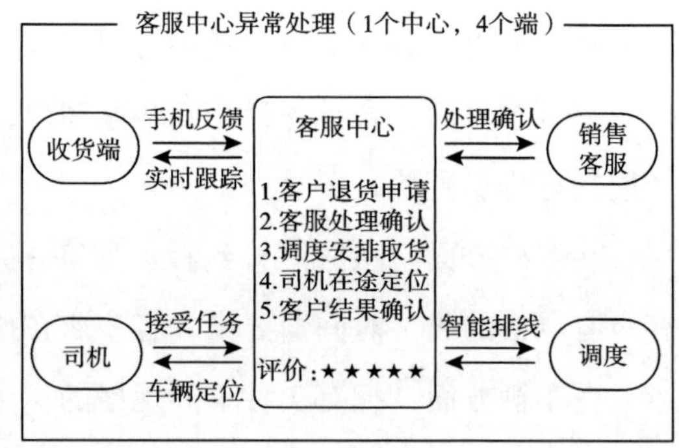

➢ 异步沟通，多方信息无法及时同步，客户难以了解处理进度

➢ 处理过程无信息化和流程化管理，难追溯、难把控

➢ 手机端信息反馈，多方信息即时同步，处理速度实时查看

➢ 处理流程按需制定，一键审批，全程记录

图6－7　客服中心异常处理

（4）管理方面：配送全程监控，调度中心量化运营数据。

全程监控：车辆、司机在途管理，配送过程可视化、可追溯。

全程监控管理如图6－8所示。

调度中心：量化运营数据，为企业管理提供数据支持。

- 实时车辆行驶监控
- 历史路径全程可追溯
- 司机工作量饱和程度

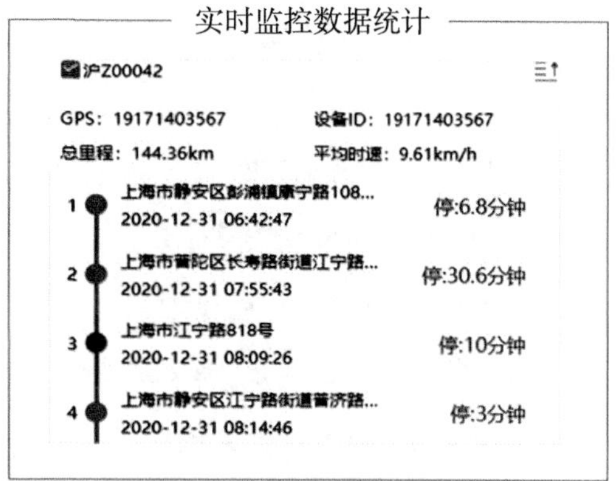

- 监控数据依实时统计，车辆预计到达时间多方提前可知
- 站点停留，交接时间可视化
- 车辆行驶里程数、油耗管理

图 6－8　全程监控管理

调度中心管理如图 6－9 所示。

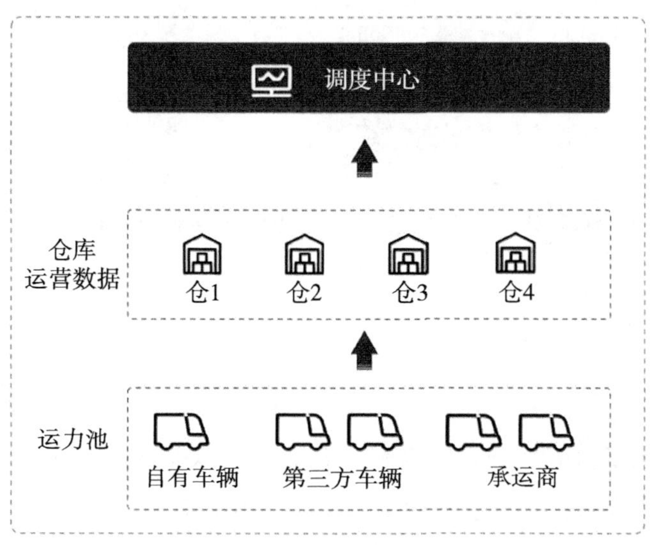

- 运力监控，实时了解运力分配
- 监管订单与运力优化配置方案，提升车辆使用率，降低整体物流成本

图 6－9　调度中心管理

三、对行业发展意义

“懂调度”智能调度 SaaS 系统已应用于国内数家大型医药企业，且应用效果显著。

“懂调度”智能调度 SaaS 系统赋能调度环节，全程数字化管理，助力企业降本增效，提升企业利润率和竞争力。

“懂调度”智能调度 SaaS 系统对于整个供应链中各环节起到优化的效果。“懂调度”智能调度 SaaS 系统全链条优化如图 6－10 所示。

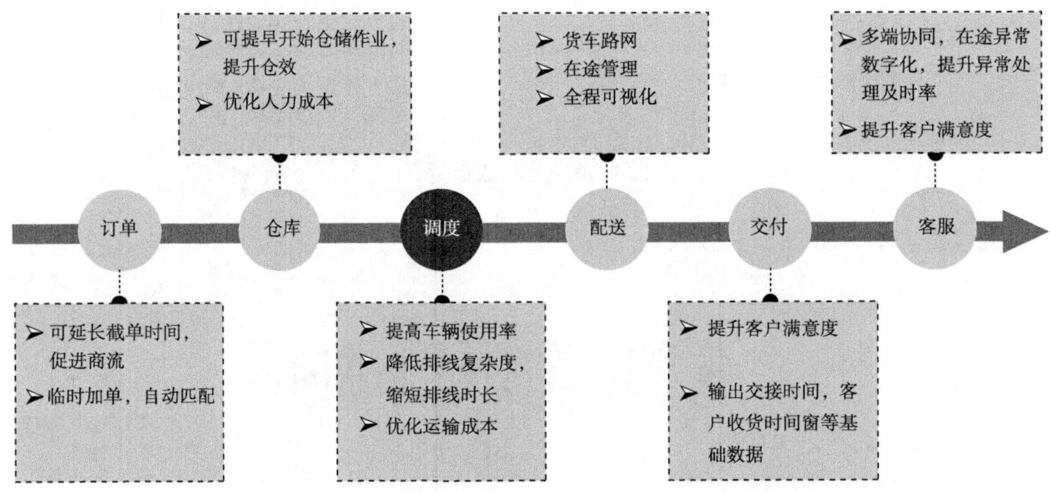

图 6－10　“懂调度”智能调度 SaaS 系统全链条优化

四、结语

城配是个快速增长的市场，但大部分企业仍然依靠人工调度，这使得订单越多，效率越低，运营成本越高。对于城配企业来说，2020 年比以往更加艰难，第一，资金压力下，降本增效已上升到前所未有的高度；第二，新冠肺炎疫情让企业意识到重度依赖人工的隐患；第三，随着新零售的加速发展、配送点的不断增加，城配变得更加复杂。这三方面都是人工调度无法应对的，因此智能调度成为城配企业的必选项。城配的复杂程度远高于其他环节，而且终端客户的要求越来越高，个性化、定制化、碎片化、高频化趋势明显，交货周期要求更短，而且城配在不同行业应用场景中的服务需求各有差异。“懂调度”智能调度 SaaS 系统的多重功能，在城配这个巨大的市场中，让调度更加智能。近年来，物流企业越来越重视数字化改造，运营方式也将从传统的人工决策、人工运营，转变成智能化运营模式，调度和路径优化是企业物流水平提升的最佳切入口。“懂调度”智能调度 SaaS 系统为整个智能调度体系上下游打通了更高维度，更加符合物流企业的真实配送需求，为行业带来更多可能。

第五节　制冷技术优化为客户提供优质服务

——上海开利运输冷气设备有限公司

一、项目介绍

上海开利运输冷气设备有限公司（以下简称“开利”）联合专业医药冷链物流企业华人供应链为客户提供优质的供应链与物流管理服务。深刻了解客户特色需求后，在系统设计的基础上提供一对一专属项目服务，包括运输、仓储、信息、保险等。多元化的核心业务和增值服务更为有效地降低客户的运营成本，提高市场效率。

二、开利在医药物流项目中的支持

1. 新购车辆制冷机组方案优化

新采购车辆时，采购与技术部门与开利技术应用人员深入交流，根据运输需求选择制冷机组型号，主要因素包括车厢容积、运输温度、运输方式，提供完善的制冷机组选型方案。

华人供应链及其第三方物流公司使用了开利全系列的产品，包括 Neos，Viento，Xarios，Citimax，Supra，Vector，X4 系列，以及先进的全电非独立机组 Pulsor 机组。

2. 制冷机组操作与使用培训

华人供应链对司机有高要求，要求其通过开利操作培训考核后上岗，对制冷机组运行状态、日常维护、应急故障处理有全面了解。此外，还定期召开制冷机组培训课程，及时反馈使用中的问题，让司机更深入了解操作规范。

制冷机组使用与培训教室如图6－11所示。

图6－11 制冷机组使用与培训教室

3. 制冷机组应用技术支持

医药冷链物流中最重要的是温度控制，每个物流环节都不能出现温度失控的情况，才能保证药品的品质。华人供应链在冷链物流操作中，与开利技术工程师共同解决车厢预冷、装货时间控制、车厢湿度控制、装卸货中货物温度的控制、运输中货物温度恒定等一系列技术问题，并建立成熟的应用技术方案，得到客户的一致认可。

4. 服务保障体系

开利在上海拥有一家4S服务站，在全国拥有100余家直属授权服务站，400名客服人员提供全天候的技术支持服务。

5. 开利服务产品

在考虑选购开利机组之前，开利的服务就已经开始了；而在采购开利机组以后，还有优质的售后服务全面地支持客户的使用需求及业务发展。

（1）免费的开机调试服务。

（2）免费的质保服务。

（3）维修服务。

（4）保养服务。

保养服务的目的是预防潜在的故障和损害，把发生重大停机的可能性降低。开利提供的保养服务包括常规保养、全包保养、预见性保养。

三、收益分析

华人供应链依靠强大的物流资源网络和先进的管理方法，为客户提供覆盖全国的仓储及配送服务，以便强有力地保障客户方案的全面实施。华人供应链密切配合客户仓储与配送需求，提供高效率、低成本的专业仓储保管和及时配送服务。

开利为华人供应链的医药物流项目提供先进、稳定的制冷设备，强大的技术应用支持，以及专业的服务，保证医药货物的安全，保障人民的健康。

附　录

附录1　“十三五”期间医药物流七大区域重点政策

区域	省份	时间	政策名称
东北	黑龙江	2016. 4	《省局关于印发〈2016年黑龙江省药品生产监管工作要点〉的通知》
		2016. 6	《省局关于发布〈黑龙江省医疗机构制剂注册管理办法实施细则（试行）〉的通知》
		2016. 11	《省局关于印发〈黑龙江省药品生产质量管理规范认证管理办法（2016年11月修订）〉的通知》
		2017. 5	《省局关于对〈黑龙江省药品生产日常监督管理办法（试行）〉（征求意见稿）征求意见的函》
		2017. 5	《省局关于对〈黑龙江省药品生产飞行检查办法（试行）〉（征求意见稿）征求意见的函》
		2017. 5	《省局关于征求〈药品批发企业经营许可证变更事后监管工作办法（试行）〉意见的函》
		2017. 7	《省局关于印发〈黑龙江省〈药品经营质量管理规范〉现场检查评定细则（修订稿）〉的通知》
		2017. 8	《省局关于印发〈药品批发企业经营许可证变更事后监管工作办法（试行）〉的通知》
		2018. 3	《省局关于印发2018年全省药品流通监督管理工作要点的通知》
		2019. 10	《省局关于公开征求〈黑龙江省药品监督管理局关于药品批发企业量化分级分类监督管理办法（试行）〉（征求意见稿）意见的公告》
		2019. 10	《黑龙江省药品监督管理局关于印发〈关于进一步加强药品零售企业处方药销售管理有关规定（试行）〉的通知》
		2019. 11	《省局关于印发〈黑龙江省医疗机构中药制剂调剂使用管理办法（试行）〉的通知》
		2019. 11	《省局关于印发〈黑龙江省药品生产企业量化分级监督管理办法（试行）〉的通知》

续 表

区域	省份	时间	政策名称
东北	吉林	2016.6	《吉林省食品监督管理局关于印发〈吉林省食品药品检验机构采购麻醉、精神类药品标准物质审批与管理规定〉的通知》
		2019.9	《吉林省药品监督管理局关于发布〈吉林省医疗机构应用传统工艺配制中药制剂备案实施细则〉的公告》
	辽宁	2018.10	《辽宁省食品药品监督管理局关于印发辽宁省医疗机构应用传统工艺配制中药制剂备案管理实施细则的通告》
		2019.6	《辽宁省药品监督管理局关于印发辽宁省药品现代物流标准的通知》
		2019.8	《辽宁省药品监督管理局关于印发〈辽宁省优化整合药品现代物流企业仓储和运输资源的实施办法〉的通知》
华北	北京	2016.10	《北京市食品药品监督管理局关于推进仿制药质量和疗效一致性评价工作的通知》
		2017.1	《北京市食品药品监督管理局关于印发〈北京市食品药品监督管理局法治政府建设实施方案（2015—2020年）〉的通知》
		2017.10	《关于印发北京市公立医疗机构药品采购推行“两票制”实施方案（试行）的通知》
		2017.12	《北京市食品药品监督管理局关于印发〈北京市食品药品监督管理局食品、药品、医疗器械、保健食品、化妆品安全监测工作办法〉的通知》
		2018.10	《北京市食品药品监督管理局关于印发〈北京市医疗机构应用传统工艺配制中药制剂备案管理实施细则（试行）〉的公告》
		2019.9	《北京市药品监督管理局关于印发〈北京市麻精药品和药品类易制毒化学品监督管理工作指南〉的通知》
	天津	2018.10	《天津市市场和质量监督管理委员会关于印发天津市医疗机构应用传统工艺配制中药制剂备案管理实施细则的公告》
		2020.5	《市市场监管委等七部门关于印发〈天津市防疫物资产品质量和市场秩序专项整治行动方案〉的通知》
	山西	2017.8	《山西省人民政府关于贯彻落实“十三五”国家食品和药品安全规划的实施意见》
		2017.3	《山西省“十三五”食品药品安全规划》
	内蒙古	2019.5	《内蒙古自治区药品监督管理局关于印发提升蒙药质量安全水平促进蒙药产业健康发展规划（2019—2021年）的通知》

续 表

区域	省份	时间	政策名称
华北	内蒙古	2019.9	《内蒙古自治区药品监督管理局关于印发〈新开办药品批发企业现代物流设置条件暂行办法〉的通知》
		2019.10	《关于印发〈内蒙古自治区药品安全舆情监测与处置办法〉的通知》
		2019.10	《内蒙古自治区食品药品监督管理局内蒙古自治区财政厅关于印发食品药品违法行为举报奖励实施细则的通知》
		2019.10	内蒙古自治区食品药品监督管理局关于印发《核（换）发〈医疗机构制剂许可证〉验收标准（2018修订版）》的通知
		2020.9	《内蒙古自治区人民政府办公厅关于印发自治区疫苗药品安全突发事件应急预案的通知》
西北	陕西	2017.12	《陕西省食品药品监督管理局关于印发〈陕西省食品药品监督管理局 药品经营企业信用等级评定及分级分类监督管理办法〉（试行）的通知》
		2018.2	《陕西省食品药品监督管理局关于印发〈陕西省医疗机构药品监督管理办法实施细则〉（试行）的通知》
		2018.7	《陕西省食品药品监督管理局关于印发〈陕西省药品生产企业质量受权人管理办法〉的通知》
		2018.10	《陕西省食品药品监督管理局关于印发〈陕西省药品生产企业质量信用等级评定与分类管理办法〉的通知》
		2019.3	《关于印发〈陕西省医疗机构应用传统工艺配制中药制剂备案管理实施细则（试行）〉的通知》
		2019.6	《关于印发〈陕西省药品生产质量管理规范认证管理若干规定〉的通知》
		2019.8	《陕西省药品监督管理局关于印发〈陕西省药品零售连锁企业监督管理办法（试行）〉等三个文件的通知》
		2019.12	《关于促进药品流通行业快速发展的意见》
		2020.9	《陕西省药品监督管理局关于印发〈药品批发企业若干行政审批工作规定（试行）〉的通知》
		2020.10	《陕西省药品监督管理局办公室关于印发〈陕西省药物警戒协同工作机制实施意见（试行）〉的通知》
		2020.11	《陕西省药品监督管理局关于印发〈陕西省药品安全“黑名单”信息共享和联合惩戒办法（试行）〉的通知》

续　表

区域	省份	时间	政策名称
西北	陕西	2020. 11	《陕西省药品监督管理局办公室关于印发〈陕西省医疗机构药品监督管理办法实施细则〉的通知》
		2020. 12	《陕西省药品监督管理局办公室关于印发〈陕西省药品上市许可持有人药品生产企业质量信用等级评定与分类管理办法〉的通知》
		2020. 12	《陕西省药品监督管理局办公室关于印发〈陕西省药品经营企业质量信用等级评定与分类管理办法〉的通知》
	宁夏	2018. 11	《关于进一步加强药品零售企业购销行为监管的通知》
		2019. 3	《关于印发〈2019 年全区药品生产、特殊管理药品监督检查计划〉的通知》
		2019. 3	《关于印发〈宁夏回族自治区药品监督管理局药品批发企业零售连锁总部监督检查制度（试行）〉的通知》
		2019. 3	《关于印发〈2019 年全区药品经营使用环节监督检查计划〉的通知》
		2019. 8	关于印发《宁夏回族自治区核发〈药品生产许可证〉验收细则（中药饮片）》的通知
		2020. 3	《关于印发〈宁夏回族自治区药品监督管理局疫苗国家监管体系评估工作实施方案（修订稿）〉的通知》
		2020. 3	《关于 2020 年全区药品流通环节监督检查计划的通知》
		2020. 12	《关于进一步明确药品上市前 GMP 符合性检查工作流程的通知》
	新疆	2017. 12	《关于发布新疆维吾尔自治区医疗机构中药民族药制剂质量标准研究技术指导原则（试行）的通告》
		2019. 1	《关于印发药品生产质量管理规范认证管理办法的通知》
华东	上海	2016. 7	《上海市食品药品监督管理局关于印发〈上海市食品药品严重违法生产经营者与相关责任人员重点监管名单管理办法〉的通知》
		2016. 8	《上海市人民政府办公厅关于转发市食品药品监管局制订的〈上海市开展药品上市许可持有人制度试点工作实施方案〉的通知》
		2018. 1	《上海市食品药品监督管理局关于印发〈上海市食品药品监督管理局监管信息公开管理办法〉的通知》
		2018. 1	《上海市食品药品监督管理局关于印发〈上海市食品药品生产经营者信用信息管理规定〉的通知》

续 表

区域	省份	时间	政策名称
华东	江苏	2016. 11	《关于印发江苏省食品药品监管“十三五”规划的通知》
		2017. 6	《省政府办公厅关于印发江苏省“十三五”食品药品安全规划的通知》
		2017. 11	《省政府办公厅关于进一步改革完善药品生产流通使用政策的实施意见》
		2018. 1	《关于印发江苏省开办药品零售企业（单体药店）验收实施标准的通知》
		2018. 5	《关于进一步推进仿制药质量和疗效一致性评价工作的通知》
		2018. 5	《2017 年江苏省药品注册管理工作年度报告》
		2018. 7	《关于加强进口分包装药品监管的通知》
		2018. 12	《关于印发〈江苏省医疗机构应用传统工艺配制中药制剂备案管理实施细则（试行）〉的通知》
		2019. 2	《江苏省药品监督管理局关于降低药品、医疗器械产品注册费收费标准的公告》
	浙江	2016. 5	《浙江省食品药品监督管理局关于印发〈药品流通领域违法经营行为专项整治方案〉的通知》
		2017. 7	《浙江省食品药品监督管理局关于进一步明确药品经营企业多仓协同监管事宜的通知》
		2017. 8	《浙江省食品药品监督管理局关于明确药品经营企业电子传递药品质量档案有关要求的通知》
		2017. 12	《浙江省食品药品监督管理局关于印发〈浙江省药品生产流通飞行检查实施办法（试行）〉的通知》
		2018. 7	《浙江省食品药品监督管理局关于印发〈浙江省食品药品行政许可监督检查规范（试行）〉的通知》
		2018. 12	《浙江省药品监督管理局关于印发〈浙江省医疗机构应用传统工艺配制中药制剂备案管理实施细则〉的通知》
		2020. 7	《浙江省药品监督管理局关于贯彻新修订〈药品生产监督管理办法〉做好行政许可有关事项的通知》
		2020. 12	《浙江省药品监督管理局关于印发〈浙江省医疗机构制剂配制监督管理办法〉的通知》
	山东	2019. 11	《山东省药品使用条例》
		2019. 11	《山东省食品药品行政处罚裁量权适用规则》

续　表

区域	省份	时间	政策名称
华东	山东	2019. 11	《山东省食品药品监督管理局关于印发〈山东省中药材市场质量管理办法〉的通知》
		2019. 11	《山东省食品药品监督管理局关于进一步促进药品流通行业转型升级创新发展的意见》
		2019. 11	《山东省药品监督管理局关于印发〈山东省药品零售企业分级分类管理办法〉的通知》
		2019. 11	《山东省药品监督管理局关于印发〈山东省药品零售连锁企业管理办法〉的通知》
		2019. 12	《山东省药品监督管理局关于印发〈山东省医疗机构应用传统工艺配制中药制剂备案管理实施细则（试行）〉的通知》
		2019. 12	《山东省药品监督管理局关于印发山东省药品生产经营企业风险自查报告管理办法（试行）的通知》
		2020. 7	《山东省药品监督管理局关于印发〈山东省药品研制机构申办药品生产许可证现场检查验收标准（试行）〉的通知》
		2020. 11	《山东省药品监督管理局关于印发山东省药品安全信用分级分类管理办法的通知》
		2020. 12	《山东省药品监督管理局关于印发山东省药品现代物流企业实施标准的通知》
		2020. 12	《山东省中医药条例》
	江西	2016. 4	《江西省食品药品监督管理局关于做好2016年全省药品流通监管工作的通知》
		2016. 4	《关于印发2016年江西省药品生产监管工作要点的通知》
		2016. 7	《关于印发〈江西省食品药品监督管理系统法制宣传教育第七个五年规划（2016—2020年）〉的通知》
		2016. 9	《江西省食品药品监督管理局关于印发〈江西省第二类精神药品和医疗用毒性药品定点经营管理办法〉的通知》
		2016. 11	《关于做好药品流通领域专项整治“回头看”工作的通知》
		2017. 3	《江西省食品药品监督管理局关于印发2017年江西省药品生产监管工作要点的通知》
		2017. 4	《关于印发〈2017年江西省药品流通监管工作要点〉的通知》

续 表

区域	省份	时间	政策名称
华东	江西	2017.5	《江西省食品药品监督管理局办公室关于推进仿制药质量和疗效一致性评价工作的通知》
		2017.6	《江西省食品药品监督管理局关于同意樟树市开展药品第三方现代物流试点工作的批复》
		2017.7	《江西省食品药品监督管理局关于印发〈江西省药品流通环节药品质量安全集中整治工作方案〉的通知》
		2017.8	《江西省食品药品监督管理局 江西省工业和信息化委员会 江西省卫生和计划生育委员会 江西省科学技术厅关于推进仿制药质量和疗效一致性评价有关事宜的通知》
		2018.2	《江西省食品药品监督管理局关于印发〈江西省特殊管理药品监管巡查办法〉的通知》
		2018.2	《江西省食品药品监督管理局关于印发〈江西省药品安全风险研判管理办法（试行）〉的通知》
		2018.3	《江西省食品药品监督管理局关于印发2018年全省食品药品监督管理工作要点的通知》
		2018.4	《关于印发〈2018年江西省药品流通监管工作要点〉的通知》
		2018.5	《江西省食品药品监督管理局关于印发全省流通领域中药材中药饮片专项整治行动方案的通知》
		2018.8	《江西省食品药品监督管理局关于印发〈江西省食品药品安全“黑名单”管理办法〉的通知》
		2018.10	《关于印发江西省中药饮片质量集中整治实施方案的通知》
		2019.12	《江西省药品监督管理局关于印发〈江西省药品监督管理局药品生产质量安全责任约谈制度（试行）〉的通知》
		2020.1	《关于切实做好新型冠状病毒感染的肺炎疫情防控用药生产质量安全的通知》
		2020.2	《江西省药品监督管理局关于印发〈江西省药品监督管理局对新型冠状病毒感染肺炎疫情防控用医疗机构制剂应急审评审批的工作程序和措施〉的通知》
		2020.2	《关于推进药品生产企业复工复产履行药品质量安全主体责任的通知》
		2020.3	《关于开展药品第三方现代物流企业设立临时中转站试点工作的通知》

续 表

区域	省份	时间	政策名称
华东	江西	2020. 3	《江西省药品监督管理局关于印发中药饮片专项整治实施方案的通知》
		2020. 4	《江西省药品监督管理局关于印发〈促进江西省药品医疗器械化妆品产业高质量发展的若干措施〉的通知》
		2020. 4	《江西省药品监督管理局关于印发2020年江西省药品生产监管工作要点暨检查计划的通知》
		2020. 4	《2020年江西省药品经营监管工作要点》
		2020. 4	《关于印发〈江西省国家组织药品集中采购和使用中选药品专项检查工作方案〉的通知》
		2020. 4	《关于印发江西省药用原辅料生产专项监督检查工作方案的通知》
		2020. 4	《江西省药品监督管理局关于进一步推进药品第三方现代物流试点工作有关事项的通知》
		2020. 10	《江西省药品监督管理局关于认真贯彻执行〈药品管理法〉切实加强药品质量安全工作的通知》
	安徽	2016. 2	《安徽省食品药品监督管理局2016年工作要点》
		2016. 9	《关于印发安徽省"十三五"食品药品监督管理发展规划的通知》
		2017. 6	《安徽省人民政府办公厅关于印发安徽省"十三五"食品药品安全工作实施方案的通知》
		2017. 12	《安徽省食品药品监督管理局2017年食品药品稽查工作总结及2018年重点工作安排》
		2018. 10	《关于印发〈安徽省"十三五"食品药品监督管理发展规划中期评估报告〉的通知》
		2019. 1	《安徽省药品监督管理局"十三五"国家药品安全规划2018年度监测报告》
	福建	2016. 4	《福建省食品药品监督管理局关于印发全省药品流通领域综合整治行动工作方案的通知》
		2016. 4	《福建省食品药品监督管理局办公室关于印发2016年全省药品流通监管工作要点的通知》
		2017. 4	《福建省食品药品监督管理局关于印发2017年全省药品经营企业GSP跟踪检查工作方案的通知》

续 表

区域	省份	时间	政策名称
华东	福建	2018.1	《福建省食品药品监督管理局办公室关于印发 2017 年福建省药品流通监管工作要点的通知》
		2018.3	《福建省食品药品监督管理局 卫生计生委关于进一步加强疫苗流通监管保证疫苗供应的通知》
		2018.8	《福建省人民政府办公厅关于改革完善仿制药供应保障及使用政策的实施意见》
		2018.9	《福建省食品药品监督管理局办公室关于印发〈开展药品流通环节高风险药品专项检查工作方案〉的通知》
		2019.3	《福建省市场监督管理局关于进一步加强药品医疗器械化妆品监管工作的意见》
		2019.6	《福建省药品监督管理局关于加强跟进国家组织药品集中采购和使用试点期间的药品监管工作的通知》
		2019.6	《福建省药品监督管理局关于加强药品第三方物流监管工作的通知》
		2020.4	《福建省药品监督管理局关于推进药品信息化追溯体系建设工作的通知》
		2020.7	《福建省药品监督管理局综合处关于印发中药饮片专项整治工作方案的通知》
华中	湖北	2019.5	《省药品监督管理局关于加强药品第三方物流监督管理的通告》
		2020.8	《关于发布〈药品经营活动场地主文件编制指导原则（试行）〉的通告》
		2020.9	《省药品监督管理局关于进一步优化服务 助推生物医药产业高质量发展的通知》
	河南	2017.8	《省政府办公厅〈关于印发河南省食品药品安全“十三五”规划责任分工方案的通知〉》
		2020.7	《河南省药品监督管理局综合处关于印发河南省药品生产许可证换发工作实施方案的通知》
		2020.7	《河南省药品监督管理局综合处关于印发河南省医疗机构制剂许可证换发工作实施方案的通知》
		2020.9	《河南省药品监督管理局关于规范医疗机构中药制剂调剂使用管理的通知》
	湖南	2019.4	《湖南省药品监督管理局关于药品零售连锁企业开展远程审方工作的通知》

续 表

区域	省份	时间	政策名称
华中	湖南	2020.7	《湖南省药品监督管理局关于贯彻落实新修订〈药品生产监督管理办法〉有关事项的公告》
		2020.10	《湖南省药品监督管理局关于印发〈湖南省药品批发企业（零售连锁总部）分类验收现场检查标准〉（暂行）的通知》
		2020.12	《湖南省药品监督管理局关于印发〈湖南省药品上市许可持有人（委托生产情形）检查要点（试行）〉的通知》
华南	广东	2016.1	《关于印发〈广东省食品药品监督管理局 广东省财政厅举报重大食品药品违法行为奖励办法〉的通知》
		2016.11	《关于印发〈广东省食品药品监督管理局互联网药品经营监督管理办法〉的通知》
		2016.12	《关于印发〈广东省食品药品监督管理局食品药品生产经营单位责任约谈办法〉的通知》
		2017.2	《关于印发〈广东省食品药品抽样检验实施办法〉的通知》
		2017.3	《关于印发〈广东省食品药品监督管理局关于食品药品生产经营企业落实主体责任的规定〉的通知》
		2017.4	《关于印发〈广东省食品药品监督管理局疫苗储存和运输监督管理办法〉的通知》
		2018.3	《广东省食品药品监督管理局关于印发〈药品零售企业分级分类的管理办法（试行）〉的通知》
		2018.3	《广东省食品药品监督管理局关于印发〈广东省食品药品监督管理局药品零售连锁企业管理办法〉的通知》
		2018.4	《广东省食品药品监督管理局办公室关于进一步规范药品零售企业处方药销售监督管理的通知》
		2019.2	《广东省市场监督管理局 广东省药品监督管理局关于明确机构改革过渡期药品化妆品医疗器械案件查处工作有关职责的通知》
		2019.3	《广东省药品监督管理局关于推进药品上市许可持有人制度试点工作有关事项的通知》
		2020.7	《广东省药品监督管理局关于药品生产许可事项办理有关事宜的通告》
	广西	2019.8	《自治区药监局关于印发鼓励药品零售发展的指导意见（试行）的通知》

续 表

区域	省份	时间	政策名称
华南	广西	2019.11	《自治区药品监督管理局关于印发〈广西壮族自治区医疗机构制剂注册管理实施细则〉的通知》
		2019.12	《广西壮族自治区药品监督管理局关于印发〈自动售药机销售药品管理规定（试行）〉的通知》
		2019.12	《自治区药监局办公室 自治区卫生健康委办公室关于推进疫苗信息化追溯体系建设工作的通知》
		2020.2	《广西壮族自治区药品监督管理局关于印发〈Ⅰ级响应期间疫情防控急需药品特别审批方案（试行）〉的通知》
		2020.3	《广西壮族自治区药品监督管理局关于印发麻醉药品和第一类精神药品区域性批发企业调整布局工作实施方案的通知》
		2020.11	《广西壮族自治区药品监督管理局关于发布〈广西壮族自治区民族及地方习用药材标准审定和发布程序（试行）〉的通知》
	重庆	2017.8	《关于印发重庆市药品生产流通企业执行“两票制”监管办法的通知》
		2018.2	《重庆市食品药品监督管理局 重庆市财政局关于印发重庆市食品药品违法行为举报奖励办法的通知》
		2020.7	《重庆市药品监督管理局重庆市医疗保障局关于印发〈重庆市自动售药机管理规定（试行）〉的通知》
	四川	2020.12	《四川省药品监督管理局关于发布〈四川省药品监督管理局药品案件有关问题的指导意见〉的公告》
		2020.12	《四川省药物滥用监测管理规定》
		2020.12	《四川省药品监督管理局关于加快推进药品重点品种信息化追溯体系建设的通知》
	云南	2016.5	《云南省食品药品监督管理局关于实施〈云南省药品零售连锁企业验收标准（试行）〉及〈云南省药品零售连锁企业远程药事服务及审方系统指导原则（试行）〉相关工作的通知（征求意见稿）》
		2016.5	《云南省食品药品监督管理局关于开展药品生产企业异地设置药品仓库试点工作的通知》
		2017.5	《云南省食品药品监督管理局关于发布〈云南省医疗机构制剂研究技术指导原则（中药、民族药）〉（试行）〈云南省中药材（民族药材）质量标准研究技术指导原则〉（试行）〈云南省中药饮片炮制规范研究技术指导原则〉（试行）的通告》

续　表

区域	省份	时间	政策名称
华南	云南	2017. 7	《云南省食品药品监督管理局关于做好药品零售连锁企业确认申报工作的通知》
		2017. 8	《云南省食品药品监督管理局关于进一步加强特殊药品流通使用环节监管工作的通知》
		2018. 3	《云南省食品药品监督管理局关于印发2018年云南省药品流通监管工作要点的通知》
		2018. 4	《云南省食品药品监督管理局关于中成药品规格有关事项的通知》
		2018. 9	《关于进一步做好289基药品种一致性评价申报与技术审评相关工作的通知》
		2020. 3	《关于征求〈云南省药物（疫苗）研究监督管理细则〉（征求意见稿）意见的函》
		2020. 3	《云南省药品监督管理局关于印发〈云南省药品审评审批沟通交流办法〉的通知》
		2020. 4	《云南省药品监督管理局关于印发2020年疫苗储存运输质量安全专项行动方案的通知》
		2020. 11	《云南省药品监督管理局关于实施药品信息化追溯体系建设的通知》
	贵州	2017. 7	《省食品药品监管局关于印发贵州省食品药品化妆品医疗器械飞行检查办法（试行）的通知》
		2018. 4	《贵州省食品药品监督管理局关于发布贵州省食品药品安全信用分级分类管理办法（试行）的通知》
		2019. 4	《省药品监管局关于印发贵州省医疗机构应用传统工艺配制中药制剂备案管理实施细则（试行）的通知》
	西藏	2016. 5	《关于印发西藏自治区药品流通领域挂靠经营走票等违法违规行为专项整治工作方案的通知》
		2016. 12	《关于印发〈西藏自治区“十三五”食品药品安全监管规划〉的通知》
		2017. 4	《关于印发2017年药品经营企业监督检查计划的通知》
		2017. 4	《关于印发2017年药品生产企业监督检查计划的通知》
		2017. 4	《自治区食品药品监督管理局印发2017年全区药品化妆品监管重点工作安排的通知》

续 表

区域	省份	时间	政策名称
华南	西藏	2017.5	关于《西藏自治区药品批发企业〈药品经营质量管理规范〉现场检查指导原则》征求意见的函
		2017.12	《西藏自治区食品药品监督管理局关于明确药品现代物流条件的通知》
		2018.4	《关于印发2018年药品生产经营企业监督检查计划的通知》
		2018.4	《关于印发2018年全区药品化妆品监管重点工作安排的通知》
		2018.6	《关于印发〈西藏自治区医疗机构藏药制剂调剂使用管理办法（试行）〉的通知》
		2019.3	《关于印发〈自治区药品监督管理局药品质量抽检工作规则（试行）〉的通知》
		2019.8	《关于印发宣传贯彻〈疫苗管理法〉工作方案的通知》
		2019.10	《自治区药品监管局关于印发〈药品领域专项整治行动方案〉的通知》
		2019.11	《自治区市场监管局自治区药品监管局关于印发疫苗质量安全事件应急预案（试行）的通知》
		2019.12	《关于印发2019年西藏自治区药品抽验实施方案的通知》
		2019.12	《关于〈西藏自治区医疗机构应用传统工艺配制藏药制剂备案管理实施细则（试行）〉的通告》
		2020.7	《西藏自治区药品监督管理局关于促进西藏自治区药品零售行业健康发展的意见（试行）》

附录2　2017—2019年医药批发百强企业主营业务经营情况

（单位：万元）

2019年排名	公司名称	2017年	2018年	2019年
1	中国医药集团有限公司	32143897	36092202	44444628
2	上海医药集团股份有限公司	12178954	14664664	16307600
3	华润医药商业集团有限公司	12640246	13205811	15220047
4	九州通医药集团股份有限公司	7372645	8695670	9924601
5	广州医药有限公司	3839291	3982426	4603336

续 表

2019 年排名	公司名称	2017 年	2018 年	2019 年
6	深圳市海王生物工程股份有限公司	1300106	3697620	4003511
7	南京医药股份有限公司	2738438	3119844	3704533
8	华东医药股份有限公司	2783182	3066337	3544570
9	中国医药健康产业股份有限公司	3010396	3100604	3528482
10	瑞康医药集团股份有限公司	2059221	3378216	3525851
11	重药控股股份有限公司	—	2569316	3373305
12	安徽华源医药股份有限公司	2022620	2664235	2909800
13	浙江英特集团股份有限公司	1886421	2043149	2453681
14	嘉事堂药业股份有限公司	1415696	1788348	2209837
15	云南省医药有限公司	1449400	1633900	1902600
16	鹭燕医药股份有限公司	832747	1148541	1498796
17	广西柳州医药股份有限公司	923254	1062838	1472303
18	四川科伦医药贸易有限公司	1593472	1358948	1429591
19	石药集团河北中诚医药有限公司	1153210	1302822	1369730
20	天津天士力医药营销集团股份有限公司	982655	1164655	1343496
21	中国北京同仁堂（集团）有限责任公司	1123541	1191261	1151963
22	江西南华医药有限公司	702880	878943	1084729
23	哈药集团医药有限公司	795570	699162	828988
24	江西汇仁医药贸易有限公司	583761	717517	809769
25	民生药业集团有限公司	1520781	775844	782701
26	同济堂医药有限公司	692486	733173	743612
27	陕西医药控股集团派昂医药有限责任公司	582774	632436	700053
28	江苏省医药有限公司	553343	562630	652478
29	重庆桐君阁股份有限公司	—	—	644244
30	湖北人福医药集团有限公司	510793	564923	631269
31	江苏康缘医药商业有限公司	313369	397147	524088
32	天津中新药业集团股份有限公司医药公司	538631	484087	518154
33	罗氏（上海）医药贸易有限公司	—	284190	513157
34	天津医药集团太平医药有限公司	501994	460536	488092
35	青岛百洋医药股份有限公司	308172	362647	480090

续　表

2019 年排名	公司名称	2017 年	2018 年	2019 年
36	江苏先声药业有限公司	385706	412397	461333
37	浙江省医药工业有限公司	512130	409780	444786
38	修正药业集团营销有限公司	411590	413246	424817
39	江苏省润天生化医药有限公司	283391	311748	403602
40	昆药集团医药商业有限公司	232040	235622	359035
41	必康润祥医药河北有限公司	—	276154	357680
42	创美药业股份有限公司	406047	390749	348800
43	云南东骏药业有限公司	341842	342475	342866
44	葵花药业集团医药有限公司	323233	342085	327445
45	浙江震元股份有限公司	256401	284616	323244
46	礼来贸易有限公司	197354	198920	323234
47	北京双鹤药业经营有限责任公司	179781	258576	307271
48	齐鲁医疗投资管理有限公司	266178	247072	300846
49	东北制药集团供销有限公司	190008	254705	300530
50	广州采芝林药业有限公司	391998	282139	297611
51	福建省医药集团有限责任公司	232777	262265	289661
52	海尔施生物医药股份有限公司	250872	260907	265063
53	贵州康心药业有限公司	274261	267127	255012
54	浙江来益医药有限公司	198110	206454	254225
55	吉林万通药业集团药品经销有限公司	—	235161	253159
56	四川金仁药业集团有限公司	—	—	246671
57	山西亚宝医药经销有限公司	186824	220108	246616
58	山东罗欣医药现代物流有限公司	—	263224	246435
59	厦门片仔癀宏仁医药有限公司	167136	209381	245210
60	湖南达嘉维康医药有限公司	186839	195151	227989
61	上海康健进出口有限公司	242966	235576	226198
62	浙江恩泽医药有限公司	200214	224707	225746
63	四川合纵药易购医药股份有限公司	—	201257	221019
64	泰州医药集团有限公司	180289	204206	220911
65	山东新华医药贸易有限公司	151789	154614	215468

续 表

2019年排名	公司名称	2017年	2018年	2019年
66	安徽乐嘉医药科技有限公司	211489	199988	211693
67	辽宁汇明医药有限公司	159950	160594	205612
68	贵州科开医药有限公司	—	153518	200765
69	重庆长圣医药有限公司	406584	304589	198131
70	昆明滇虹药业销售有限公司	—	176540	193771
71	浙江华通医药股份有限公司	160318	171816	189993
72	海南天祥药业有限公司	143596	146366	186880
73	西藏神威药业有限公司	145637	186049	186401
74	四川本草堂药业有限公司	142115	160823	183332
75	康泽药业股份有限公司	234041	230800	169461
76	必康百川医药（河南）有限公司	—	174447	167115
77	四川贝尔康医药有限公司	—	143169	166143
78	山东康诺盛世医药有限公司	191861	191197	163948
79	四川金利医药贸易有限公司	—	—	158004
80	浙江嘉信医药股份有限公司	168790	148922	156519
81	上海海吉雅医药有限公司	136830	161447	154839
82	云南同丰医药有限公司	157205	148864	154062
83	浙江英诺珐医药有限公司	—	142356	152731
84	兰州强生医药有限责任公司	171532	160638	148484
85	西安藻露堂药业集团有限责任公司	150264	141787	145362
86	商丘新先锋药业有限公司	—	—	136863
87	上海外高桥医药分销中心有限公司	186018	140217	134924
88	兰州西城药业有限责任公司	135870	138006	130497
89	云南医药工业销售有限公司	164609	137986	128886
90	浙江珍诚医药在线股份有限公司	—	128569	121994
91	湖南博瑞药业有限公司	226401	157134	119478
92	浙江瑞海医药有限公司	189821	120486	119370
93	常熟建发医药有限公司	—	—	115505
94	江苏澳洋医药物流有限公司	—	130249	114587
95	深圳中联广深医药（集团）股份有限公司	—	—	113269

续 表

2019 年排名	公司名称	2017 年	2018 年	2019 年
96	江苏恩华和润医药有限公司	153771	131009	112291
97	重庆生物制品有限公司	—	—	110568
98	西安医药股份有限公司	—	—	106711
99	大德浙江医药股份有限公司	—	—	105434
100	云南省久泰药业有限公司	—	—	100340

附录 3　2017—2019 年医药零售百强企业主营业务经营情况

（单位：万元）

2019 年排名	公司名称	2017 年	2018 年	2019 年
1	国药集团国大药房有限公司	1107951	1225053	1444987
2	老百姓大药房连锁股份有限公司	833313	1065200	1286900
3	大参林医药集团股份有限公司	830838	966082	1235332
4	云南鸿翔一心堂药业（集团）股份有限公司	850891	970291	1077099
5	益丰大药房连锁股份有限公司	560087	770856	1073460
6	中国北京同仁堂（集团）有限责任公司	912020	982966	885841
7	重庆桐君阁大药房连锁有限责任公司	725001	746000	780007
8	甘肃众友健康医药股份有限公司	—	486000	610000
9	上海华氏大药房有限公司	416633	412441	482312
10	漱玉平民大药房连锁股份有限公司	286120	335044	395216
11	湖北同济堂药房有限公司	382051	350819	334274
12	云南健之佳健康连锁店股份有限公司	257215	302315	332697
13	辽宁成大方圆医药连锁有限公司	362584	356603	331826
14	河南张仲景大药房股份有限公司	179520	223977	281131
15	河北华佗药房医药连锁有限公司	150000	217195	245000
16	重庆和平药房连锁有限责任公司	138992	167356	242781
17	柳州桂中大药房连锁有限责任公司	96071	142929	210298
18	浙江瑞人堂医药连锁有限公司	108925	134279	196386

续　表

2019 年排名	公司名称	2017 年	2018 年	2019 年
19	吉林大药房药业股份有限公司	146174	171026	193078
20	好药师大药房连锁有限公司	92370	251900	187494
21	甘肃德生堂医药科技集团有限公司	186902	132719	181217
22	江西黄庆仁栈华氏大药房有限公司	88490	127728	179062
23	天济大药房连锁有限公司	86118	99451	145904
24	临沂市仁和堂医药连锁有限公司	—	111632	138215
25	哈尔滨人民同泰医药连锁店	135106	124616	130093
26	石家庄新兴药房连锁股份有限公司	102516	121060	127170
27	南京医药国药有限公司	139805	95190	118836
28	深圳市南北药行连锁有限公司	23796	98564	118367
29	重庆市万和药房连锁有限公司	81143	93000	111682
30	贵州一树连锁药业有限公司	101331	116778	110819
31	成都百信药业连锁有限责任公司	137821	126209	110651
32	山东燕喜堂医药连锁有限公司	78550	100056	109549
33	上海医药众协药业有限公司	—	—	104568
34	湖南千金大药房连锁有限公司	76552	92182	103650
35	江苏润天医药连锁药房有限公司	—	78097	102518
36	重庆鑫斛药房连锁有限公司	97730	97208	99882
37	安徽丰原大药房连锁有限公司	65668	66684	90398
38	苏州礼安医药连锁总店有限公司	54883	74154	84674
39	上海第一医药股份有限公司	76981	78797	82348
40	成都泉源堂大药房连锁股份有限公司	—	59706	78507
41	广州健民医药连锁有限公司	50583	65727	77367
42	浙江震元医药连锁有限公司	56012	63117	77257
43	贵州一品药业连锁有限公司	46640	58162	75538
44	杭州九洲大药房连锁有限公司	74000	74100	69441
45	中山市中智大药房连锁有限公司	50487	58254	66238
46	四川杏林医药连锁有限责任公司	29475	21423	65585
47	怀化怀仁大药房连锁有限公司	55498	62561	65468
48	浙江英特怡年药房连锁有限公司	16005	39566	63210

续 表

2019年排名	公司名称	2017年	2018年	2019年
49	山东立健药店连锁有限公司	44619	50410	62701
50	深圳市麦德信药房管理有限公司	36009	62835	58110
51	青岛德信行惠友大药房有限公司	40467	47612	57529
52	河北神威大药房连锁有限公司	—	—	54134
53	廊坊市百和一笑堂医药零售连锁有限公司	62643	61633	52239
54	武汉马应龙大药房连锁有限公司	20162	34029	51030
55	贵州正和祥药业有限公司	—	45582	49864
56	江苏大众医药连锁有限公司	44862	49545	48806
57	连云港康济大药房连锁有限公司	32188	41958	48445
58	杭州华东大药房连锁有限公司	29176	34384	46899
59	山西荣华大药房连锁有限公司	34966	25791	46407
60	杭州胡庆余堂国药号有限公司	40775	43809	46359
61	宁波四明大药房有限责任公司	39741	40206	44517
62	云南白药大药房有限公司	52051	49148	44117
63	仁和药房网（北京）医药科技有限公司	40580	42987	42210
64	陕西众信医药超市连锁股份有限公司	46625	53963	42183
65	黑龙江泰华医药连锁销售有限公司	19222	40505	41559
66	浙江华通医药连锁有限公司	26507	30713	38644
67	武汉东明药房连锁有限公司	19003	19005	38394
68	杭州全德堂药房有限公司	27987	34734	38238
69	宁波彩虹大药房有限公司	36191	37337	38097
70	常州人寿天医药连锁有限公司	27043	30327	37269
71	北京德信行医保全新大药房有限公司	—	29216	37003
72	上海养和堂药业连锁经营有限公司	38323	37975	36874
73	上海得一大药房有限公司	16140	26957	36317
74	四川圣杰药业有限公司	28196	32319	35685
75	深圳市万泽医药连锁有限公司	—	33798	35169
76	广西一心医药集团有限责任公司	29846	33125	34127
77	上海余天成药业连锁有限公司	34721	34118	31756
78	浙江天天好大药房连锁有限公司	33037	33879	30805

续 表

2019年排名	公司名称	2017年	2018年	2019年
79	康泽药业连锁有限公司	44607	48870	29262
80	上海医药嘉定大药房连锁有限公司	22045	25933	28650
81	十堰市用心人大药房连锁有限公司	—	20656	27785
82	黑龙江华辰大药房连锁有限公司	—	—	27606
83	四川遂宁市全泰堂药业有限公司	—	—	27415
84	海宁市老百姓大药房有限责任公司	23815	25220	27101
85	河南佐今明大药房健康管理股份有限公司	16820	21695	25026
86	西双版纳迪升药业有限责任公司	15625	20216	25002
87	湖北独活药业股份有限公司	—	22656	24922
88	四川德仁堂药业连锁有限公司	27986	30850	24074
89	宜宾天天康大药房零售连锁有限责任公司	—	18662	23436
90	浙江华联医药连锁有限公司	16665	21010	22999
91	青岛百洋健康药房连锁有限公司	—	20382	22483
92	云南省玉溪医药有限责任公司	—	18663	22373
93	嵊州市易心堂大药房连锁股份有限公司	14454	20416	22366
94	山东利民大药店连锁股份有限公司	19264	20186	20345
95	四川省荣县泰康大药房连锁药业有限公司	—	—	19850
96	上海南汇华泰药店连锁总店	19410	20847	19147
97	江西省萍乡市昌盛大药房连锁有限公司	18618	18802	18783
98	绵阳科伦大药房连锁有限公司	—	—	18611
99	济宁新华鲁抗大药房有限公司	—	—	18294
100	上海药房连锁有限公司	—	—	17546

附录4　中国医药物流标准目录手册

前　言

中国物流与采购联合会医药物流分会（简称：中物联医药物流分会，英文缩写：

CHLA），是由在国内外从事药品、保健品等医药产品生产、批发、零售企业；医院、第三方医学检验机构等医疗终端；物流服务、装备制造、信息化等相关企业，为实现共同意愿而自愿组成的行业性、非营利性社会团体，隶属于中国物流与采购联合会，是其重要分支机构。中物联医药物流分会在中国物流与采购联合会指导下开展工作，其主要职能范围包括：医药物流行业信息统计、产业研究、标准制修订、人才培训教育、行业自律等基础工作；举办专业领域技术、学术、运营等专项研讨、项目咨询、国际交流等行业活动。

《目录手册》收集了我国已颁布的现行医药物流国家标准、行业标准、团体标准和地方标准共计100项。其内容按基础性标准、技术作业与管理标准、设施设备相关标准进行分类，以便使用者进行查询。标准的应用和推广首先要让标准的使用方了解标准，为此，中国物流与采购联合会医药物流分会、全国物流标准化技术委员会医药物流标准化工作组完成《中国医药物流标准目录手册》的修订工作。《目录手册》可供医药物流标准化工作者、医药物流专业研究人员、医药物流企业管理者、医药物流从业人员参考、学习使用。

《目录手册》收集的标准目录为2020年12月1日以前发布的与医药物流相关的国家标准、行业标准、团体标准和地方标准。由于标准具有一定的时效性，本手册所选取的标准可能会修订、废止或转化，在购买相关标准时请注意采用标准现行有效文本。因时间仓促，疏漏之处，敬请批评指正。

一、医药物流基础标准

序号	标准号	标准名称	发布日期	实施日期	规定范围
1	GB/T 26199—2010	医用包装原纸	2011-01-14	2011-06-15	本标准规定了医用包装原纸的分类、要求、试验方法、检验规则和标志、包装、运输、贮存。本标准适用于常规医用材料、器械包装用的原纸
2	GB/T 29791.1—2013	体外诊断医疗器械制造商提供的信息（标示）第1部分：术语、定义和通用要求	2013-10-10	2014-02-01	本部分对体外诊断医疗器械制造商所提供的信息定义概念、建立一般原则并规定基本要求

续　表

序号	标准号	标准名称	发布日期	实施日期	规定范围
3	GB/T 29791.2—2013	体外诊断医疗器械制造商提供的信息（标示）第2部分：专业用体外诊断试剂	2013-10-10	2014-02-01	本部分规定了专业用体外诊断（IVD）试剂制造商提供信息的要求。本部分也适用于预期与专业用体外诊断医疗器械一起使用的校准物、控制物质制造商提供的信息。本部分也适用于IVD附件。本部分适用于外包装和内包装标签以及使用说明。本部分不适用于：体外诊断仪器或设备；自测用体外诊断试剂
4	GB/T 29791.3—2013	体外诊断医疗器械制造商提供的信息（标示）第3部分：专业用体外诊断仪器	2013-10-10	2014-02-01	本部分规定了专业用体外诊断（IVD）仪器制造商提供信息的要求。本部分也适用于预期与专业用体外诊断医疗仪器一起使用的装置和设备。本部分也适用于IVD附件
5	GB/T 29791.4—2013	体外诊断医疗器械制造商提供的信息（标示）第4部分：自测用体外诊断试剂	2013-10-10	2014-03-01	本部分规定了自测用体外诊断（IVD）试剂制造商提供信息的要求。本部分也适用于预期与自测用体外诊断医疗器械一起使用的校准物、控制物质制造商提供的信息。本部分也适用于IVD附件。本部分适用于外包装和内包装标签以及使用说明
6	GB/T 29791.5—2013	体外诊断医疗器械制造商提供的信息（标示）第5部分：自测用体外诊断仪器	2013-10-10	2014-02-01	本部分规定了自测用体外诊断（IVD）仪器制造商提供信息的要求。本部分也适用于预期与自测用体外诊断医疗仪器一起使用的装置和设备。本部分也适用于IVD附件
7	GB/T 35594—2017	医用包装纸	2017-12-29	2018-07-01	本标准规定了医用包装纸的分类、要求、试验方法、检验规则、标志、包装、贮存、运输。本标准适用于环氧乙烷灭菌和辐射灭菌医用包装的生产用纸

续 表

序号	标准号	标准名称	发布日期	实施日期	规定范围
8	GB/T 36078—2018	医药物流配送条码应用规范	2018-03-15	2018-10-01	本标准规定了医药物流配送包装箱、托盘、单据及节点的代码结构、条码表示与技术要求，以及条码标签格式、放置位置等内容。本标准适用于医药产品供应链中配送包装箱、托盘、单据及节点的代码编制、条码标签设计和数据自动采集
9	CFDAB/T 0101—2014	食品药品监管信息化标准体系	2014-02-14	2014-02-14	本标准给出了食品药品监管信息化标准体系的组成、结构以及标准明细表。本标准适用于食品药品监管信息化规划、建设、实施，以及食品药品监管信息化标准的编制、修订工作
10	CFDAB/T 0102.2—2014	食品药品监管信息化基础术语 第2部分：药品	2014-02-14	2014-02-14	本部分规定了食品药品监管信息化所需的药品相关基础术语。本部分适用于食品药品监管信息化在设计、开发、建设实施和管理维护等阶段的工作
11	CFDAB/T 0102.3—2014	食品药品监管信息化基础术语 第3部分：医疗器械	2014-02-14	2014-02-14	本部分规定了食品药品监管信息化所需的医疗器械相关基础术语。本部分适用于食品药品监管信息化在设计、开发、建设实施和管理维护等各阶段的工作
12	CFDAB/T 0301.4—2014	食品药品监管信息基础数据元 第4部分：医疗器械	2014-02-14	2014-02-14	本部分规定了食品药品监管信息中有关医疗器械基本的及还有业务特征信息数据元的数据元标识符、中文名称、短名、定义、（数据元值的）数据类型、表示格式、允许值、计量单位、版本和数据元的来源。本部分包括医疗器械监管基础信息以及医疗器械业务相关的申请/受理、现场检查、检验、审评、审批、广告、互联网、投诉举报、不良反应等信息相关数据元。本部分适用于食品药品监管领域药品相关信息数据标识、信息交换与共享

续 表

序号	标准号	标准名称	发布日期	实施日期	规定范围
13	CFDAB/T 0303.4—2014	食品药品监管信息基础数据元值域代码 第4部分：医疗器械	2014－02－14	2014－02－14	本部分规定了食品药品监管信息中医疗器械相关信息的数据元值域代码。本部分适用于食品药品监管领域医疗器械相关信息的表示、交换、识别和处理
14	HJ 421—2008	医疗废物专用包装袋、容器和警示标志标准	2008－02－27	2008－04－01	本标准规定了医疗废物专用包装袋、利器盒和周转箱（桶）的技术要求以及相应的试验方法和检验规则，并规定了医疗废物警示标志。本标准适用于医疗废物专用包装袋、容器的生产厂家、运输单位和医疗废物处置单位
15	NMPAB/T 1001—2019	药品信息化追溯体系建设导则	2019－04－19	2019－04－19	本标准规定了药品信息化追溯体系建设基本要求和药品信息化追溯体系各参与方基本要求。本标准适用于药品上市许可持有人、生产企业、经营企业（包括批发企业和零售企业）、使用单位、发码机构及监管部门等追溯参与方协同建设药品信息化追溯体系
16	NMPAB/T 1002—2019	药品追溯码编码要求	2019－04－19	2019－04－19	本标准规定了药品追溯码的术语和定义、编码原则、编码对象、基本要求、构成要求、载体基本要求、发码机构基本要求以及药品上市许可持有人、生产企业基本要求。本标准适用于药品上市许可持有人、生产企业、经营企业、使用单位和发码机构等追溯参与方，针对在中国境内销售和使用的药品选择或使用符合本标准的药品追溯码
17	NMPAB/T 1004—2019	疫苗追溯基本数据集	2019－08－26	2019－08－26	本标准规定了与疫苗信息化追溯体系建设相关的疫苗追溯基本数据集分类、数据集与疫苗追溯数据产生方关系及数据集内容。本标准适用于规范追溯数据产生方采集和存储满足相关要求的追溯数据

续 表

序号	标准号	标准名称	发布日期	实施日期	规定范围
18	SB/T 11038—2013	中药材流通追溯体系专用术语规范	2013－12－04	2014－06－01	本标准规定了中药材流通追溯体系中的专用术语。 本标准适用于中华人民共和国境内的中药材流通追溯体系的建设、运维、信息交换及处理以及相关规范的制定工作
19	SB/T 11039—2013	中药材追溯通用标识规范	2013－12－04	2014－06－01	本标准规定了中药材追溯通用标识的要素、颜色和规格等。本标准适用于中华人民共和国境内的中药材流通追溯体系
20	SB/T 11182—2017	中药材包装技术规范	2017－01－13	2017－10－01	本标准规定了中药材的包装基本要求、包装容器及规格、包装容器选择、包装标识、封口技术要求。 本标准适用于中药材流通环节的包装
21	WS 375. 19—2016	疾病控制基本数据集 第 19 部分：疫苗管理	2016－12－13	2017－06－01	本部分规定了疫苗管理基本数据集的数据集元数据属性和数据元属性。本部分适用于疾病预防控制机构、提供相关服务的医疗机构及相关卫生行政部门进行相关业务数据采集、运输、存储等工作
22	YY/T 1630—2018	医疗器械唯一标识基本要求	2018－12－20	2020－01－01	本标准规定了医疗器械唯一标识的相关术语和定义、基本原则、产品标识的要求和生产标识的要求。本标准适用于医疗器械唯一标识的管理
23	YY/T 1681—2019	医疗器械唯一标识系统基础术语	2019－07－24	2020－08－01	本标准界定了医疗器械唯一标识系统的基础术语和定义
24	YY/T 0287—2017	医疗器械质量管理体系用于法规的要求	2017－01－19	2017－05－01	本标准规定了需要证实其有能力提供持续满足顾客要求和适用的法规要求的医疗器械和相关服务的组织的质量管理体系要求。本标准适用于涉及医疗器械生命周期的产业链的各类组织，即医疗器械的设计开发和生产企业、经

续 表

序号	标准号	标准名称	发布日期	实施日期	规定范围
24					营企业、物流企业、科研机构、维修服务公司、安装公司，以及向医疗器械组织提供产品的供方或其他外部方（如提供原材料、组件、部件、医疗器械、灭菌服务、校准服务、流通服务、维护服务等组织）
25	DB15/T 963—2016	医药物流单证管理（内蒙古）	2016-01-15	2016-04-15	本标准规定了医药物流单证分类原则和方法，给出了医药物流单证分类表。本标准适用于药品经营企业和第三方药品物流企业单证管理
26	DB11/T 1523—2018	疫苗流通管理基本数据集（北京）	2018-04-02	2018-07-01	本标准规定了疫苗流通管理基本数据集的疫苗基础信息、接种管理机构信息、供应信息、运输信息、存储信息、销售信息和分发信息的数据元公用属性、专用属性和值域代码。本标准适用于疫苗流通管理的信息系统建设、信息共享和业务协同

二、医药物流技术作业与管理相关标准

序号	标准号	标准名称	发布日期	实施日期	规定范围
1	GB/T 28842—2012	药品冷链物流运作规范	2012-11-05	2012-12-01	本标准规定了冷藏药品物流过程中的基本要求，收货、验收，贮存、养护，发货，运输，温度监测和控制，贮存、运输的设施设备，人员配备等方面的要求。本标准适用于冷藏药品在生产与流通过程中的物流运作管理
2	GB/T 30335—2013	药品物流服务规范	2013-12-31	2014-07-01	本标准规定了药品物流服务的基本要求，仓储、运输、配送、装卸搬运、货物交接、信息服务等作业要求，以及风险控制、投诉处理、物流服务质量的主要评价指标。本标准适用于药品流通过程中的药品物流服务。药品生产过程中涉及的药品物流服务可参照执行

续　表

序号	标准号	标准名称	发布日期	实施日期	规定范围
3	GB/T 38576—2020	人类血液样本采集与处理	2020－03－31	2020－03－31	本标准规定了对人类血液样本采集前准备，采集过程和处理过程的基本要求。 本标准适用于与人类疾病相关的生物样本库及临床与基础医学研究的血液样本的采集与处理。 本标准不适用于临床诊断和临床治疗用途的血液样本的采集与处理
4	GB/T 38735—2020	人类尿液样本采集与处理	2020－04－28	2020－11－01	本标准规定了人类尿液样本采集与处理的总则、采集前准备、样本信息记录、尿液采集、尿液处理。 本标准适用于涉及临床研究、基础研究以及生物样本库建设相关领域的人类尿液样本采集与处理
5	GB/T 39476—2020	药品稳定性试验箱能效测试方法	2020－11－19	2021－06－01	本标准规定了药品稳定性试验箱（以下简称试验箱）能效测试的术语和定义、测试条件、测试方法。 本标准适用于额定容积不超过 1000L 的试验箱的能效测试
6	SB/T 10763—2012	零售药店经营服务规范	2012－09－19	2012－12－01	本标准规范了零售药店人员要求、设施设备条件、经营服务环境和服务标准，制定了零售药店分级管理标准。本标准适用于中华人民共和国境内的零售药店
7	SB/T 10764—2012	药品流通企业诚信经营准则	2012－09－19	2012－12－01	本标准规定了药品流通企业诚信经营的基本要求、主要内容、管理与社会监督等方面的内容。本标准适用于在中华人民共和国境内的药品流通企业
8	SB/T 10765—2012	药品流通行业职业经理人标准	2012－09－19	2012－12－01	本标准规定了药品流通行业职业经理人的资质要求、申请条件和评价办法。本标准适用于药品流通行业职业经理人考试评价和培训等相关工作
9	SB/T 10766—2012	药品流通企业通用岗位设置规范	2012－09－19	2012－12－01	本标准规定了药品流通行业现有的主要岗位规范。本标准适用于中华人民共和国境内的药品流通企业
10	SB/T 10767—2012	药品批发企业物流服务能力评估指标	2012－09－19	2012－12－01	本标准规范了药品批发企业物流服务能力构成的要素和评估指标，并对药品批发企业物流服务能力进行了划分。本标准适用于中华人民共和国境内所有政府许可的药品批发企业，经食品药品监督管理部门批准从事药品委托储存、配送的第三方药品物流企业也适用于本标准

续 表

序号	标准号	标准名称	发布日期	实施日期	规定范围
11	SB/T 11037—2013	医药商业企业对医疗机构的服务规范	2013-12-04	2014-06-01	本标准规定了医药商业企业对医疗机构的服务项目及其包含的内容，以及服务应达到的标准和对服务质量的监督与评价，提出医药商业企业为搞好服务应具备的组织、设施与人员的要求。本标准适用于中华人民共和国境内的医药商业企业以及直接向医院销售医药商品的生产企业
12	SB/T 11094—2014	中药材仓储管理规范	2014-07-30	2015-03-01	本标准规定了中药材仓储管理的基本要求并对中药材仓库及库区条件、入库管理、堆码管理、在库管理、养护管理、出库管理、信息系统等方面提出了要求。本标准适用于中药材经营企业、中药饮片企业与从事中药材仓储经营的物流企业的中药材仓储管理
13	SB/T 11095—2014	中药材仓库技术规范	2014-07-30	2015-03-01	本标准规定了中药材仓库的基本要求、专业类型、建筑类型、通风换气和采光要求、配套设施与技术条件。 本标准适用于中药材经营企业、中药饮片企业与从事中药材仓储经营的物流企业新建、改建、扩建的中药材仓库
14	SB/T 11150—2015	中药材气调养护技术规范	2015-11-09	2016-09-01	本标准规定了中药材气调（剂）养护技术的应用方式、要求、操作规程、残渣处理和异常情况处理。本标准适用于常温环境下中药材仓储与运输期间的养护活动。不适用于气调库、低温库环境
15	SB/T 11183—2017	中药材产地加工技术规范	2017-01-13	2017-10-01	本标准规定了中药材产地的加工基地基本要求、加工技术基本要求、接货与信息收集及主要产地加工方法与要求。本标准适用于中药材的产地加工
16	SB/T 11184—2017	药品流通企业关键绩效指标体系	2017-01-13	2017-10-01	本标准规定了评价药品流通企业运营规模及效率、经济效益、服务质量、发展潜力的关键绩效指标体系，引导药品流通企业从上述四个方面追求绩效，并据此进行绩效考核和评估，准确发现企业经营活动中存在的问题，提高管理与服务水平，增强竞争优势，进而提升药品流通行业的经营管理水平。本标准适用于中华人民共和国境内所有政府许可的药品批发企业、药品零售企业（包括零售连锁企业、零售单体药店），经食品药品监督管理部门批准从事药品委托储存、配送的第三方药品物流企业，也可参照本标准执行

续　表

序号	标准号	标准名称	发布日期	实施日期	规定范围
17	SB/T 11185—2017	药品批发企业对供应商管理规范	2017－01－13	2017－10－01	本规范规定了药品批发企业对药品供应商的管理原则、管理内容及要求，设定了对供应商的评价指标、评分标准和综合评定依据。本规范适用于中华人民共和国境内的药品批发企业与药品供应商合作中对药品供应商的管理工作。药品零售连锁企业、医药电商企业也可参照本规范执行
18	SN/T 4167—2015	出口中药材检疫监督管理规范	2015－02－09	2015－09－01	本标准规定了对出口中药材种植、养殖、加工和储存的检疫监督管理的技术规范；规定了出口中药材的产品召回、处置和应急措施要求。本标准适用于对出口中药材生产加工及出口过程的检疫监督管理
19	WS 399—2012	血液储存要求	2012－12－03	2013－06－01	本标准规定了血液的储存要求。本标准适用于一般血站和医疗机构的血液储存
20	WS/T 400—2012	血液运输要求	2012－12－03	2013－06－01	本标准规定了临床输注用血液的运输要求。本标准适用于全国采供血机构之间、采供血机构与采供血场所以及与医疗机构之间的血液运输。本标准不适用于造血干细胞及衍生血液制品的运输
21	YY/T 0316—2016	医疗器械风险管理对医疗器械的应用	2016－01－26	2017－01－01	本标准为制造商规定了一个过程，以识别与医疗器械［包括体外诊断（IVD）医疗器械］有关的危险（源），估计和评价相关的风险，控制这些风险，并监视控制的有效性。本标准的要求适用于医疗器械生命周期的所有阶段。本标准不用于临床决策。本标准不规定可接受的风险水平。本标准不要求制造商有一个适当的质量体系。然而，风险管理可以是质量管理体系的一个组成部分
22	T/CATCM 004—2017	中药材及饮片防霉变储藏规范通则	2017－12－06	2018－03－01	本标准规定了储藏过程中防止中药材及饮片霉变的基本要求、管理方针、入库作业、在库管理、出库作业、堆码作业的基本要求和堆码形式、水分控制、温度控制、霉变控制的养护技术规范，以及对中药材及饮片防霉变的仓储管理员的要求。本标准适用于中药材及饮片的经营、流通、使用过程中的防霉变养护管理
23	T/CFLP 0012—2018	医药物流承运企业质量管理审计规范	2018－04－11	2018－05－01	本标准规定了医药物流承运企业质量管理审计的目的、类型、范围、人员、准备、流程、内容和结论。本标准适用于药品/医疗器械生产和经营企业对承运企业的质量审计，也适用于承运企业对分包企业的审计

续 表

序号	标准号	标准名称	发布日期	实施日期	规定范围
24	DB11/T 790—2011	兽用药品贮存管理规范（北京）	2011－04－28	2011－08－01	本标准规定了兽用药品贮存的库房、人员、存放和出入库等管理要求。本标准适用于北京地区兽用药品生产、经营和使用的贮存管理
25	DB11/T 900—2012	兽用生物制品冷链技术规范（北京）	2012－09－27	2013－01－01	本标准规定了兽用生物制品运输、储存过程中冷链的要求。本标准适用于兽用生物制品的调拨、经营、运输、储存和使用等环节
26	DB12/T 550—2014	预防接种单位疫苗冷链设备自动监测系统技术规范（天津）	2014－12－25	2015－01－01	本标准规定了预防接种单位使用疫苗冷链设备自动监测系统时的术语与定义、基本原则、基础构架、技术指标、安装要求和管理与维护。本标准适用于我市各级各类医疗机构中承担预防接种工作任务的接种单位
27	DB12/ 597—2015	医疗卫生机构医疗废物处理规范（天津）	2015－09－18	2015－11－01	本标准界定了医疗卫生机构医疗废物处理工作中的术语和定义，规定了职责、设施与设备和操作要求。 本标准适用于各级各类医疗卫生机构
28	DB13/T 1104—2009	兽用生物制品经营质量管理规范（河北）	2009－06－17	2009－07－02	本标准规定了兽用生物制品经营单位机构与人员、设施与设备、制度与档案、订购与验收、储存与运输、销售与服务、生物安全等方面的质量控制规范。本标准适用于河北省内兽用生物制品经营单位的质量管理
29	DB13/T 2160—2014	连锁药店药品物流服务规范（河北）	2015－02－11	2015－03－15	本标准规定了连锁药店药品物流服务质量的术语和定义、基本要求、仓储作业、运输与配送、装卸与搬运、货物交接、信息服务、风险控制及投诉处理等。本标准适用于河北连锁药店药品物流服务
30	DB15/T 914—2015	医药物流仓储管理规范（内蒙古）	2015－11－30	2016－02－28	本标准规定了药品仓储管理、人员管理和风险控制的内容。本标准适用于药品经营企业和第三方药品物流企业仓储管理
31	DB15/T 915—2015	医药物流企业装卸作业规范（内蒙古）	2015－11－30	2016－02－28	本标准规定了医药物流企业装卸标准、叉车装卸和装卸安全的内容。本标准适用于药品经营企业和第三方药品物流企业装卸作业管理

续 表

序号	标准号	标准名称	发布日期	实施日期	规定范围
32	DB15/T 918—2015	医药物流特殊药品物流过程管理规范（内蒙古）	2015－11－30	2016－02－28	本标准规定了特殊药品仓库要求，收货与验收，储存与养护，出库复核，麻醉药品和第一类精神药品、第二类精神药品安全管理，运输管理，风险控制及健康与培训的内容。本标准适用于药品经营企业和第三方药品物流企业特殊药品物流过程的管理
33	DB15/T 919—2015	医药物流运输管理规范（内蒙古）	2015－11－30	2016－02－28	本标准规定了药品在物流运输过程中的出库交接、医药物流运输作业安全管理、医药物流运输设备配置、医药物流运输辅助工具配置、运输车辆的保养及清洁要求和风险控制的内容。本标准适用于药品经营企业和第三方药品物流企业的运输管理
34	DB15/T 920—2015	医药物流药品质量信息管理规范（内蒙古）	2015－11－30	2016－02－28	本标准规定了药品质量信息的内容、质量信息的收集途径、质量信息收集的频次、质量信息的分类、质量信息的处理和质量信息记录的内容。本标准适用于药品经营企业和第三方药品物流企业质量信息管理
35	DB15/T 922—2015	冷藏、冷冻药品的储存与运输管理规范（内蒙古）	2015－11－30	2016－02－28	本标准规定了医药物流冷藏、冷冻药品的设施设备要求，储存与运输，退回要求，应急预案和人员要求的内容。本标准适用于药品经营企业和第三方药品物流企业冷藏、冷冻药品储存与运输管理
36	DB15/T 960—2016	医药物流服务标准体系实施指南（内蒙古）	2016－01－15	2016－04－15	本标准规定了医药物流服务标准体系实施过程中标准化工作基本要求、标准体系建设、标准的宣贯和培训、标准体系的实施、标准体系实施的监督检查及标准体系评价与改进的内容。本标准适用于药品经营企业和第三方药品物流企业服务标准体系实施
37	DB15/T 961—2016	医药物流信息管理规范（内蒙古）	2016－01－15	2016－04－15	本标准规定了医药物流信息的建立、医药物流信息交换和应用、企业业务部门信息系统支撑及信息系统日常管理的内容。本标准适用于药品经营企业和第三方药品物流企业信息管理
38	DB15/T 1173—2017	医药物流快运服务质量规范（内蒙古）	2017－02－25	2017－05－25	—

续 表

序号	标准号	标准名称	发布日期	实施日期	规定范围
39	DB15/T 1174—2017	医药物流冷藏药品运输包装要求（内蒙古）	2017－02－25	2017－05－25	—
40	DB15/T 1175—2017	医药物流零担运输服务规范（内蒙古）	2017－02－25	2017－05－25	—
41	DB15/T 1176—2017	医药物流药品冷链温湿度监控操作规范（内蒙古）	2017－02－25	2017－05－25	—
42	DB15/T 1272—2017	药品交易（BTC）终端送货服务规范（内蒙古）	2017－10－15	2018－01－15	本标准规定了药品交易（BTC）终端送货服务的基本要求、终端送货服务要求、顾客满意度评价指标和途径的内容。本标准适用于药品交易（BTC）终端送货服务，即医药物流终端节点仓库或终端药店送交药品至顾客的服务过程（特殊管理药品除外）
43	DB15/T 1273—2017	医药物流服务标准体系自我评价与改进（内蒙古）	2017－10－15	2018－01－15	本标准规定了医药物流服务标准体系的自我评价原则、依据、要求及标准体系改进的相关内容。本标准适用于建立并实施服务标准体系后的医药物流企业进行自我评价
44	DB15/T 1274—2017	第三方医药物流企业中药饮片储存与运输管理规范（内蒙古）	2017－10－15	2018－01－15	本标准规定了第三方医药物流企业中药饮片储存、运输与养护的相关内容。本标准适用于第三方医药物流企业中药饮片储存、运输与养护管理
45	DB21/T 1764—2009	兽用疫苗冷链建设技术与管理规范（辽宁）	2009－11－26	2009－12－26	本标准规定了辽宁省兽用疫苗的贮藏、运输、收货与验收、温度监控与监测、使用、人员配备等方面的技术与管理要求。本标准适用于辽宁省境内兽用疫苗供应单位、经营单位、物流单位、使用单位

续 表

序号	标准号	标准名称	发布日期	实施日期	规定范围
46	DB21/T 2518—2015	药品冷链物流技术与管理规范（辽宁）	2015－08－18	2015－10－18	本标准规定了药品冷链物流技术与管理规范的术语和定义、组织要求、安全要求、人员要求、设施设备、药品冷链物流环节以及信息管理。本标准适用于辽宁省行政区域内冷藏药品流通过程中的物流运作管理
47	DB22/T 1959—2013	药品库房温湿度管理要求（吉林）	2013－12－18	2013－12－31	本标准规定了药品储存、药房温湿度设施与设备的管理要求。本标准适用于医疗机构药品库房温湿度的管理
48	DB22/T 1960—2013	药品运输管理要求（吉林）	2013－12－18	2013－12－31	本标准规定了药品运输中的温度要求、运输的设施设备、安全管理、麻醉药品和精神药品运输、设施设备的验证及应急预案等技术方面的管理要求。本标准适用于冷藏药品物流运输
49	DB31/T 713—2013	零售药店服务规范（上海）	2013－07－31	2013－11－01	本标准规定了零售药店服务环境、设施设备、从业人员、现场管理、服务要求、投诉处理、信息管理、突发事件防范与处置等方面的基本要求。本标准适用于上海市行政区域内的零售药店（含零售药柜）
50	DB33/T 713—2008	药品冷链物流技术与管理规范（浙江）	2008－10－07	2008－11－08	本标准规定了冷藏药品物流链过程中的收货、验收、贮藏、养护、发货、运输、温度控制和监测、设施设备、人员配备等方面的技术与管理要求。本标准适用于冷藏药品的生产企业、经营企业、物流企业和使用单位
51	DB34/T 2124—2014	种植类中药材采集信息要求（安徽）	2014－06－24	2014－07－24	本标准规定了种植类中药材采集信息的术语和定义、信息分类、基本要求、信息采集要求和信息管理。本标准适用于种植类中药材追溯信息的采集
52	DB43/T 1063—2015	动物疫苗储藏和运输技术规范（湖南）	2015－07－20	2015－09－20	本标准规定了动物疫苗的运输、储藏和出入库管理。本标准适用于湖南省境内动物疫苗的运输、储藏和管理
53	DB45/T 1400—2016	食品、药品储运环境温湿度监控性能验证技术规范（广西）	2016－11－25	2016－12－25	本标准适用于食品药品储运的冷库、保温车、冷藏车等冷链设备的环境温、湿度监控性能的验证。其他对温度、湿度监控性能有要求的环境和空间也可参照本规范进行检验

三、医药物流设施设备相关标准

序号	标准号	标准名称	发布日期	实施日期	规定范围
1	GB 29753—2013	道路运输 食品与生物制品冷藏车安全要求及试验方法	2013-09-18	2014-07-01	本标准规定了冷藏车的术语和定义、分类、要求及试验方法。本标准适用于采用已定型汽车整车或二类、三类底盘上改装的装备机械制冷机组的道路运输易腐食品与生物制品的冷藏车和冷藏半挂车
2	GB 14232.1—2020	人体血液及血液成分袋式塑料容器 第1部分：传统型血袋	2020-07-23	2022-02-01	本部分规定了密闭、无菌塑料血袋的要求（包括性能要求）。除非另有规定，本部分规定的所有试验适用于将供使用的塑料血袋。 本部分适用于带有采血管、输血插口、采血针和转移管（可选），用于血液及血液成分的采集、贮存、处理、转移、分离和输注的血袋。本部分还适用于多连塑料血袋，如双连、三连、四连或多连血袋。根据使用要求，血袋可装入抗凝剂和/或保养液。 本部分不适用于与滤器连为一体的塑料血袋
3	GB/T 21278—2007	血液冷藏箱	2008-01-21	2008-09-01	本标准规定了内部温度范围为2℃～6℃，环境温度为16℃～32℃，最高相对湿度为75%，带制冷装置的，用于存放输血用血液的血液冷藏箱（以下简称冷藏箱）的要求、试验方法及标志、标签和包装要求。本标准适用于存放输血用血液的血液冷藏箱
4	GB/T 34399—2017	医药产品冷链物流温控设施设备验证 性能确认技术规范	2017-10-14	2018-05-01	本标准规定了医药产品冷链物流涉及的温控仓库、温控车辆、冷藏箱、保温箱及温度监测系统性能确认的内容、要求和操作要点。本标准适用于医药产品储存运输过程中涉及的温控仓库、温控车辆、冷藏箱、保温箱及温度监测系统的性能确认等活动

续 表

序号	标准号	标准名称	发布日期	实施日期	规定范围
5	JJF 1676—2017	无源医用冷箱温度参数校准规范	2017-11-20	2018-02-20	本规范适用于保温温区在-20℃~20℃范围内、有温度显示且温度计感温探头外露的无源医用冷藏箱温度参数的校准，其他保温温区的无源医用冷藏箱温度参数的校准也可参照本规范
6	NMPAB/T 1003—2019	药品追溯系统基本技术要求	2019-08-26	2019-08-26	本标准规定了药品追溯系统的通用要求、功能要求、存储要求、安全要求和运维要求等内容。本标准适用于规范药品上市许可持有人、生产企业、经营企业、疾病预防控制机构、使用单位及第三方技术机构等药品信息化追溯体系参与方建设和使用药品追溯系统
7	NY/T 1623—2008	兽医运输冷藏箱（包）	2008-05-16	2008-07-01	本标准规定了兽医运输冷藏箱（包）的技术要求、试验方法、检验规则、标志、包装、运输和贮存。本标准适用于不同类型的兽医运输冷藏箱（包）
8	QB/T 5201—2017	冰衬疫苗保存箱	2017-11-07	2018-04-01	本标准规定了冰衬疫苗保存箱的术语和定义、分类命名、要求、试验方法、检验规则、标志、包装、运输和贮存。本标准适用于由交流电源供电的封闭式电机驱动的压缩式冰衬疫苗保存箱
9	SB/T 11036—2013	药品物流设施与设备技术要求	2013-12-04	2014-06-01	本标准规定了药品物流设施与设备的术语和定义、技术要求、检验规则等。本标准适用于药品批发企业和药品零售连锁企业的现代医药物流中心
10	SN/T 3901—2014	生物安全柜使用和管理规范	2014-04-09	2014-11-01	本标准规定了生物安全柜选择、安装、使用、维护、管理和应急处置的要求。本标准适用于实验室生物安全柜的使用和管理
11	WB/T 1062—2016	药品阴凉箱的技术要求和试验方法	2016-10-24	2017-01-01	本标准规定了药品阴凉箱（以下简称阴凉箱）的术语和定义、技术要求和试验方法。本标准适用于箱内温度范围为8℃~20℃、相对湿度范围为35%~75%的电机驱动压缩式全封闭型制冷系统的立式药品阴凉箱

续 表

序号	标准号	标准名称	发布日期	实施日期	规定范围
12	WB/T 1097—2018	药品冷链保温箱通用规范	2018－07－16	2018－08－01	本标准规定了药品冷链保温箱的技术要求、试验方法、检验规则和标志。本标准适用于冷藏药品运输、暂存和流通加工中所使用的冷链保温箱
13	YY/T 0086—2007	药品冷藏箱	2007－07－02	2008－03－01	本标准规定了药品冷藏箱（以下简称冷藏箱）的主要技术要求、试验方法、检验规则、标志、运输、贮存等要求。本标准适用于容积为600L以下，箱内温度范围为2℃～14℃电机驱动压缩式全封闭型制冷系统的冷藏箱，该产品供医药卫生、科研部门储存药品和生物制品
14	YY/T 0168—2007	血液冷藏箱	2007－07－02	2008－03－01	本标准规定了血液冷藏箱（以下简称冷藏箱）的主要技术要求、试验方法、检验规则、标志、运输、贮存等要求。本标准适用于容积600L以下，箱内温度为4℃±1℃的电机驱动的全封闭式压缩机制冷系统的冷藏箱。该产品供医院、血站及医疗科研部门储存血液
15	YY 0569—2011	Ⅱ级生物安全柜	2011－12－31	2013－06－01	本标准规定了Ⅱ级生物安全柜的术语和定义、分类、材料、结构和性能的要求、试验方法、检验规则、标志、标签、说明书、包装、运输和贮存的要求。本标准适用于Ⅱ级生物安全柜（以下简称安全柜）
16	T/CFLP 0013—2018	医药冷藏车温控验证 性能确认技术规范	2018－04－11	2018－05－01	本标准规定了医药冷藏车的车辆技术要求，温度传感器技术和布置要求，温控性能确认测试内容及要求、合格判定标准、确认程序、数据分析、偏差处理、确认周期和确认结果评定内容。本标准适用于医药冷藏车的温控性能确认活动
17	DB11/T 1032—2013	医疗废物一次性包装箱（北京）	2013－12－20	2014－01－01	本标准规定了医疗废物一次性包装箱的技术要求、试验方法及检验规则。本标准适用于传染性突发公共卫生事件产生的医疗废物运输和焚烧处置

续 表

序号	标准号	标准名称	发布日期	实施日期	规定范围
18	DB15/T 916—2015	医药物流设施设备验证管理规范（内蒙古）	2015 - 11 - 30	2016 - 02 - 28	本标准规定了医药物流设施设备验证过程中的检定范围、冷链验证标准、冷链验证方案、冷链验证基本要求、冷链验证时间、冷链设施设备及监测系统的验证、验证报告及第三方验证机构参与验证的内容。本标准适用于药品经营企业和第三方药品物流管理企业设施设备的验证管理
19	DB15/T 917—2015	医药物流药品仓库设施设备配置（内蒙古）	2015 - 11 - 30	2016 - 02 - 28	本标准规定了医药物流药品仓库建筑要求、医药物流药品仓库设施配置和医药物流药品仓库设备配置的内容。本标准适用于药品经营企业和第三方药品物流企业药品仓库的设施设备配置
20	DB15/T 921—2015	医药物流信息系统建设规范（内蒙古）	2015 - 11 - 30	2016 - 02 - 28	本标准规定了医药物流信息系统建设中信息系统建设硬件设施、医药物流信息系统管理、质量管理控制、服务环节控制、信息系统数据管理、数据安全与权限管理限制和系统升级的内容。本标准适用于药品经营企业和第三方药品物流企业信息系统建设
21	DB15/T 962—2016	医药物流分拣、输送和包装设备主要技术要求（内蒙古）	2016 - 01 - 15	2016 - 04 - 15	本标准规定了医药物流分拣输送系统、分拣输送系统设备主要技术要求、分拣输送设备安全要求和包装设备安全要求的内容。本标准适用于药品经营企业和第三方药品物流企业分拣、输送和包装设备主要技术要求

附录5 新冠病毒疫苗货物道路运输技术指南

第一章 总 则

1.1 目的

为新冠病毒疫苗货物道路运输的前期准备、运输作业以及应急响应提供指导，保障新冠病毒疫苗货物安全高效运输。

1.2　适用范围

本指南适用于发货人（疫苗上市许可持有人）委托承运人将新冠病毒疫苗货物经道路运输至收货人（疾控机构或疫苗接种单位等）的相关活动。从事出口新冠病毒疫苗货物道路运输的，还需遵守国务院联防联控机制相关要求。

1.3　规范性引用文件

下列文件对于本文件的应用是必不可少的。凡是注日期的引用文件，仅注日期的版本适用于本文件。凡是不注日期的引用文件，其最新版本（包括所有的修改单）适用于本文件。

中华人民共和国药品管理法

中华人民共和国疫苗管理法

药品经营质量管理规范

药品生产监督管理办法

疫苗储存和运输管理规范（2017 年版）

道路冷链运输服务规则（JT/T 1234—2019）

药品冷链物流运作规范（GB/T 28842）

医药产品冷链物流温控设施设备验证性能确认技术规范（GB/T 34399）

包装储运图示标志（GB/T 191）

第二章　前期准备环节

2.1　发货人的准备工作

发货人需为新冠病毒疫苗货物道路运输作相应的准备工作，包括发运通知、包装准备、设置标志及标签等。

2.1.1　发运通知

发货人应提供发运通知，包括：

（1）向承运人提出运输请求。

发货人应提前向承运人提出运输请求，提供以下托运信息：

——发货人的名称、地址、联系人、联系电话；

——收货人的名称、地址、联系人、联系电话；

——发货/装货地；

——收货/卸货地；

——承运人名称；

——产品名称、剂型、规格、批号、数量；

——是否含有危险品；

——储存运输温度要求。

发货人可自行设计托运清单格式，但应涵盖上述内容。托运清单上填写的信息应清晰、易辨。

发货人应当妥当保存新冠病毒疫苗货物托运清单，保存期限不得少于 5 年。

（2）向收货人确认接收信息。

发货人应及时向新冠病毒疫苗货物收货人确认可以接收该货物。

（3）其他事项。

发货人应与承运人就新冠病毒疫苗货物在装载、运输、车厢及冷藏箱温度设置、预冷、过程监控、收发货交接、安全管控等环节进行沟通，确保道路运输各环节能够达到温控及安全要求。

发货人应当对承运人每年进行质量审计，不得委托未通过审计的承运人进行运输。

鼓励发货人安排专门人员实行全程押运，负责做好新冠病毒疫苗货物运输的技术指导和质量监督，确保运输过程符合相关法规及规范的要求。

2.1.2　包装准备

发货人负责新冠病毒疫苗货物的包装准备工作，确保包装条件符合相关要求和运输条件。如果包装件内带有危险货物，如干冰、锂电池等，应按照危险货物运输的相关规定执行。

2.1.3　标记、标签

（1）发货人应在包装件外部显著位置设置符合《包装储运图示标志》（GB/T 191）规定的储运图示标志，储运图示标志包括“温度极限”标志或以文字注明新冠病毒疫苗货物运输的温度范围，标志应清晰、牢固。

（2）采用冷藏箱或保温箱运输新冠病毒疫苗货物时，应在冷藏箱或保温箱外部明显位置标注储存条件、启运时间、保温时限、特殊注意事项或运输警示。

2.2　承运人的准备工作

承运人需为新冠病毒疫苗货物道路运输提供相应的准备工作，包括文件准备、冷藏车及设备准备、人员配置等工作。实际承运人不得随意转包运输。

2.2.1　文件准备

承运人在接收发货人新冠病毒疫苗货物道路运输任务前，其质量体系文件应经过发货人的审计，并符合药监部门的承运要求。

2.2.2　冷藏车及设备准备

承运人应根据新冠病毒疫苗货物的特性和运输温度的要求，调配适宜的冷藏车、冷藏箱或保温箱等设备，具体要求如下：

（1）冷藏车应配备2套温度记录仪，一用一备，实时记录和传输温度、位置等数据。

（2）冷藏车车厢内安装的测温点数量不得少于2个。车厢容积超过$20m^3$的，每增加$20m^3$至少增加1个测温点，不足$20m^3$的按$20m^3$计算。每台冷藏箱或保温箱应当至少配置一个测温点终端，以保障新冠病毒疫苗货物运输安全。车厢内温度应能自动调控、实时显示、自动报警和自动记录。

（3）运输新冠病毒疫苗货物的冷藏车应为双温控，制冷制热功率与箱体匹配。

（4）自动温度监测设备，温度测量精度要求在±0.5℃范围内。

（5）运输设施设备的验证、定期检查、清洁和维护应当由专人负责，并建立记录和档案。

（6）冷藏车应定期进行消毒，避免新冠病毒经冷链运输传播。

（7）承运人应当建立或接入能够满足药品追溯要求的信息系统。

2.2.3　人员配置

承运人应根据新冠病毒疫苗货物道路运输特点，配置相应人员，具体要求如下：

（1）根据《药品经营质量管理规范》，承运人应配备2名以上专业技术人员专门负责新冠病毒疫苗质量管理和验收工作。专业技术人员应当具有预防医学、药学、微生物学或医学等专业本科以上学历及中级以上专业技术职称，并有3年以上从事疫苗管理或者技术工作经历。

（2）行驶里程超过300km，应配备两名驾驶员。

（3）从事质量管理、验货、运输、交付等直接接触新冠病毒疫苗货物的人员应当进行岗前及年度健康检查，并取得相应类别的健康证明。承运人应为直接接触新冠病毒疫苗货物的人员建立健康档案。

2.3 人员培训与防护

从事新冠病毒疫苗货物道路运输的相关企业应对各岗位人员进行岗前培训和继续培训，具体要求如下：

（1）从事新冠病毒疫苗货物道路运输的相关人员应符合法律法规规定的资格条件和企业制定的岗位条件，接受相关法律法规和专业知识培训并经考核合格后方可上岗。

（2）企业应按照培训管理制度制定年度培训计划并开展培训，确保相关人员熟悉新冠病毒疫苗货物道路运输流程、法规制度，能正确理解并履行职责。培训工作应当做好记录并建立档案。

从事新冠病毒疫苗货物道路运输的相关企业应当按要求做好从业人员安全防护、核酸检测等各项工作。

第三章 运输环节

3.1 装载前准备

（1）驾驶员或车辆技术管理员应对冷藏车、冷藏箱等设备进行检查，检查内容和技术状况应按照《道路冷链运输服务规则》（JT/T 1234—2019）、《药品经营质量管理规范》的规定。

（2）驾驶员或车辆技术管理员应根据作业环境、新冠病毒疫苗货物运输要求对冷藏车厢、冷藏箱、保温箱装箱前进行预冷，预冷达到温度要求后方可装载。车厢（箱）预冷温度应与新冠病毒疫苗货物运输要求的温度相符。

（3）使用冷藏箱或保温箱运输的，发货人应确保冷藏箱或保温箱的制冷装置或蓄冷装置技术状况良好，满足新冠病毒疫苗货物运输时间和温度要求。驾驶员应对箱体进行检查，确保箱体密封性和卫生状况良好。

（4）冷藏车的温度记录与报警设置应符合以下要求：

——温度记录间隔时间不超过5分钟/次，当监测的温度值超出规定范围时，至少每隔2分钟记录一次；

——设置温度报警，且能在临界状态下报警，并实现短信等通讯方式向至少3名指定人员即时发出报警信息。

（5）应准备《疫苗运输温度记录表》（见附件1），记录内容包括疫苗运输工具、疫苗冷藏方式、疫苗名称、疫苗上市许可持有人、生产企业、规格、批号、有效期、数量、用途、起运和到达时间、起运和到达时的疫苗储存温度和环境温度、起运至到达行驶里程、送/收疫苗单位、送/收疫苗人签名。

3.2 验货

新冠病毒疫苗货物装载前，驾驶员、押运员应在冷库或装卸作业场所进行验货，具体要求如下：

（1）应检查和确认新冠病毒疫苗货物名称、种类、规格、批号、数量、随货文件资料等信息，并检查所有新冠病毒疫苗货物包装，外包装是否有破损、标识是否清晰明确等。如有问题应要求发货人及时更换并做备案记录。

（2）应对新冠病毒疫苗货物的储存温度记录进行查验，并对装卸场所环境温度进行确认，如装卸场所环境温度不符合新冠病毒疫苗货物的装卸要求，应提前与客户沟通。

（3）应检查运输所需单证或文件是否齐全，如新冠病毒疫苗货物实际信息与随货同行单信不一致，或包装、温度不符合要求的，不应运输。

3.3 装载

新冠病毒疫苗货物的装载符合以下要求：

（1）装卸员应按照包装件外部的储运图示标志要求搬运、装载和码放货物，装载时应轻搬轻放。

（2）在车厢（箱）内温度达到标准温度范围时进行装货。装载作业应在约定的时限范围内完成，并对车厢温度进行监控，超过新冠病毒疫苗货物储存温度时，应暂停装载作业。

（3）如涉及多点配送时，装货时应遵循先装后卸，后装先卸的原则。

（4）新冠病毒疫苗货物装载应不遮挡出风口和回风口，高度不超过厢（箱）体的最大装载限制。

（5）新冠病毒疫苗货物不应直接接触厢（箱）体底板，与厢内前板距离不小于10厘米，与后板、侧板、底板间距不小于5厘米，底板宜设置通风槽或可通风托板，保持充分的冷气循环和温度均匀。

（6）装卸场所环境温度应进行实时监测，温度异常报警时，应立即进行检查，采取措施将温度调控至允许的范围内。

（7）装载完成后，应对冷藏车施加铅封。

3.4 运输与通关

新冠病毒疫苗货物运输作业过程中符合以下要求：

（1）驾驶员应在发车前检查制冷机运转是否正常、车厢门封是否严密、厢（箱）门是否上锁、行驶温度记录仪运行是否正常、随车单据是否齐全等，上述情况如有异常不应发车。

（2）应安全、准时将新冠病毒疫苗货物运输到目的地，除必须的装卸货外途中不得开厢，不应长时间停留。车辆尽量保持平稳行驶，减少起伏和震动。驾驶人员连续驾驶不得超过4小时。

（3）运输过程中应全程实时监测并记录冷藏车辆、冷藏箱或保温箱内的环境温度数据。根据相关要求，向自有或第三方药品追溯管理平台实时传送温度及位置数据。

（4）车厢（箱）温度异常报警时，驾驶员应立即进行检查，采取措施将温度调控至允许范围内，并将温度异常报警信息及时报告给相关责任人。相关责任人应及时指导和监督驾驶员处理有关温度异常情况。

（5）当地交通管理部门应建立绿色通道，对新冠病毒疫苗货物运输优先予以通行。

（6）从事出口新冠病毒疫苗货物境内段运输的，在通关时应主动出具新冠病毒疫苗货物出口运输调运单。

对持有新冠病毒疫苗货物出口运输调运单的，海关部门予以优先查验并给予通关便利。

3.5 卸货与交付

新冠病毒疫苗货物运输的卸货与交付相关要求如下：

（1）驾驶员应在车辆预计到达目的地前1小时与收货人联系，告知预计抵达时间，确认是否正常收货，如有异常及时反馈发货人。

（2）驾驶员应确认收货人身份正确、有效，并确认卸货场所环境温度，如有异常及时反馈发货人。

（3）收货人应对货物信息、温度记录、包装情况、随车单据等进行查验，查验合格的，方可收货，并在随货同行单上签字确认。

（4）货物信息、包装、温度等不符合要求的，承运人应与收货人按约定处理；在运输、储存中存在明显超过规定温度情形的，该批产品需经过发货人评估合格后才能收货使用。

（5）卸货场所宜进行温度实时监测，保持合理环境温度，不具备条件的应采取有效措施将温度调控至合理的范围内。

（6）卸货作业应在约定时限内完成；未约定的，作业时间不宜超过 1.5 小时。

第四章　应急响应环节

4.1　承运人的应急响应

（1）承运人应根据新冠病毒疫苗货物道路运输实际情况，制定新冠病毒疫苗货物运输过程中温度控制的应急预案，对运输过程中出现的异常气候、设备故障、交通事故等意外或紧急情况，能够及时采取有效的应对措施，防止因异常情况造成的温度失控。应急预案应当包括应急组织机构、人员职责、设施设备、外部协作资源、应急措施等内容，并不断加以完善和优化。

（2）驾驶员在验货环节如发现异常情况，应第一时间确认单据异常还是温度异常：

——单据异常应及时联系发货方，将单据扫描件发送至收货方后正常收货；

——温度异常，需查找温度异常原因，填写“疫苗储存和运输温度异常情况记录表”（见附件 2），及时联系发货方，按照相关要求处理。

4.2　发货人的应急响应

发货人应全程保持信息畅通，能及时联系到人，能及时指导或参与现场处置。

4.3　协调联络机制

发货人与承运人应建立新冠病毒疫苗货物运输应急处置协调联络机制，明确联络员、处置程序、职责等相关事项。

附件1 疫苗运输温度记录表

出/入库日期：______年____月____日 出/入库单号：________________

疫苗运输工具：（1）冷藏车 （2）疫苗运输车 （3）其他__________

疫苗冷藏方式：（1）冷藏车 （2）车载冷藏箱 （3）其他__________

运输疫苗情况：

疫苗名称	疫苗上市许可持有人	生产企业	规格	批号	有效期	数量（支）	疫苗类别

运输温度记录：

项目	日期/时间	疫苗储存温度	环境温度
起运	年 月 日 时 分	℃	℃
途中	年 月 日 时 分 年 月 日 时 分 年 月 日 时 分	℃ ℃ ℃	℃ ℃ ℃
到达	年 月 日 时 分	℃	℃

起运至到达行驶里程数：__________千米

送疫苗单位：__________ 送疫苗人签名：__________

收疫苗单位：__________ 收疫苗人签名：__________

填写说明：①本表供疫苗配送企业、疾病预防控制机构、接种单位填写；②出入库单号为单位编码+年月日+2位流水号。

附件 2　疫苗储存和运输温度异常情况记录表

单位：______________________________地点：______________________

储存/运输设备名称：____________________记录人：_____________________

一、疫苗情况

疫苗名称	疫苗上市许可持有人	生产企业	规格	批号	有效期	数量（支）	疫苗类别

二、温度异常情况

发现日期/时间	最高温度	最低温度	累计超温时间	环境温度	备注
	℃	℃		℃	

三、处置情况

过程描述：
处置措施：
处理结果：

致　谢

本报告在编写过程中，得到了以下业内专家、企业高管的大力支持，特此表示感谢，名单如下（按姓氏拼音首字母顺序排列）。

陈瑜琴　华东医药供应链管理（杭州）有限公司营销中心经理
邓　超　中集冷云（北京）供应链管理有限公司市场经理
高丽娜　哈药集团哈尔滨医药商业有限公司副总经理
贾贵彬　北京科兴生物制品有限公司冷链保证经理
康　娟　山东大舜医药物流有限公司总经理
李柄楠　华润医药商业集团物流中心运营副总监
秦津娜　北京盛世华人供应链管理有限公司副总经理
覃　拥　益丰大药房全国管理机构物流总监
商加旺　天津予联达冷链包装技术有限公司总经理
邵　清　北京药赋能科技有限公司 CEO
吴　冕　九州通医药集团物流有限公司自营业务事业部总经理

AUHAWK欧航
高效可靠 冷链专家
全新一代欧航超级卡车R系列冷链之星

AUMARK欧马可
钻石效率 冷链一哥
•超强动力 •效率更高 •保鲜更好 •双压缩机支架 •一体化上装匹配
AUMARK

FOTON